古典文獻研究輯刊

二一編

潘美月・杜潔祥 主編

第14冊

嶽麓秦簡《爲吏治官及黔首》研究

于洪濤 著

國家圖書館出版品預行編目資料

嶽麓秦簡《為吏治官及黔首》研究／于洪濤 著 -- 初版 -- 新北
市：花木蘭文化出版社，2015〔民104〕
目 2+258 面；19×26 公分
（古典文獻研究輯刊 二一編；第 14 冊）
ISBN 978-986-404-352-1（精裝）
1. 簡牘文字 2. 研究考訂
011.08   104014549

ISBN- 978-986-404-352-1

9 789864 043521

古典文獻研究輯刊
二一編 第十四冊   ISBN：978-986-404-352-1

嶽麓秦簡《爲吏治官及黔首》研究

作　　者 于洪濤
主　　編 潘美月 杜潔祥
總 編 輯 杜潔祥
副總編輯 楊嘉樂
編　　輯 許郁翎
企劃出版 北京大學文化資源研究中心
出　　版 花木蘭文化出版社
社　　長 高小娟
聯絡地址 235 新北市中和區中安街七二號十三樓
　　　　 電話：02-2923-1455／傳眞：02-2923-1452
網　　址 http://www.huamulan.tw 信箱 hml810518@gmail.com
印　　刷 普羅文化出版廣告事業
初　　版 2015 年 9 月
全書字數 219230 字
定　　價 二一編 16 冊（精裝）新台幣 30,000 元

嶽麓秦簡《爲吏治官及黔首》研究

于洪濤　著

作者簡介

于洪濤，男，1987 年生，漢族，遼寧省丹東市人。2010 年考入吉林大學古籍研究所，中國古代史專業，先秦史方向，攻讀碩士研究生。2013 年獲得碩士學位，同年考入吉林大學古籍所，中國古代史專業，先秦史方向，攻讀博士學位，目前為在校博士研究生。

在學期間發表學術論文：

1、于洪濤：《近三年嶽麓書院藏秦簡研究綜述》，《魯東大學學報（哲學社會科學版）》2011 年第 6 期。

2、于洪濤：《試析睡虎地秦簡中的「稟衣」制度》，《古代文明》2012 年第 3 期（為 CSSCI 擴展版）。

3、于洪濤：《秦簡牘「質日」考釋三則》，《魯東大學學報（哲學社會科學版）》2013 年第 4 期。

4、于洪濤：《里耶簡「御史問直絡帬程書」的傳遞過程》，《長江文明》（第十三輯），2013.09。

5、于洪濤：《嶽麓簡〈為獄等狀四種〉所見逃亡犯罪研究》，《出土文獻與法律史研究》（第三輯），上海人民出版社 2014 年版。

在學期間參加學術交流活動：

1、2012 年 8 月參加北京大學中國古文獻研究中心主辦的「中國古文獻學新動向研究生暑期學校」，學習期滿並成績合格，獲得結業證書。

2、2012 年 11 月參加由武漢大學簡帛研究中心、北京大學出土文獻研究所主辦的「中國簡帛學國際論壇 2012 秦簡牘研究」學術研討會。

3、2012 年 12 月參加由華東政法大學法律古籍整理研究所主辦的「出土文獻與法律史研討會」，並作題為「試析里耶秦簡御史問直絡帬程書」的專題發言。

發表文章的學術影響：

網路文章《嶽麓簡〈為吏治官及黔首〉札記二則》（簡帛網 2011 年 5 月 24 日）一文，被北京大學朱鳳瀚教授《北大藏秦簡〈從政之經〉述要》（《文物》2012 年 6 期），武漢大學陳偉教授《嶽麓書院秦簡「質日」初步研究》（日文本《中國出土資料研究》第 16 號），華東師範大學馬芳、張再興教授《「小男女渡量」考釋》（《廣西社會科學》2012 年 1 期）等文引用。

提　　要

　　嶽麓秦簡《爲吏治官及黔首》是一篇用於官吏教育的宦學教材，從形式上來看與睡虎地秦簡《爲吏之道》相類似。在文獻用途上，兼具字書與道德教本，兩個方面，是秦代成爲官吏之人，必須閱讀的入門材料。本文以《嶽麓書院藏秦簡（壹）》所公佈的簡文爲研究基礎，結合前人的研究成果，針對《爲吏治官及黔首》的命名、形制、結構、性質以及其內容所反映的秦代制度、官吏治理思想等方面進行探討。

　　在前言部分，筆者主要對目前公佈的材料及研究成果進行梳理和總結。由於嶽麓秦簡《爲吏治官及黔首》公佈的時間較短，關於其中所反映的秦代制度、治官思想等內容的研究空間還很大。因此，筆者針對這一現象，系統性地展開論述，正文主要分爲三個部分：

　　一是，主要對《爲吏治官及黔首》的基本情況進行論述，內容涉及來源、命名、形制、內容結構以及文獻性質等內容。由於《爲吏治官及黔首》簡的保存狀況較差，並且抄寫形式特殊。因此，在簡文編聯上，整理者給出的有些順序仍然存在問題。筆者針對其簡文內容，重新的編排了簡序，並將其內容分爲四類。這也是本章著重論述的部分。

　　二是，主要針對《爲吏治官及黔首》內容中所涉及的秦代制度進行論述。由於簡的內容零散，筆者只是有針對性的選取了與農業管理制度、倉庫管理制度、戶籍管理制度等三個方面進行研究。

　　三是，主要針對《爲吏治官及黔首》這一道德教本中所涉及的治官思想展開論述。筆者將文本中所包含的官吏評價準則一一列出，並與睡虎地秦簡《爲吏之道》相互比較，同時也對《爲吏治官及黔首》中所要求的官吏道德品質，列舉三點進行論述。

本書寫作受到吉林大學研究生創新基金資助項目
「嶽麓秦簡《為吏治官及黔首》研究」
（2014036）的資助

目

次

上編　《爲吏治官及黔首》研究

第一章　緒　論

　　2007 年湖南大學嶽麓書院從香港收購了一批秦簡，這批秦簡形制較爲殘破。經過一定的技術處理和搶救性整理後，其中較完整的有 1300 餘枚。次年，嶽麓書院又接受少量捐贈竹簡，經過技術處理，有 30 餘枚較完整。經專家考證二者的形制、書體和內容都較爲相近，屬同一批簡，所以將兩者合併，稱爲嶽麓書院藏秦簡。「（嶽麓）秦簡是繼 1975 年雲夢睡虎地秦簡和 2002 年湘西里耶秦簡之後的又一重大發現。」〔註1〕經過初步整理後，嶽麓秦簡主要內容分爲七大類：《質日》、《爲吏治官及黔首》、《占夢書》、《數》書、《奏讞書》、《秦律雜抄》、《秦令雜抄》。〔註2〕《爲吏治官及黔首》有八十餘枚簡（編號依據編聯後是從 1～87）是有關官吏教育的，簡長約三十釐米，爲抄後編聯，因在 1531 號簡的背面發現題名，並命名爲「爲吏治官及黔首」，內容主要包括「爲吏」、「治官」、「治黔首」等三個方面，「爲吏」側重修養、「治官」側重考核。整理者認爲，「從內容上看，儘管有許多文句不一樣，但與睡虎地秦簡《爲吏之道》多可互校互補，因此應是秦宦學教材的又一個版本」。〔註3〕2010 年 12 月，上海辭書出版社出版了《嶽麓書院藏秦簡（壹）》，公佈了這一部分的全部圖版和釋文。本文的研究謹以《嶽麓書院藏秦簡（壹）》所載釋文爲基礎。

〔註1〕陳松長：《嶽麓書院藏秦簡綜述》，《文物》2009 年第 3 期。

〔註2〕本文中的分類和命名皆依據《嶽麓書院藏秦簡（壹）》（上海辭書出版社 2011年版）。

〔註3〕朱漢民、陳松長主編：《嶽麓書院藏秦簡（壹）》，上海辭書出版社 2011年版，前言。

第一節　選題意義

首先，嶽麓秦簡《爲吏治官及黔首》作爲新發現的秦代材料，有重要的研究價值。一是，《爲吏治官及黔首》的發現，豐富了秦代宦學研究的材料。陳松長先生認爲，這類文獻應該是秦代根據學吏制度需要而編寫的一種比較常見的宦學讀本。〔註4〕同時，還發現有將官吏考核與道德教育相聯繫的材料，這也充分說明在官吏的管理上，秦代並非將官吏的工作業績作爲唯一的考核標準。另外，《爲吏治官及黔首》也補充了關於秦代官吏教育研究材料方面的不足。二是，爲睡虎地秦簡《爲吏之道》的研究，提供了另一個可爲參照的讀本。但是，在《爲吏之道》的定名上，自睡虎地秦簡公佈後很少有人進行討論，在文獻性質上，學界也一直沒有定論，像吳福助先生稱《爲吏之道》爲「宦學識字教材」、「嬴秦宦學道德教材」，〔註5〕黃盛璋先生認爲，它是一種以儒家思想爲主幹的雜抄文書集。〔註6〕嶽麓秦簡的發現，對《爲吏之道》的深入研究，提供了極大的幫助，陳松長先生認爲：「通過對嶽麓秦簡與睡虎地秦簡《爲吏之道》比較研究，我們可以重新對這種特殊文獻的定名與性質再加以探討。」〔註7〕

其次，嶽麓秦簡《爲吏治官及黔首》的文本研究整理處於起步階段，仍有可供研究的餘地。從嶽麓秦簡收購至今，學界對《爲吏治官及黔首》文本研究的成果，主要集中於簡的編聯、簡文的釋讀和注釋等方面，更深入的研究尚未展開。由於其形制和書寫方式的特殊性，並且其出土地點、出土時間、墓主人情況均不明確，對於瞭解文本性質有很大困難。因此，在簡文的內容結構、性質以及取材等方面，仍有可供研究的餘地。我們從以上這些方面入手進行研究，不僅可以全方位的瞭解《爲吏治官及黔首》文本狀況，而且爲進一步研究奠定了重要基礎。

最後，嶽麓秦簡《爲吏治官及黔首》所反映秦代制度，爲秦制研究提供了新的材料。《爲吏治官及黔首》針對地方官吏日常生活與管理而作，是對當時官吏行政的反映。這些內容在不同側面映像了秦代的某些制度，例如土地

〔註4〕陳松長：《嶽麓書院藏秦簡〈爲吏治官及黔首〉略說》，《出土文獻研究（第九輯）》，中華書局2010年版，第30～35頁。

〔註5〕吳福助：《睡虎地秦簡論考》，文津出版社1994年版，第139頁。

〔註6〕黃盛璋：《雲夢秦簡辯證》，《考古學報》1979年第1期。

〔註7〕陳松長：《嶽麓書院藏秦簡〈爲吏治官及黔首〉略說》，《出土文獻研究（第九輯）》，中華書局2010年版，第31頁。

制度中的土地分配及監管、田租制度、勞動力管理，府庫管理制度中的苑圃修繕及管理、公器管理，社會治安管理。同時，在吏治思想上，與睡虎地秦簡《爲吏之道》，可以相互對讀，例如像「吏有五善」、「吏有五則」、「吏有五過」等。《爲吏治官及黔首》中還有一些《爲吏之道》所沒有的內容，像「吏有六殆」、官吏的日常起居規定、官吏考核制度等等。同時，在文本、吏治思想等內容上，《爲吏治官及黔首》也進行過加工和修改，可爲秦代吏治思想的演變、發展研究提供史料依據。

第二節 研究現狀

自嶽麓書院藏秦簡收購以來，學界對其倍加關注。隨著對其整理的不斷深入，研究成果也日漸豐碩。《嶽麓書院藏秦簡（壹）》出版後，更加豐富了對嶽麓簡的研究材料。自 2007 年至 2012 年有關嶽麓秦簡的研究成果主要有，陳松長先生的《嶽麓書院藏秦簡綜述》和《嶽麓書院藏秦簡中的行書律令初論》、陳偉先生的《嶽麓書院秦簡考校》、曹旅寧先生的《嶽麓書院新藏秦簡叢考》、于振波先生的《秦律令中的「新黔首」與「新地吏」》等等。隨著對簡文認識的不斷深入，學者研究的角度發生了相應的變化，由單一的釋文考釋，轉向了文獻學研究，包括文獻性質、文獻來源與取材、文獻年代等諸多問題。同時，針對《爲吏治官及黔首》研究的新成果不斷湧現，主要有蕭永明先生的《讀嶽麓書院藏秦簡〈爲吏治官及黔首〉札記》、陳偉先生的《嶽麓秦簡〈爲吏〉與〈說苑〉對讀》、許道勝先生的《嶽麓秦簡〈爲吏治官及黔首〉的取材特色及相關問題》、廖繼紅先生的《〈爲吏治官及黔首〉補釋》和《〈爲吏治官及黔首〉與〈爲吏之道〉比較》等等。筆者針對嶽麓簡《爲吏治官及黔首》的相關研究成果，對《爲吏治官及黔首》的研究狀況做如下梳理。

一、《爲吏治官及黔首》材料公佈與簡文研究

嶽麓秦簡《爲吏治官及黔首》簡文研究主要分爲兩個階段。

一是簡文零散公佈階段（2007～2010）。2007 年嶽麓書院收購秦簡後，經過清洗、技術整理，零散地公佈過一些簡文。這些材料主要有：陳松長先生《嶽麓書院藏秦簡綜述》一文公佈的 7 枚簡的圖版和 2 個編號的簡文；蕭永明先生《讀嶽麓書院藏秦簡〈爲吏治官及黔首〉札記》一文公佈的 19 枚簡的圖版。復旦大學出土文獻與古文字研究中心讀書會，還對上述公佈的圖版進

行隸定和釋讀。〔註8〕陳松長先生《嶽麓書院藏秦簡〈爲吏治官及黔首〉略說》一文，公佈了 1531、1541、0072 等編號的簡文和 1531 簡的圖版。

學者依據以上公佈的簡文與圖版，進行簡文釋讀與排序。這些成果有，方勇先生《讀嶽麓秦簡札記一則》一文，主要將 1587 號簡的簡文內容同睡虎地秦簡《爲吏之道》的內容進行比對，發現《爲吏之道》「以此爲人君則鬼」中的「鬼」同嶽麓秦簡「〔爲〕人君則惠」中的「惠」一致。〔註9〕蔡偉先生的觀點也得到證實。〔註10〕陳偉先生《〈爲吏治官及黔首〉1531、0072 號簡試讀》一文，贊同陳松長先生的 1531 號簡是卷首的意見，並且認爲 0072 號簡是其後的第二枚簡，但是竹書的篇題也有寫在卷子末尾，在這種情形下，1531 應是倒數第二簡，0072 則位於全篇之末。〔註11〕何有祖先生《嶽麓書院藏秦簡〈爲吏、治官及黔首〉補箚》一文，繼續對 1531、0072、1541 三枚簡的排列進行探討，認爲排序應爲 1531 背、1541、0072、1531 正。〔註12〕這一階段，由於公佈材料有限，學者探討也僅限於某些簡的文字隸定和簡序排列，在整體研究上仍處於初級階段，研究成果也相對較少。

二是簡文集中公佈階段（2011～）。2011 年 1 月，《嶽麓書院藏秦簡（壹）》由上海辭書出版社出版，其中公佈了《爲吏治官及黔首》部分的全部圖版和簡文，包括 92 個編號，共 87 枚簡。此書出版後，學者對書中的不足提出相應意見，並進行補充，成果主要有，廖繼紅《〈爲吏治官及黔首〉補釋》一文，對材料中應注而未注的部分補充了 55 個注釋，主要是參照睡虎地秦簡《爲吏之道》的注釋內容進行補充。〔註13〕復旦大學出土文獻與古文字研究中心研究生讀書會《讀〈嶽麓書院藏秦簡（壹）〉》一文，從「釋字」、「注釋」、「簡文繫聯」等三個方面，對《嶽麓書院藏秦簡（壹）》一書中值得商榷的地方一

〔註8〕 復旦大學出土文獻與古文字研究中心讀書會：《嶽麓簡〈爲吏治官及黔首〉部分簡文釋文》，復旦大學出土文獻與古文字研究中心，2009 年 11 月 27 日（http://www.gwz.fudan.edu.cn/SrcShow.asp 抬 Src_ID=1000）

〔註9〕 方勇：《讀嶽麓秦簡札記一則》，復旦大學出土文獻與古文字研究中心，2009 年 5 月 19 日 http://www.gwz.fudan.edu.cn/SrcShow.asp 抬 Src_ID=794。

〔註10〕 蔡偉：《簡帛拾遺》，國學論壇，http://www.guoxue.com/newbook/gx/020.htm.

〔註11〕 陳偉：《〈爲吏治官及黔首〉1531、0072 號簡試讀》，簡帛網 2010 年 1 月 22 日 http://www.bsm.org.cn/show_article.php 抬 id=1210。

〔註12〕 何有祖：《嶽麓書院藏秦簡〈爲吏、治官及黔首〉補箚》，簡帛網 2010 年 1 月 23 日（http://www.bsm.org.cn/show_article.php 抬 id=1211）。

〔註13〕 廖繼紅：《〈爲吏治官及黔首〉補釋》，簡帛網 2011 年 2 月 28 日 http://www.bsm.org.cn/show_article.php 抬 id=1407。

一指出，主要包括以下幾點：一是，釋字方面讀書會共舉出了 24 處改正意見，例如簡 6 第一欄「☑亡者身之保也」中的「也」，應釋爲「殹」，後括注「也」；簡 21 第二欄「牛饑車不攻閒」，「饑」字當改作「饑」；《爲吏》簡 84 第三欄「封閉毋墮」，「墮」字應當改釋爲「隋」後括注爲「墮」等等。二是，注釋方面讀書會舉出了 7 處修改意見，像簡 68「![圖]（禍）所道來毋云莫智（知）之」，整理者將「![圖]」誤認作「醜」，整理者的解釋不能令人信服；簡 79「楊（煬）風必謹」注引睡虎地秦簡《效律》中將「楊」錯引爲「糯」等等。三是，編聯方面整理者提出了 3 處意見，有 82+79+81+83+84+65，34 和 41 對調，5+85+6、68+23+22、62+72+71 等。另外，讀書會已經說明，文中觀點有些是成書之前就已提出，但整理者並未採納，有些是成書後提出的，還有些是成書過程中排版錯誤造成的，並非作者本意。〔註14〕

材料的豐富對簡文的研究提供了必要途徑，研究成果也不斷豐富，主要包括，凡國棟先生《嶽麓秦簡〈爲吏治官及黔首〉與睡虎地秦簡〈爲吏之道〉編聯互徵一例》一文，認爲在《爲吏之道》中能找到與嶽麓簡 1541 號內容完全相同的部分，《爲吏之道》中的排序可以參照《爲吏治官及黔首》的順序進行排列，得出的簡序是 41-44-45-42-43-46。另外，文中還對陳偉先生、何有祖先生討論過的 1531、0072、1541 簡序問題，認爲陳偉先生的觀點更爲可取，並有四點說明。〔註15〕陳偉先生《嶽麓秦簡〈爲吏治官及黔首〉識小》一文，是對《爲吏治官及黔首》中的六則釋文，提出相應的看法，主要包括 1521 貳、1576 三、1549 三、1568 貳、1529 貳、1532 壹等。〔註16〕何有祖先生先後有《嶽麓秦簡〈爲吏治官及黔首〉補釋二則》（《補釋》）和《嶽麓簡〈爲吏治官及黔首〉札記一則》（《札記》）兩篇文章，《補釋》是對 1579 三和 1568 貳兩則進行補充注釋，這兩則在《嶽麓書院藏秦簡（壹）》中注釋不明確，並且何先生也對其中的釋文提出了自己的一些看法。《札記》是對 0927 壹的「雨毋所依」中的雨字，整理者釋爲「兩」，何先生認爲應釋爲「雨」，大概是與「雨

〔註14〕復旦大學出土文獻與古文字研究中心研究生讀書會：《讀〈嶽麓書院藏秦簡（壹）〉》復旦大學出土文獻與古文字研究中心 2011 年 3 月 7 日 http://www.gwz.fudan.edu.cn/SrcShow.asp 抬 Src_ID=1416。

〔註15〕凡國棟：《嶽麓秦簡〈爲吏治官及黔首〉與睡虎地秦簡〈爲吏之道〉編聯互徵一例》，《江漢考古》2011 年第 4 期。

〔註16〕陳偉：《嶽麓秦簡〈爲吏治官及黔首〉識小》，簡帛網 2011 年 4 月 8 日 http://www.bsm.org.cn/show_article.php 抬 id=1434。

時無所依」有關。〔註17〕方勇先生先後在武漢大學簡帛網上發表了五則《讀嶽麓秦簡札記》，其中第（一）、（二）、（四）都是有關《爲吏治官及黔首》內容，〔註18〕這三篇文章分別對《爲吏治官及黔首》中的 1540 壹、1576 三、0854 貳、1590 貳、1562 三、1570 三、1588 三、1585 貳等八則釋文提出不同看法和意見，主要有以下幾點認識一是方先生認爲簡文中「扁（漏）表不審」的「表」字疑似爲「壺」字，「漏表」應爲「漏壺」；二是「三日亶（擅）折割」中的「折」，方先生認爲整理者解釋不確，「折」疑爲「列」，「列」爲「裂」的古字，有「裁斷、決定」之意；三是「□食不時」中的缺字，應爲「飲」字，可與「飲食不節」參照；四是「一日誇而夬」中的「夬」疑似爲「史」的誤筆等等。

　　湯志彪先生《嶽麓秦簡拾遺》一文，〔註 19〕指出了在嶽麓簡研究的過程中，出現的幾點問題，一是認爲「六殆」解釋不正確，並且認爲其在「吏有」和「六殆」之間斷開實屬令人懷疑，因此，對「六殆」的內容進行重新斷句。二是認爲，「難開不利」中的「難（難）」字在此當讀作「堧」，顯然是講述「堧」、「壋」兩種田地的利用和開墾問題等，與劉雲所說的「城門開啓不順滑」未有太大聯繫。三是認爲，「徼迣不數」中的「數」應訓爲「懻」，應爲恭敬之意，並非馬芳、張再興所說的訓爲動詞「數」，解釋爲「偷懶、不盡責、失職」。馬芳、張再興《「小男女渡量」考釋》一文，作者認爲，「小男女度量」一句，折射了秦代對未成年男女的考核手段與尺規，結合睡虎地秦簡相關內容和後世傳世文獻，明確「小男女」即未成年男女，「渡量」即度量，理解爲「對規格、標準的把握、揣量」。成年與未成年的界限在衣物、口糧的供給、嫁娶、論罪量刑等方面有不同的身高規定。〔註20〕

〔註17〕何有祖：《嶽麓秦簡〈爲吏治官及黔首〉補釋二則》，簡帛網 2011 年 4 月 9 日
　　　　http://www.bsm.org.cn/show_article.php 抬 id=1438。
　　　　何有祖《嶽麓簡《爲吏治官及黔首》札記一則》，簡帛網 2011 年 4 月 11 日
　　　　http://www.bsm.org.cn/show_article.php 抬 id=1443。
〔註18〕方勇：《讀嶽麓秦簡札記（一）》，簡帛網 2011 年 4 月 11 日
　　　　http://www.bsm.org.cn/show_article.php 抬 id=1444。
　　　　方勇：《讀嶽麓秦簡札記（二）》，簡帛網 2011 年 4 月 13 日
　　　　http://www.bsm.org.cn/show_article.php 抬 id=1448。
　　　　方勇：《讀嶽麓秦簡札記（四）》，簡帛網 2011 年 4 月 18 日
　　　　http://www.bsm.org.cn/show_article.php 抬 id=1460。
〔註19〕湯志彪：《嶽麓秦簡拾遺》，簡帛網 2011 年 6 月 15 日
　　　　http://www.bsm.org.cn/show_article.php 抬 id=1493。
〔註20〕馬芳、張再興：《「小男女渡量」考釋》，《廣西社會科學》2012 年第 1 期。

二、《爲吏治官及黔首》與其他文獻比較研究

睡虎地秦簡整理小組指出：「《爲吏之道》有不少地方與《禮記》、《大戴禮記》、《說苑》等相同。」〔註 21〕由於睡虎地秦簡《爲吏之道》與《爲吏治官及黔首》在形式與內容上較爲相似，因此，其在內容上也與上述文獻中的內容相類似，陳偉先生《嶽麓秦簡〈爲吏〉與〈說苑〉對讀》一文，〔註 22〕就將嶽麓秦簡《爲吏治官及黔首》同《說苑》相互比對，認爲嶽麓秦簡中的「毋傷（傷）官事，多傷（傷）多患，壹毋多貰，多言多過」、「吏有五善」等兩段內容，與《說苑·談叢》中的內容相似。這不僅反映了《說苑》抄引群書的情形，而且作者進一推測劉向在編撰《說苑·談叢》時，可能利用了《爲吏治官及黔首》這類的文獻。另外，學者還在研究《爲吏治官及黔首》的命名、文獻性質、文獻取材、吏治思想等方面，仍採用比較研究的方法，這些研究成果主要如下。

蕭永明《讀嶽麓書院藏秦簡〈爲吏治官及黔首〉札記》一文，認爲同《爲吏之道》比較上，《爲吏治官及黔首》和《爲吏之道》應該屬秦代官箴的不同抄本，其在內容上和形式上都較爲類似。〔註 23〕在「黔首」與「民」的問題上，主要體現了《史記》中有關「更民爲黔首」的內容，並認爲黔首沒有特殊的含義，更名只是秦在統一六國後採取的諸多措施之一。在《爲吏治官及黔首》思想體現上，作者認爲雜糅了諸家的思想，但是在焚書令之後其就不再具有官箴的作用，其中「敬」、「慎」的思想也爲當時統治者所拋棄。

陳松長先生《嶽麓書院藏秦簡〈爲吏治官及黔首〉略說》一文，認爲在抄寫的方式與內容上，與睡虎地秦簡中的《爲吏之道》基本相同，這種文體可能是當時特定文獻的一種抄寫方式。〔註 24〕整理者先將這部分簡暫命名爲《官箴》，但後又在簡的背面發現有「爲吏治官及黔首」一句，改命名爲《爲吏治官及黔首》。在文獻性質的研究上，陳松長先生對黃盛璋先生的雜抄文書集的認識較爲贊同。不過，對於這部文書集的用途，陳先生贊同吳福助先生

〔註 21〕睡虎地秦簡整理小組：《睡虎地秦墓竹簡》，文物出版社 1990 年版，第 167 頁。

〔註 22〕陳偉：《嶽麓秦簡〈爲吏〉與〈說苑〉對讀》，簡帛網 2009 年 11 月 30 日 http://www.bsm.org.cn/show_article.php 抬 id=1186。

〔註 23〕蕭永明：《讀嶽麓書院藏秦簡〈爲吏治官及黔首〉札記》，《中國史研究》2009 年第 3 期。

〔註 24〕陳松長：《嶽麓書院藏秦簡〈爲吏治官及黔首〉略說》，《出土文獻研究（第九輯）》，中華書局 2010 年版。

的觀點，認為這部文書集是一種供官吏學習的宦學教材，也包括道德教育。對於這類文獻到底是識字教材還是道德教材，嶽麓秦簡給予了很好的解釋。首先，簡文中有「治官及黔首身之要也」，也就是說這是治官、治黔首、修身的精要所在，正說明其不是單純的識字教材。其次，簡文中有「與它官課，有式令能最」一句，也說明了其目的是進行官吏考核所必備的材料。因此，這種文獻的性質也不是單純的道德教材，而是用於「官課」的必讀課本。第三，簡文中有「為人君則惠，為人臣【則】忠，為人父則茲（慈），為人子則孝，為人上則明，為人下則聖，為人友則不爭」，雖然與《為吏之道》的內容相合，但是其落腳點卻是要勸勉所有讀此文獻的人要「精守正事」、「審用律令」，以至「終身毋咎」，這也說明此種文獻也不是簡單的「道德教材」。綜上，陳松長先生認為，這類文獻應該是秦代根據學吏制度的需要編寫的一種比較常見的宦學讀本，這類文獻在當時應該有固定的內容和抄寫格式。嶽麓秦簡中的內容也驗證了這一說法。

廖繼紅先生《〈為吏治官及黔首〉與〈為吏之道〉比較》一文，進一步從來源、形制、內容等方面，將睡虎地秦簡中的《為吏之道》同《為吏治官及黔首》進行比較。從來源來看，《為吏之道》出土於睡虎地秦墓，是通過科學發掘獲得，真實可靠。〔註25〕《為吏治官及黔首》而卻出於文物市場，出土地點、墓主人情況等都不甚明瞭。因此，《為吏之道》是研究《為吏治官及黔首》重要的參證材料。文中也從形制方面進行比較，主要認為書寫材料均為竹簡，書寫內容均書寫在竹黃一側。在簡的長度上，《為吏治官及黔首》略長，在 30 釐米左右。在簡的數量上，《為吏治官及黔首》的簡數要多，但在字數上兩者相當，均是 1500 字左右。同時，在編聯上，廖繼紅先生發現《為吏之道》是先進行編聯寫後抄寫，《為吏治官及黔首》則是先抄寫後編聯。在符號出現的情況上，《為吏之道》出現段首符號 9 處，出現重文符號 25 處，不過，《為吏治官及黔首》中出現的符號相對較少，重文符號 14 處，刪除符號 1 處，無段首符號。從內容上看，「《為吏之道》與《為吏治官及黔首》有部分內容是源自於同一類母本，但《為吏之道》的其他內容卻為《為吏治官及黔首》所沒有，這些內容是否也源於一類母本，卻不得而知。」〔註26〕

〔註25〕廖繼紅：《〈為吏治官及黔首〉補釋》，簡帛網 2011 年 2 月 28 日 http://www.bsm.org.cn/show_article.php 抬 id=1407。

〔註26〕廖繼紅：《〈為吏治官及黔首〉補釋》，簡帛網 2011 年 2 月 28 日 http://www.bsm.org.cn/show_article.php 抬 id=1407。

許道勝先生《嶽麓秦簡〈爲吏治官及黔首〉的取材特色及相關問題》一文，認爲蕭永明先生從取材特色的角度研究的認識十分可取，但《爲吏治官及黔首》的取材並非僅限於傳世文獻，現有出土秦律和《爲吏治官及黔首》的取材也有一定的關聯，文中主要舉出了五例與秦律令相類似的內容。〔註27〕另外，許先生認爲《爲吏之道》也可能是《爲吏治官及黔首》取材的重要來源，主要分爲「爲官」、「治官」兩個方面來說，並分別列表進行比較。對於文獻性質和文獻年代，文中也有進行探討，認爲性質爲「雜抄」，「作爲當時『學吏』制度的產物，其內容是『爲吏』者必備的基本知識。〔註28〕其產生年代不晚於始皇三十五年，也就是公元前 212 年。

綜上，《爲吏治官及黔首》是新發現秦代文獻，研究也是剛剛起步。目前學界研究成果多集中於簡文釋讀和文獻比較方面，但仍然存在問題。一是，簡文釋讀的深度不足，有進一步挖掘的必要，薄弱環節主要包括：內容結構、文獻性質、文獻取材等方面。二是，簡文研究與秦代制度結合不足，對於其中某些映像的秦制關注度不夠，像對簡文中所反映的土地制度、府庫管理制度、社會治安管理制度、監察制度等。三是，吏治思想研究仍未起步，例如對其中包含的儒、法、道思想融合的現象，秦代官吏教育思想研究等方面，研究成果較少。

三、嶽麓秦簡其他部分研究狀況

嶽麓秦簡所載秦代律令的研究。陳松長在《嶽麓書院所藏秦簡綜述》一文中說：「這一部分竹簡中，不僅有秦律，而且還有很多秦令的內容，並且這些律令都是針對某種事件或案例所節抄的律令條文。」這批秦簡中還出現了很多秦令的內容，這在以前發掘的秦簡中很少出現。

有關「律」的研究。前期發現的秦簡中基本都是有關秦律的內容，像睡虎地秦簡中的《秦律十八種》和《秦律雜抄》。在嶽麓書院簡中，有關於秦律的內容也有不少，對於現階段的整理來看，基本還是要參照前期出土的秦簡中關於律的內容，進行比較研究。嶽麓秦簡中有關《關市律》的研究。曹旅寧《嶽麓書院新藏秦簡叢考》中認爲，張家山漢簡《二年律令》中《□市律》

〔註27〕許道勝：《嶽麓秦簡《爲吏治官及黔首》的取材特色及相關問題》，《湖南大學學報（社會科學版)》2011 年第 2 期。

〔註28〕許道勝：《嶽麓秦簡《爲吏治官及黔首》的取材特色及相關問題》，《湖南大學學報（社會科學版)》2011 年第 2 期。

的缺字應該是「關」字。他的依據就是睡虎地秦簡中也出現了《關市》一條，並進行了內容的比對，發現睡虎地秦簡中的《關市》內容同嶽麓簡的《關市》內容所表達的意義是相同的，也就是說都是關於商業管制和官營手工業的內容。因此，其推斷張家山漢簡中《□市律》的缺字應該就是「關字」。而陳松長《睡虎地秦簡「關市律」辨正》一文卻認爲，睡虎地秦簡的《關市律》包含在嶽麓簡中的《金布律》中，而其又同張家山漢簡中一條《金布律》的簡文相似。所以，他認爲睡虎地秦簡中的《關市律》應該就是《金布律》中的一條，並推斷有可能是抄手抄錯了底本導致的。嶽麓秦簡中有關《田律》的研究。陳松長《嶽麓書院所藏秦簡綜述》一文中，公佈了一條《田律》的簡文，這條簡文與睡虎地秦簡中的《田律》簡文內容相近。由於簡文中將「百姓」改爲「黔首」，並認爲嶽麓秦簡中的簡文應該是在秦始皇統一以後改定的律文。通過與睡虎地秦簡比較陳松長認爲，嶽麓秦簡的出土墓葬，墓主人與墓主人與這批簡的關係都是需要仔細研究的問題。曹旅寧《嶽麓書院新藏秦簡叢考》一文中進行了推測，認爲這批秦簡的主人有可能同睡虎地 11 號秦墓、77 號漢墓，張家山 247 號漢墓、336 號漢墓等墓主人身份相仿，而且據嶽麓秦簡中所載律令中有爲郡守府所應用的律令，其推測墓主人當爲曾在南郡郡守府服務的小吏。並且進一步推測，睡虎地秦簡中的法律簡內容應該不是當時所正在使用的律文。

嶽麓秦簡中有關《內史雜律》的研究。栗勁曾推論：「《內史雜》律應該是《內史律》以外的與內史職務有關的行政法規。」〔註29〕曹旅寧《嶽麓書院新藏秦簡叢考》較爲贊同也栗勁先生的觀點，並同睡虎地秦簡中《內史雜》和《尉雜》進行比較。他認爲，秦簡中的《內史雜》和《尉雜》應該叫做《內史雜律》和《尉雜律》，並在嶽麓簡的簡文中得到了證明。朱紅林師《戰國時期國家法律的傳播——竹簡秦漢律與〈周禮〉比較研究》一文認爲〔註30〕，《尉雜》和《內史雜》在稱謂上應是同類法律的泛稱，是一種法律集合，相當於廷尉和內史的職官法或者部門法。這種法律集合的形成與法律逐級頒佈有關，相關部門會到法令的主管部門抄錄與本部門相關的法律條文，並結集成篇。

〔註29〕栗勁：《秦律通論》，山東人民出版社 1985 年版，第 350 頁。

〔註30〕朱紅林：《戰國時期國家法律的傳播——竹簡秦漢律與〈周禮〉比較研究》，《法制與社會發展》2009 年第 3 期。

　　嶽麓秦簡中有關《奔敬律》的研究。陳偉《嶽麓書院秦簡考校》中認爲，陳松長《嶽麓書院所藏秦簡綜述》所說的「奉敬律」有不妥之處，通過考釋陳偉認爲「奉敬」一詞應爲「奔敬」爲妥，並同睡虎地秦簡中《爲吏之道》後的《魏奔命律》進行比較，並推測秦的《奔敬律》同魏的《奔命律》有可能有所聯繫。曹旅寧對陳偉提出的「奔敬律」與「奔命律」的關聯進行了比較分析，其在《嶽麓書院新藏秦簡叢考》一文中認爲，「奔敬律」是嶽麓簡中出現的新律名，但是通過同睡虎地秦簡中的《魏奔命律》的內容進行比較得出：『『奔敬律』此條的性質爲緊急情況下調兵馳援以及控制『奔命』的法律規定。」郭永秉《嶽麓秦簡「奔敬律」補例》一文，還對有關「奔敬律」研究進行了補充，並把簡文中的「奔警」二字進行了進一步考釋。

　　嶽麓秦簡中有關《行書律》的研究。陳松長在《嶽麓書院藏秦簡中的行書律令初論》中公佈了 7 枚有關《行書律》的照片和簡文，並認爲其對睡虎地秦簡中的《行書律》有極大的補充。陳松長將睡虎地秦簡中的《行書律》同嶽麓書院秦簡《行書律》進行比對，認爲睡虎地秦簡《秦律十八種》中的 183 號簡同嶽麓秦簡中的 1250 號簡的內容基本相同，嶽麓秦簡中的 1272 號簡同睡虎地秦簡《秦律十八種》中的 184、185 號簡內容基本相同。經過對比，陳先生發現了嶽麓秦簡與睡虎地秦簡的關係：後者要早於前者，但前者較後者要細緻，並且可以看出在秦統一以後進對法律律文行過修訂。文中還有關於郵行的內容。嶽麓秦簡《行書律》1417 號簡的內容是有關郵行的，其中主要記載了不得擅自郵行的法律條文，反映了當時的郵行制度。

　　嶽麓秦簡中「遷刑」的研究。《嶽麓書院新藏秦簡叢考》一文中所載的嶽麓秦簡 865 號簡文中就有有關遷刑和行刑的原則。張家山 336 號漢墓中發現了有《遷律》，曹旅寧推測，865 號簡的簡文內容也有可能是《遷律》的條文。若真是《遷律》的內容，則對於《遷律》的出現時代、遷律的適用範圍、遷刑同流刑的區別提供重要參證。

　　有關「令」的研究。嶽麓秦簡的秦令的部分是此前秦簡中少有的部分。從現有公佈內容來看，令的名稱就多達二十多種，像尉郡卒令、郡卒令、廷卒令、卒令、贖令、挾兵令、捕盜賊令、稗官令等等。數量、種類如此之多的「令」在秦簡中發現，尚屬於首次。這也爲我們瞭解秦代完整的律令制度提供了相應的材料。學者在整理秦簡的過程中，也對「令」的相關內容進行了研究。

　　學者在整理這批秦簡的過程中，發現有《挾兵令》的內容。雖然其沒有公佈，但通過傳世文獻可以加以佐證其存在的眞實性。曹旅寧《嶽麓秦簡〈挾兵令〉考》（簡帛網 2009 年 4 月 25 日）一文中說，在《史記‧秦始皇本紀》中有《挾兵令》實行前後的情況記載，體現出了《挾兵令》施行後的成效，所以說秦出臺《挾書令》史有明文，《挾兵令》卻爲嶽麓秦簡所證實。曹旅寧還對現有公佈的材料進行分析，提出了對於「令」發現的意義有一些看法。其在《嶽麓秦簡所見秦令雜考》中，著重說明了令的分類，並提出了嶽麓簡中令內容發現有九點重要意義，嶽麓秦簡中令的發現也爲現階段的一些學術懸疑問題，提供了解決的依據。

　　胡平生《論簡帛辨僞與流失簡牘搶救》一文〔註31〕，中公佈了嶽麓秦簡中的七枚簡的簡文和釋文，並根據簡的內容推測，第一到第六枚簡可能與秦律令內容相關，而第七枚可能是術數簡。胡平生公佈這七枚簡，極大地豐富了現有公佈的材料。陳松長《嶽麓書院藏秦簡中的行書律令初論》一文中還公佈了 4 枚有關「卒令」的簡文和照片。這部分「卒令」主要是關於秦代官府文書的傳遞。令中主要反映了郵行所傳遞的文書內容、郵行文書的封檢方式與要求、對於郵行延誤的處罰，對於瞭解秦代郵傳制度有重要的意義。

　　曹旅寧《嶽麓秦簡中的〈戍律〉及〈捕盜賊令〉條文》（簡帛網 2010 年 2 月 9 日）一文，對胡平生公佈的七枚簡進行了盡一步的分析，並同出土秦簡中的法律簡內容進行比對，認爲一、二枚簡的內容可能同秦的《戍律》有關，三、六枚簡的內容可能與秦的《捕盜律》、《捕盜賊令》、《廷卒令》有關，並與睡虎地秦簡中的《捕盜律》進行比較認爲有相似之處。由於現階段也是初步整理，嶽麓秦簡公佈的材料有限，所以學者研究「令」的成果也有限。但是，秦「令」的發現確實填補了關於秦代法律研究的空白，爲瞭解秦代法律的全貌提供了相關的研究材料。

　　「馮將軍毋擇」問題的研究。「馮將軍毋擇」是出現在嶽麓秦簡《奏讞書》中的一個案件，這是一份由胡陽丞上報的讞書，其內容是一位叫「癸」和叫「學」的人冒充「馮將軍毋擇子」的名義僞造文書詐騙的案件。陳偉通過與《史記‧秦始皇本紀》和《漢書‧馮奉世傳》的材料進行比對認爲，「馮毋擇」確實曾任秦將。這與嶽麓秦簡稱其爲「將軍」也完全符合。曹旅寧《嶽麓書

〔註31〕胡平生：《論簡帛辨僞與流失簡牘搶救》，《出土文獻研究（第九輯）》，第 102
　　　　～103 頁。

院新藏秦簡叢考》一文對陳偉的說法進行了補充，奏讞制度秦已有之，漢承秦制而已，這些材料當是供小吏學習法律之用。曹旅寧通過比對張家山漢律中的《賊律》、《奏讞書》和睡虎地秦簡中的《法律答問》，進行了進一步的分析了「學」行爲動機和罪名，但是「癸」的眞實目的和「學」最終處以何種罪行，根據現有簡文仍不知曉。何有祖《嶽麓書院藏秦簡〈奏讞書〉1650 號簡略考》（簡帛網 2010 年 9 月 25 日）一文將簡文與張家山漢律中的《盜律》和《賊律》的內容進行比較，分析了「學」的量刑。作者認爲「學」的量刑應該有兩種方案，即是耐爲隸臣或贖耐，但是最終要採用何種刑罰尚沒有材料，因此不得而知。

　　傅籍及貲甲盾問題的研究。在秦簡中關於徭役傅籍的內容記述的很多，但在學術界關於入傅的標準仍然有很大的爭議。嶽麓秦簡中也有涉及到秦代傅籍問題的內容。曹旅寧《嶽麓書院新藏秦簡叢考》一文中，強調的一個問題就是秦始皇十三年以前是以身高，還是以年齡傅籍。高恒提出「秦在相當長的時期裏，實行以身高確定傅籍年齡。」〔註 32〕曹旅寧認爲，嶽麓秦簡 0552 號簡的內容印證了高恒的觀點。陳偉《嶽麓書院秦簡考校》一文通過分析嶽麓秦簡 0552 號的內容，認爲其簡的內容有兩點價值，一是「初書年」的記載與《史記‧秦始皇本紀》的內容吻合。第二，在簡文中有「爽十三歲即已書年」的記載，可見當時初書年的命令是針對所有男性，包括未成年人在內。其後又比對了睡虎地秦簡和里耶秦簡中的內容。

　　在秦律中貲甲和盾的記載是較多的，但是甲和盾的比價在出土秦簡中沒有體現。在嶽麓秦簡中發現了有關於甲盾比價的材料。在嶽麓簡的材料中，不僅出現了前期秦簡的貲甲盾的字樣，甚至出現了「馬甲」一詞。在金的單位上也出現了垂（錘）、兩和朱（銖）三種單位。于振波《秦律中的甲盾比價及相關問題》一文，分析了垂（錘）、兩和朱（銖）三者之間的關係，並認爲貲一甲相當於 1344 錢，貲一盾相當於 384 錢，而關於馬甲其認爲主要是用於贖刑之中，貲馬甲相當於 7680 錢。于振波還認爲秦律中的貲甲盾分爲三個等級而不是四個等級。彭浩《兩條有關秦代黃金與銅錢換算的資料》（簡帛網 2010 年 10 月 29 日）一文中提出了兩點：一是認爲原先貲甲盾的換算推測是不合理的，當時的金價是浮動的，並且也沒有達到萬錢的地步。二是通過與睡虎地秦簡和張家山漢簡《二年律令》比較發現，2 枚簡的內容

〔註32〕高恒：《秦律中的徭、戍問題》，《考古》1980 年第 6 期。

記述上有交叉的情況，所以在《秦律中的甲盾比價及相關問題》中公佈的 2 枚簡應該不屬於法律簡的範疇。曹旅寧《讀〈兩條有關秦代黃金與銅錢換算的資料〉書後》（簡帛網 2010 年 11 月 1 日）在較爲贊同彭浩所說的觀點，證明了若江賢二、藤田高夫在甲盾比價問題上的推論是錯誤的，認爲彭浩所說的「入」應爲「死」字的也是合理的。並推斷這 2 枚簡的內容應該是對貲刑及贖刑金額的解說。

有關《質日》內容的研究。嶽麓秦簡中也發現了有關曆譜的內容，整理者暫定名爲《日志》，其形制與內容同《關沮秦漢墓簡牘》中的《曆譜》相同，內容主要分成三類。對於日志的研究主要集中在以下兩個方面。

對於這部分命名及性質的問題。整理者認爲這部分應該命名爲《日志》，但是有的學者卻認爲其應該命名爲「日記」或「質日」。蘇俊林《關於「質日」簡的名稱與性質》一文〔註 33〕，認爲「質日」一詞早已有之，而且在嶽麓秦簡之前也出土了與其相類似的簡牘。在嶽麓秦簡三組曆譜簡都在背面發現有篇題，所以蘇俊林認爲，嶽麓秦簡中發現的和與其想類似的出土簡牘，在當時很有可能也被稱之爲「質日」。在「嶽麓書院藏秦簡（第一卷）國際研讀會」上，與會學者也一致認爲，應該定名爲「質日」。對於《質日》的性質，蘇俊林認爲從出土、形制、內容三個方面來看，《質日》是具有私人性質的文書，不是官方文書。

對於「騰」、「爽」和所屬主人的問題。據整理者總結，「騰」共出現 8 次。通過與睡虎地秦簡和里耶秦簡相互比較發現，前者中有「南郡守騰」，後者中有「司空騰」。陳松長認爲，這裏的「騰」與上兩者不是同一個人，但是不是「內史騰」還有待考證。陳松長還認爲「爽」作爲令史、司空史被單獨記載，應該還有其它特殊的意義，但仍有待考證。對於這批簡所屬主人的問題，仍有待於進一步研究，現主要發現在《質日》中前兩類和後一類的簡，可能不同屬於一個主人。

嶽麓書院藏秦簡中還發現了關於算數書的內容，共有 200 枚簡。因其中的 0956 號簡的背面有「數」字，所以將其命名爲《數》書。在張家山漢簡中也發現有《算數書》。嶽麓秦簡中的內容與張家山漢簡《算數書》的內容大致相當，可以相互比證。這些新的算數材料，是我們解讀秦代數學發展水準的重要資料，也是中國數學史研究中最早的文獻資料，具有非常重要的學術意

〔註33〕蘇俊林：《關於「質日」簡的名稱與性質》，《湖南大學學報》2010 年第 4 期。

義和研究價值。蕭燦、朱漢民的《嶽麓書院藏秦簡〈數〉的主要內容及歷史價值》一文介紹了《數》書中有關的內容。其中主要包含了《數》書竹簡的情況，算題的構成以及算題的主要類型。作者通過與張家山漢簡的《算術書》相互比對，發現《數》書與《算數書》基本相同，但是《算數書》中有題名而《數》書中無題目，而且還發現《數》書中的算題呈現「組群」的特點。文中還將《數書》中算題主要歸結爲 10 種類型，並認爲其是很多古算法的例證、《九章算術》的藍本和有可能是秦代的算術教材。蕭燦《對〈嶽麓書院藏秦簡〈數〉的主要內容及歷史價值〉一文的校補》（簡帛網 2010 年 12 月 24 日）一文，還對上文中的 14 處錯誤進行校對，包括文中有關《數》書公佈材料的釋文進行校對，並與《九章算術》的內容進行比對。許道勝、李薇《從用語「術」字的多樣表達看嶽麓書院秦簡〈數〉書的性質》一文，主要是從用於「術」字的表達形式來分析《數》書的性質。根據總結，「術」的表達方式在嶽麓秦簡中共有十餘種不同的表達方式，而且還有在有的簡文中出現了替代「術」和省略「術」的現象。作者經過總結得出，嶽麓秦簡《數》書不是一部嚴謹的數學著作，其只是一部有著兩種來源的早期抄本。

　　現階段有關嶽麓簡《數》書內容的研究，還側重於簡中記述的度量衡和土地測量的內容。朱漢民、蕭燦《周秦時期穀物測算法及比重觀念——嶽麓書院藏秦簡〈數〉的相關研究》中闡述〔註 34〕，嶽麓簡《數》書中保存了許多度量衡和有關秦代測量計算的材料。本文通過對簡文的釋讀得出，周秦時期人們對穀物和農產品的計算主要採用體積計算的方式，並同睡虎地秦簡中的《倉律》進行印證。文中還認爲《數》書的特殊之處在於：它記錄的是體積重量之比的「係數」，將多種常用「係數」寫在算術書裏，有可能是作爲「係數表」供當時的人們查閱。所以說，周秦時期的人們習慣於採用體積計算法，在體積計算出來之後，經過計算得出重量，並且重量和體積的比例係數已經寫在《數》書中了。蕭燦《嶽麓書院藏秦簡〈數〉兩例與糧米有關的算題研究》（簡帛網 2010 年 12 月 20 日）一文，是對 0809、0802 號簡組成的算題和 2173、0137、0650 號簡組成的算題進行分析。其主要是從字詞釋義、算法分析和簡的編聯綴合三個方面來分析。作者認爲，這兩算題是以政府儲藏糧食爲現實背景，或者算題中規定的標準在其他方面也有使用。

〔註 34〕朱漢民、蕭燦：《周秦時期穀物測算法及比重觀念——嶽麓書院藏秦簡〈數〉的相關研究》，《自然科學史研究》2009 年第 4 期。

在嶽麓書院藏秦簡中也發現了有關周秦時期的幾何學的內容，計算主要
側重於田地的測量，其研究成果主要有以下五篇文章。朱漢民、蕭燦《從嶽
麓書院藏秦簡〈數〉看周秦之際的幾何學成就》一文〔註 35〕，主要闡述嶽麓
秦簡中幾何學的成就。朱漢民、蕭燦《嶽麓書院藏秦簡〈數書〉中的土地面
積計算》就列舉了嶽麓秦簡中的矩形、箕形、圓形的土地求面積問題。〔註 36〕
在嶽麓秦簡的《數》書中還有大量相關的數學題目，其內容可以同《九章算
術》相互印證。朱漢民、蕭燦《勾股新證——嶽麓書院藏秦簡〈數〉的相關
研究》一文，〔註 37〕就是將嶽麓簡中「圓材薶地」一題同《九章算術》中的
《勾股》第九章的內容相互比較，發現兩題除了求解的內容不同外，基本的
條件和已知都是相似的。蕭燦《從〈數〉的「輿（與）田」、「稅田」算題看
秦田地租稅制度》也列舉了嶽麓秦簡中關於田產量和租稅的題目。〔註 38〕關
於田地產量及租稅的完整算題的有 21 例，敘述算法的術文 4 例。其中基本可
以分爲兩類：一類是輿田類的題目，一類是稅田類的題目。通過分析這兩類
題目的內容，基本可以瞭解當時秦代田地租稅制度的概況。許道勝、李薇《嶽
麓書院秦簡〈數〉「營軍之述（術）」算題解》（簡帛網 2010 年 7 月 8 日）一
文，解釋了一道關於「營軍」題材的算術題，其中「營軍」題材的題目也是
首次發現。

許道勝、李薇《嶽麓書院所藏秦簡〈數〉書釋文校補》一文，〔註 39〕以
蕭燦、朱漢民的《嶽麓書院藏秦簡〈數〉的主要內容及歷史價值》，朱漢民、
蕭燦《從嶽麓書院藏秦簡〈數〉看周秦之際的幾何學成就》，蕭燦、朱漢民《嶽
麓書院藏秦簡〈數書〉中的土地面積計算》，蕭燦、朱漢民《周秦時期穀物測
算法及比重觀念——嶽麓書院藏秦簡〈數〉的相關研究》四篇文章爲基礎，
對其已經公佈的有關《數》書方面的釋文進行校正和補充，並對簡的殘斷情

〔註 35〕 朱漢民、蕭燦：《從嶽麓書院藏秦簡〈數〉看周秦之際的幾何學成就》，《中國
史研究》2009 年第 3 期。

〔註 36〕 朱漢民、蕭燦：《嶽麓書院藏秦簡〈數書〉中的土地面積計算》，《湖南大學學
報》2010 年第 2 期。

〔註 37〕 許道勝、李薇：《從用語「術」字的多樣表達看嶽麓書院秦簡〈數〉書的性質》，
《史學集刊》2010 年第 4 期。

〔註 38〕 蕭燦：《從〈數〉的「輿（與）田」、「稅田」算題看秦田地租稅制度》，《湖南
大學學報》2010 年第 4 期。

〔註 39〕 許道勝、李薇：《嶽麓書院所藏秦簡〈數〉書釋文校補》，《江漢考古》2010
年第 4 期。

況進行了標注。通過學者對嶽麓秦簡《數》書的整理與研究，發現嶽麓秦簡中記述的算術內容是中國最早的有關算術的文獻資料，對研究數學史和周秦時期的田地、租稅制度具有重要的意義。

除了以上這些內容，還有其他方面的內容研究。

王勇《五行與夢占——嶽麓書院藏秦簡〈占夢書〉的占夢術》一文，是對嶽麓秦簡中的《占夢書》研究。其將五枚連簡書寫的摘錄下來，並認爲這五枚簡的內容基本上是一篇有關夢的簡短論述。文中還反映了當時占夢所需要的幾個因素，做夢季節、日子、時辰、節氣和五行思想。作者認爲對於五行思想來說，定型的較晚但五行的思想產生要早的多。占夢術中的五行思想脫離不了當時的生產生活環境，而且嶽麓秦簡中的占夢方法也在睡虎地秦簡中出現過。最後，在文中闡述了殷商、西周、春秋戰國以及漢代的占夢的發展演變。

陳松長《秦代避諱的新材料——嶽麓書院藏秦簡中的一枚有關避諱令文略說》對秦代的避諱問題做了研究。在以前材料中對避諱問題至多認爲有兩種形式，一種是避「君諱」，一種是避「家諱」。但是在嶽麓秦簡 2026 號中卻發現了避「國名」諱的內容，這也是首次在秦簡中發現了此種相關的內容。另外，作者認爲 2026 號簡反映出當時秦代在避諱問題上的三點信息，一是秦代避「國諱」是避諱的一種，二是秦代的避諱不是隨意的，而是有法律條文作爲依據，三是秦代避諱制度也是有等級的。

王勇、唐俐《「走馬」爲秦爵小考》對秦代的爵制問題進行研究。在張家山漢簡《奏讞書》中「走馬」出現過兩例，「走馬」應該是是周時官稱與秦代官制不符，但是在嶽麓秦簡《數》書中卻發現了「走馬」同秦代爵制並稱的內容。因此，作者認爲，「走馬」是秦代的一種爵位，相當於漢代二十等爵位中的「簪嬝」，並認爲，秦代爵位是從軍隊官制中演化過來的。

第三節 寫作思路

本文在吸收前人的研究成果的基礎之上，對嶽麓秦簡《爲吏治官及黔首》從三個方面展開整理和研究。

一是《爲吏治官及黔首》的基本概況，包括簡文釋讀、注釋、簡序排列等方面內容，尤其針對《爲吏治官及黔首》的命名、編聯、內容結構、性質、取材等方面進行研究。在命名研究方面，結合整理者的認識，以及陳松長、陳偉等先生的觀點，對《爲吏治官及黔首》這類文獻的命名作進一步探討。

在內容結構方面，在整理者編聯意見的前提下，把文本劃分爲五個部分。在性質與取材方面，結合文本結構的形式，與睡虎地秦簡《爲吏之道》作對比研究，從書寫形式、語言特點、文獻性質、內容結構等方面展開探討。在內容結構的對比上，以表格的形式將二者的異同之處表現出來。

二是《爲吏治官及黔首》所見秦制研究。文本在選材上，多以生活實際爲準，或者是以生活實際爲藍本進行改編。這在其他的出土簡牘中也有類似文獻出現，例如睡虎地秦簡《封診式》、張家山漢簡《奏讞書》、張家山漢簡《算術書》、嶽麓秦簡《數》書等等。因此，《爲吏治官及黔首》這一材料的發現，對於瞭解和還原當時制度狀況也有很大的幫助。本文著重對文本中所反映的秦制進行研究，不僅包括土地管理制度、勞動力管理制度，官府及苑囿管理制度，而且還包括治安管理制度、監察與社會保障等等。由於《爲吏治官及黔首》殘斷嚴重，有的文字漶漫，加之語句之間連貫性不強，所以本文在秦制研究一章並非全部列出相關內容，選擇有代表性的內容進行探討。

三是《爲吏治官及黔首》所見吏治思想剖析。內容包括良吏惡吏的評判、官吏日常起居、爲官準則、修身之道等等。這些內容在語句上，與儒、法、道經典內容均有參照，這與睡虎地秦簡《爲吏之道》所出現的狀況類似，正如吳福助先生所說，「《爲吏之道》以法家思想爲主體，吸收和採納儒、道兩家思想中適合贏秦統治階級需要的部分，用以充實和完備法家思想的傾向」。〔註 40〕這也正符合戰國後期，思想融匯的社會現實。因此，本文在研究《爲吏治官及黔首》的吏理思想內容的時候，仍然需要分別對文本中所反映的儒、法、道三家思想內容進行梳理。在官吏評判的標準上，筆者認爲「六殆」的內容更類似於《周禮》中考核官吏的「六計」，並非是「吏有六殆」後面所列舉的幾項，所以在簡文中並沒有出現「六殆」的具體內容。〔註 41〕筆者還將與《爲吏治官及黔首》研究有關的成果集中起來，作一集釋附於論文之後，以資後續研究之用。

〔註 40〕吳福助：《睡虎地秦簡論考》，文津出版社 1994 年版，第 198 頁。
〔註 41〕于洪濤：《嶽麓簡〈爲吏治官及黔首〉札記二則》，簡帛網 2011 年 5 月 24 日。

第二章 《爲吏治官及黔首》的基本概況

　　2007 年 12 月，湖南大學嶽麓書院從香港搶救性回購一批竹簡，經清理共編號 2098 個，其中比較完整的簡有 1300 餘枚。經鑒定，這是一批珍貴的秦簡。2008 年 8 月，嶽麓書院又受贈與上述秦簡同批的竹簡，有 76 個編號，較完整的有 30 餘枚。嶽麓秦簡《爲吏治官及黔首》是一篇官吏使用的道德教材，這一部分由八十餘支簡組成。陳松長先生在介紹這批簡時指出：「這些竹簡無論是內容還是形制，都與雲夢睡虎地秦簡中的《爲吏之道》基本相同。」〔註1〕目前，對於這一部分的研究主要集中於文字釋讀、書體字跡、簡序編聯、文獻比較、內容取材等等方面的內容，但是對於內容結構的分析仍顯薄弱，同時對於簡文釋讀、編聯、取材等方面的研究依然不足。下面筆者從來源、命名與形制，編聯補證，內容結構與取材等方面展開論述。另外，以下爲行文方便，《爲吏治官及黔首》簡稱爲《爲吏》，《爲吏之道》簡稱爲《吏道》，引文部分照原文抄錄，不做簡稱。

第一節　來源、命名與形制

　　嶽麓簡《爲吏》的具體公佈情況。龍軍《嶽麓書院搶救性回購一批流落海外秦簡——塡補了先秦文獻的多項空白》、陳永傑《搶救神秘秦簡》等較早對此事進行了報導，介紹了這批簡的基本情況和收購、鑒定的基本過程，專家一致認爲這批簡是屬於珍貴的秦簡眞品。〔註2〕2009 年 6 月 4 日到 5 日湖南大學嶽麓書院舉辦了「嶽麓書院藏秦簡（第一卷）國際研讀會」，會議內容主要包

〔註 1〕陳松長：《嶽麓書院藏秦簡綜述》，《文物》2009 年第 3 期。
〔註 2〕龍軍：《嶽麓書院搶救性回購一批流落海外秦簡——塡補了先秦文獻的多項空白》，《光明日報》2008 年 4 月 20 日，第 2 版。
　　　陳永傑：《搶救神秘秦簡》，《北京科技報》2008 年 4 月 21 日，第 46 版。

括釐定該卷釋文、確定篇名、討論簡文的編聯以及出版體例等問題。2010 年 12 月，《嶽麓書院藏秦簡（壹）》由上海辭書出版社出版，其中公佈了《爲吏》80 枚簡的全部圖版及簡文。在《嶽麓書院藏秦簡（壹）》出版之前，已有文章公佈了有關《爲吏》部分的材料。陳松長《嶽麓書院所藏秦簡綜述》一文，公佈了有 7 支簡的圖片和 2 個編號的簡文。蕭永明《讀嶽麓書院藏秦簡〈爲吏治官及黔首〉札記》一文公佈了 19 支簡的圖版。〔註 3〕復旦大學出土文獻與古文字研究中心讀書會還對上述公佈的 26 支簡進行了重新隸定和解釋。〔註 4〕

一、來源比較

廖繼紅先生還對《爲吏》、《吏道》兩者的來源進行比較。文中指出，「《爲吏》來源於文物市場。《爲吏》起先被定名爲《官箴》，後來發現簡 1531 的背面書有『爲吏治官及黔首』七字，應爲篇題，故據此定名爲《爲吏》。《吏道》則出 1975 年 12 月，湖北雲夢睡虎地的 11 號秦墓。現篇題是整理者根據簡文第一句『凡爲吏之道』擬定」。〔註 5〕由於《爲吏》來源於文物市場，缺少了經過科學考古所能獲得的信息。首先，這批簡的眞僞問題，引起中外學者的廣泛關注。經過檢測，「嶽麓書院藏竹簡樣品與新鮮竹相比，有明顯降解，且與湖北荊州漢簡樣品、走馬樓吳簡樣品表現出極相似的降解特徵，可判定爲早期竹材」。〔註 6〕最終，由荊州文物保護中心的方北松研究員的主持下，對這批珍貴的秦簡進行保護處理。〔註 7〕胡平生先生也在《論簡帛辨僞與流失簡牘搶救》一文中指出，在湖南大學嶽麓書院的努力下，將一批珍貴簡牘從香港文物市場搶救回來，經過專家鑑定，認爲這是一批珍貴的秦簡，而不是漢簡。〔註 8〕其次，對於簡的出土地點、簡的年代、墓主人身份及情況、墓葬規

〔註 3〕蕭永明：《讀嶽麓書院藏秦簡〈爲吏治官及黔首〉札記》，《中國史研究》2009 年第 3 期。

〔註 4〕復旦大學出土文獻與古文字研究中心讀書會：《嶽麓簡《爲吏治官及黔首》部分簡文釋文》，復旦大學出土文獻與古文字研究中心網站 2009 年 11 月 27 日 http://www.gwz.fudan.edu.cn/SrcShow.asp 抬 Src_ID=1000。

〔註 5〕廖繼紅：《〈爲吏治官及黔首〉與〈爲吏之道〉比較》，簡帛網 2011 年 3 月 4 日 http://www.bsm.org.cn/show_article.php 抬 id=1408。

〔註 6〕朱漢民、陳松長：《嶽麓書院藏秦簡（壹）》，上海辭書出版社 2010 年版，第 201 頁。

〔註 7〕朱漢民、陳松長：《嶽麓書院藏秦簡（壹）》，上海辭書出版社 2010 年版，第 203 頁。

〔註 8〕胡平生：《論簡帛辨僞與流失簡牘搶救》，《出土文獻研究（第九輯）》，中華書局 2010 年版，第 76～108 頁。

及隨葬其器物等等問題，都無從知曉。陳松長先生在介紹這批簡時指出：「這批簡的形制和文字風格多不一致，如《奏讞書》中既有木簡，也有竹簡，而《律令雜抄》中簡的長短也不一樣，就是那三份日志內所記的人物也有不同，至於這批秦簡文字的書寫風格更是多達 8 種以上。因此，這批秦簡是否出自同一個墓葬？墓主人到底是誰？墓主人與這批竹簡的關係如何？這都是有待於仔細研討的問題。」〔註 9〕曹旅寧先生也推測：「墓主人當爲曾在南郡郡守府服務的小吏」，其墓葬「超過睡虎地 11 號秦墓的可能性不大」。〔註 10〕從其嶽麓秦簡的內容來看，律令簡的數量較大，其中也包含有與《編年記》相類的《質日》、與《秦律十八種》、《秦律雜抄寫》相類的《秦律雜抄》、《秦令雜抄》，與《爲吏之道》相類的《爲吏治官及黔首》。所以，嶽麓秦簡的擁有者，很可能與睡虎地秦簡墓主人喜的身份可能類似。

二、篇題命名

《爲吏》題目選擇的正確性。整理者在選擇題目上秉持較爲慎重的態度，初步整理這批簡的時候沒有發現題目，在公佈這批簡的綜述上，陳松長先生將這部分簡暫定名爲《官箴》。〔註 11〕實際上，定名爲《官箴》也並非能概括簡文中所有的內容，並且在命名上略有不妥。「官箴」一詞雖然最早出自《左傳·襄公》四年，但是廣泛應用甚至於成書還是在隋唐以後，所以這種命名會造成一定的誤會。同時，在內容上也不能全面的概括此部分的內容。有的學者也認識到了這一點，提出將《官箴》改爲《吏道》。隨後，整理者在 1531 號簡的背面發現了文字，這些文字進行整理拼合形成了「爲吏治官及黔首」這樣的題目。整理者認爲，「儘管它顯得不太像篇題，但其文義倒是比較準確地概括了這批秦簡所記載的全部內容」。這一部分簡的篇題就定爲此句，否定了先前的《官箴》命名。「爲吏治官及黔首」一題共七字，大致可分爲三類內容，即「爲吏」、「治官」、「治黔首」。對以上三者之間關係的理解上，陳松長先生認爲：

> 從詞義看，這三者又不完全是並列成分。首先，「爲吏」與「治官」都是動賓結構而「黔首」是名詞，因此，在語言結構上並不相同。其次，「爲吏」似乎是同一語義的重複……這一點，我們也許可

〔註 9〕陳松長：《嶽麓書院藏秦簡綜述》，《文物》2009 年第 3 期。
〔註 10〕曹旅寧：《嶽麓書院新藏秦簡叢考》，《華東政法大學學報》2009 年第 6 期。
〔註 11〕陳松長：《嶽麓書院藏秦簡綜述》，《文物》2009 年第 3 期。

以從簡文的起始句得到印證。這枚簡正面起始句是：「此治官、黔首
及身之要也。」這裏正好省去了「爲吏」二字，之所以不寫這兩個
字，或許正是兩者語意相同的一種反映。〔註12〕

不過，何有祖先生提出了不同觀點，認爲「篇題『爲吏』、『治官』、『治黔首』
三者並列，與 1531 正『官』、『黔首』、『身』爲『治』的並列賓語，是密切
對應的」，並進一步指出，「爲吏，似側重於修養，與『治身』意義相當。治
身，修身。《孔子家語・六本》：『回有君子之道四焉：強於行義，弱於受諫，
怵於待祿，愼於治身。』而治官則偏重於考核」。〔註13〕筆者較爲贊同何先
生關於三者並列的意見，「爲吏」和「治官」顯然說的是兩個不同方面的事
務，但是「爲吏」中包含的內容可能更多，與個人品行修養和平量法度皆有
關係，何先生之說略有偏頗。從嶽麓簡《爲吏》的內容來看，「爲吏」的含
義包含兩者，而且不可分割，並非單指修身品德而言，這在先秦、秦漢時期
的文獻中也能找到這方面的例證。《說苑・善說》：「閭丘先生對曰：「此非人
臣所敢望也。願大王選良富家子，有修行者以爲吏，平其法度，如此臣少可
以得壽焉。」〔註 14〕「良富家子，有修行者」此說皆是選吏的標準，家世
富有良好、修身品德正直者都是能夠成爲官吏的必要條件，「平其法度」說
的就是爲官吏者首要的是秉公處事、合理執法，能夠瞭解法律並公正的處理
相關事務。有良好修爲者，是選吏的首要條件，而能夠依法處事則是品行公
正的表現，所以兩者不可分割，是對官吏兩方面的要求。《韓非子・外儲說
左下》：「孔子曰：『善爲吏者樹德，不能爲吏者樹怨。槩者，平量者也；吏
者，平法者也。治國者，不可失平也。』」〔註15〕此爲引述孔子之語，王先
愼認爲此爲錯簡，應在孔子相衛的故事之後。不過此句卻道出了爲吏從善的
具體要求，即樹立自我良好的品行，而不在於樹立民衆的怨念，官吏是執法
者，最主要的責任是平衡法度、秉公從事、標準如一，爲民衆樹立良好的品
德榜樣，平量法度應該是官吏公正品格的外在表現，兩者相輔相成互爲表
裏。《孔子家語・致思》亦有：「孔子聞之曰：『善哉爲吏，其用法一也。思

〔註12〕陳松長：《嶽麓書院藏秦簡〈爲吏治官及黔首〉略說》，《出土文獻研究（第九
　　　　輯）》中華書局 2010 年版，第 30～36 頁。

〔註13〕何有祖：《嶽麓書院藏秦簡〈爲吏、治官及黔首〉補箚》，簡帛網 2010 年 1 月
　　　　23 日 http://www.bsm.org.cn/show_article.php 抬 id=1211。

〔註14〕向宗魯：《說苑校證》，中華書局 1987 年版，第 269 頁。

〔註15〕〔清〕王先愼：《韓非子集解》，中華書局 1998 年版，第 295 頁。

仁恕則樹德，加嚴暴則樹怨，公以行之，其子羔乎。』」〔註16〕此故事與《韓非子》內容大致相當，但是文字略有出入。這裏所謂的「公」便是《說苑·善說》中所說的「平其法度」，官吏在執法的過程中需要統一標準、依法辦事，「樹德」在先是首要目標，而「樹怨」在後則要儘量避免。《爲吏》中也能找到有與此相類似的內容，即「審當賞罰」、「審悉毋私」、「嚴剛毋暴」等等。

　　另外，對《吏道》的命名提供了新的材料。《吏道》的命名取自此部分的首句「凡爲吏之道」，而《爲吏》卻取自簡背面的篇題。在《吏道》的命名上，學界並未對此有較大的異議，但余宗發先生卻認爲「『爲吏之道』實斯簡之一節耳」，只不過就像《論語》、《孟子》那樣，篇名取自首句，在簡文中也有「興利除害」這樣的一節，也可單獨命名，因此「今以『佚書』稱此全簡以明是篇之出原無題名也」。〔註17〕余先生的這種提法確實說明了一些問題，「爲吏之道」只不過代表了一節的內容，從全篇而言這四字並非能代表所有的內容，從而使我們認識到「爲吏之道」作爲題目性質確實存疑。那麼，進而反思《吏道》的命名應如何？陳松長先生認爲，「單將其稱名爲《爲吏之道》也是不夠的，正如余宗發先生所指出的一樣，所謂的『爲吏之道』還僅僅是這批文獻中的一個章節的標題而已，其真正的篇名也應該類似於這批簡上所題寫的篇名才對。」〔註18〕從《爲吏》的命名上我們發現，《吏道》並非是全本，不僅從篇題而言，而且從內容上來看也有雜抄的性質。這對我們判斷這些文獻的性質提供了很大的幫助。不過，綜合上述的內容來看，睡虎地秦簡《吏道》的命名「爲吏之道」並不能涵蓋全篇，嶽麓簡《爲吏》是否也存在這樣的問題。林素清先生就指出：「嶽麓秦簡《爲吏治官及黔首》簡背雖然見到『爲吏治官及黔首』篇題，但是這個篇題究竟包含多少內容，也是未解之謎。」〔註19〕但是，對於整理嶽麓簡《爲吏》每一部分的命名，卻提供了新的角度，例如《爲吏》簡 1-5、28-58 在內容上可以與睡虎地秦簡《吏道》第一部分有很大程度上的重合，實際上睡虎地秦簡「爲吏之

〔註16〕楊朝明、宋立林：《孔子家語通解》，齊魯書社 2009 年版，第 78 頁。
　　　　此文亦見於《說苑·至公》：「善爲吏者樹德，不善爲吏者樹怨，公行之也，其子羔之謂歟？」。與《孔子家語》略有偏差。
〔註17〕余宗發：《雲夢秦簡——佚書研究》，臺灣師範大學國文研究所 1982 年。
〔註18〕陳松長：《秦代避諱的新材料——嶽麓書院藏秦簡中的一枚有關避諱令文略說》，《中國社會科學報》2009 年 9 月 10 日，第 5 版。
〔註19〕林素清：《秦簡〈爲吏之道〉與〈爲吏治官及黔首〉研究》，《中國簡帛學國際論壇 2012·秦簡牘研究論文集》，2012，第 367 頁。

道」的這一篇題也僅概括了篇章的第一部分，就此而言，我們大致可以將《爲吏》的這一部分，命名爲「爲吏之道」。〔註20〕

三、形制研究

　　嶽麓簡《爲吏》一部分包括了 87 枚簡。整理者對這八十餘枚簡在形制上分爲兩類，一是分爲三欄和四欄抄寫並有三道編繩，二是有三枚不分欄抄寫的並認爲這三枚有可能是這篇宦學讀本的主旨概述。這些簡長約有三十釐米，有的簡上有殘留編繩，並且有的編繩蓋壓住了字的筆劃。整理者認爲，很明顯這組簡都是先抄好後再進行編聯的。〔註21〕從這些內容上來看，這 87 枚簡分屬於不同簡冊的可能性很大。並且，林素清先生指出：

> 　　嶽麓秦簡《爲吏治官及黔首》竹簡的編排，多數皆以睡虎地秦簡《爲吏之道》順序爲依據，但是從嶽麓簡 44-2 到 58-2 連讀之後，必須接讀簡 1 至簡 6 的第三欄文字的情形來看，從簡 1 至簡 58 可以是一組簡，但不能與簡 59 以下，四欄皆抄寫文字的竹簡編在一起。這顯然嶽麓秦簡《爲吏治官及黔首》87 枚簡，至少當分爲兩種文書，分三欄抄寫的前 58 枚簡內容與秦簡《爲吏之道》較爲類似，兩文能互相校讀、訂補。〔註22〕

筆者十分贊同林先生的意見，不僅從簡文的內容來看有不是一個簡冊排列的可能，就其形制而言整理者給出的有些排列就不是很合理，例如簡 5、簡 6 的第一欄。我們將簡 1-6 的第一欄排列如下表。

簡 1	簡 2	簡 3	簡 4	簡 5	簡 6

〔註20〕在下文「內容結構」部分的第二節會有詳細比較。
〔註21〕朱漢民、陳松長：《嶽麓書院藏秦簡（壹）》，上海辭書出版社 2010 年，前言。
〔註22〕林素清：《秦簡〈爲吏之道〉與〈爲吏治官及黔首〉研究》，《中國簡帛學國際論壇 2012・秦簡牘研究論文集》，2012 年，第 368 頁。

依照整理者給出的排序來看，第 1～5 簡的第一欄可以相對，雖然簡 3 的第一欄已經殘缺，但是 1、2、4 簡最後一字的低端大致都是平齊的，只有 6 簡的最後一字要比其他簡長。從字數上來看，6 簡的第一欄確實比其他的字數都多，不過其形制與其他幾簡的形制差距較大，「亡者身之保也」顯然意思表達的較爲完整，從上部殘缺的情況來看，添字的可能性較小。另外，簡 6 沒有第二欄，這也與其他五隻簡形制不類。復旦大學出土文獻與古文字研究中心研究生讀書會，甚至根據簡的反印文現象，將簡 5、85、6 三枚簡編排在了一起，這也從另一方面說明簡 6 的編排存在問題，從內容上來說，關聯性也不是很大。〔註23〕因此，從簡的形制來看，整理者給出的編排意見很難讓人信服。而筆者認爲，簡 5 之後跟的應是簡 27。至於林先生提出來的分屬不同簡冊的觀點，筆者在整理嶽麓簡《爲吏》時也發現了這樣的問題。由於《爲吏》是分欄書寫，其閱讀方式也是第一欄讀後緊接著第二欄，依照整理者給出的釋文，簡 1～26 的內容大部分是有關官吏日常起居和官署管理，而從簡 27 的第一欄開始到簡 58 的第一欄結束，均是與官吏自身修養有關，而自 59 簡第一欄開始內容又轉向了官吏的管理事項，整個第一欄都存在意群交叉的問題，第二欄也是有這樣的情況。因此，就目前整理者給出的簡序而言，存在很大的問題。另外，對於四欄、三欄書寫的問題，筆者比較了睡虎地《吏道》發現，有四欄書寫的簡都是在最前面，而《爲吏》卻恰恰相反，位於整篇文獻的最後，而從其前三欄內容而言，這些有四欄簡的內容卻更像是結尾。所以，我們認爲這些簡可能分屬於不同簡冊，至少是兩部分簡冊。在文章的最後，筆者也給出了重新編聯的釋文意見（附錄二），在這裏就不一一贅述了。

在簡的數量、符號的使用等問題上，《爲吏》可以與《吏道》相對比。廖繼紅先生認爲，從簡的形制上看，兩者均爲竹簡，《爲吏》在簡長上要略長，同時均爲三道編繩，但是《吏道》是先編聯後書寫的。從數量上看，《爲

〔註23〕復旦大學出土文獻與古文字研究中心研究生讀書會指出：「原整理者將簡 5 與簡 6 排在一起，所依據的應當是這兩支簡的第三欄文字。在《爲吏之道》中，『正以矯之』與『反敫其身』是被抄在一起的，但實際上『正以矯之』是與上文『勞以率之』連讀，『反敫其身』是與下文『止欲去願』連讀的。正如前文所言，由於此篇本身是官箴匯抄的性質，因此這兩組句子之間事實上並沒有必然聯繫。」（《讀〈嶽麓書院藏秦簡（壹）〉》，復旦大學出土文獻與古文字研究中心 2011 年 3 月 7 日）（以下簡稱讀書會）

吏》簡的數量要多一些，但兩者的字數差不多，都是 1500 餘字。從識別字號來看，《爲吏》中有重文號和刪除號沒有段首號，但《吏道》中卻有 9 處段首號。〔註24〕因此，筆者認爲，從簡的形制比較來看，《吏道》簡較爲規整，《爲吏》中的殘缺簡較多，並且抄寫的也不規整。同時，《吏道》有段首符，對於內容的分段較爲明確，但是《爲吏》沒有這一符號對於內容的劃分較爲困難，而且簡形制殘破的前提下，簡序的排列也給整理者帶來了較大的困難。

第二節　內容結構

現有階段對《吏道》和《爲吏》進行對於研究的主要有廖繼紅、蕭永明、許道勝三位先生。蕭永明先生主要是從傳世文獻的角度進行比較對讀。廖繼紅、許道勝二位先生都是從內容上加以比較分析。廖先生的《〈爲吏治官及黔首〉與〈爲吏之道〉比較》一文有幾處值得我們注意。〔註25〕一是，《吏道》是內容對比的主要依據，其中《爲吏》中有些內容同，《吏道》中的「凡爲吏之道」到「治之紀」這一部分很相似。同時，《吏道》和《爲吏》中都有「吏有五善」、「吏有五過」等的內容，雖有所差異，但仍具有較高的相似度。其次，對於《吏道》中的「除害興利」一段，《爲吏》中也有類似於此的內容，但是相似的內容不多。最後，對於《吏道》的後半部分來說，兩者也有相似之處，但筆者認爲，廖氏所列舉的相似材料，從內容來說，雖然有一定的相似度，但在表述形式上並非可作對比，像「凡治事」一節，從其表述來說是「相」的文體，在《爲吏》中就沒有這樣的相類似的表述形式。如果按照廖氏對比的內容來劃分，就會有混淆之感。另外，在睡虎地秦簡《吏道》出土之後，也有學者對其作過內容結構的分類，例如像黃盛璋先生就依照原來的簡文順序，將其分爲六類雜抄，即《爲吏之道》、《從政之經》、《治事》、《魏戶律》、《魏奔命律》、《口舌》等。〔註26〕所以，從內容的前後順序上來看，《爲吏》並不能嚴格按照睡虎地秦簡《吏道》進行結構分類。

〔註24〕廖繼紅：《〈爲吏治官及黔首〉與〈爲吏之道〉比較》，簡帛網 2011 年 3 月 4 日 http://www.bsm.org.cn/show_article.php 抬 id=1408。

〔註25〕廖繼紅：《〈爲吏治官及黔首〉與〈爲吏之道〉比較》，簡帛網 2011 年 3 月 4 日 http://www.bsm.org.cn/show_article.php 抬 id=1408。

〔註26〕黃盛璋：《雲夢秦簡辯證》，《考古學報》1979 年第 1 期。

　　蕭永明和許道勝二位先生都是是從《爲吏》的選題特色的角度進行對比。蕭先生主要是針對於傳世文獻，而許先生主要是針對秦律和《吏道》，提出兩者之間有三處關聯；一是《吏道》的首段與《爲吏》相似性較大，但是後者較爲分散；二是「吏有五善」一節，《爲吏》中就有少數幾字有所不同；三是，「戒之戒之」到「治之紀殹（也）」一節，二者的內容相似內容較多，但《爲吏》中較《吏道》要多些。〔註27〕因此，我們發現，《爲吏》在敘述形式上有其自身的特點，這是我們整理《爲吏》內容所依據的主要標準。另外，根據本章第一節所述的「爲吏治官及黔首」的命名理解，結合這批簡的編聯狀況，並依照筆者重新給出的編聯意見，大致可以將《爲吏》分爲兩個簡冊，內容結構分爲四類，即處事原則、評價標準、日常工作守則、品性修養等。同時，依據整理者所給出的簡號，結合本章第二節所述的編聯意見，並將與睡虎地秦簡《吏道》內容相近的部分進行比較。

一、官吏的處事原則

　　這部分內容包括簡1～5，簡28～58，共36支。內容上下語句連貫性強，簡順序編聯問題較少，主要是關於「從政」、「爲吏」的基本原則。前後三欄亦可以聯繫成篇，筆者認爲大致可爲成爲一個簡冊，但是由 1 號簡來看，簡冊上部殘缺已經不完整了。《吏道》中與此部分內容的相似處較多，其內容主要涉及了黃盛璋先生所分的《爲吏之道》章，余宗發先生所分的「凡爲吏之道」章、「吏有五善，吏有五失」章，但是有些字詞也不盡相同。由於與睡虎地秦簡《吏道》有很多內容上的相似之處。從語言風格上來說，《吏道》的語言風格要簡潔，而《爲吏》更爲通俗易懂，並且內容上也比《吏道》要多。筆者將上述所涉及各個簡內容抄錄如下，並與《吏道》中與此相類的部分進行比較。這一部分大致可以分爲兩個部分，一是官場的處事原則，釋文如下。

　　　　☑□官中一畫，☑田二畫，□欲不得三畫，□食不時四畫，言毋作色二七畫，☑富毋驕二八畫，☑智必問二九畫，毋傷官事三〇畫，多傷多患三一畫，毋多費貲三二畫，多言多過三三畫，☑三四畫，勿言可復三五畫，疾言不可悔三六畫，【受】令唯若三七畫，☑用時三八畫，歙（飲）食用節三九畫，【衣】服再身四〇畫，戒之慎之四一畫，人請（情）難智（知）四二畫，非親毋親四三

〔註27〕許道勝：《嶽麓秦簡〈爲吏治官及黔首〉的取材特色及相關問題》，《湖南大學學報（社會科學版）》2011 年第 2 期。

畫，多所智四四畫，☐四五畫，莫（？）親於身四六畫，毋勞心四七畫，毋棄親戲（賢）四八畫，【恭】敬毋亡（忘）四九畫，毋喜細說五〇畫，毋犯大事五一畫，（恭）敬讓禮五二畫，敬長茲（慈）少五三畫，讓大受小五五畫，絕甘分少五四畫，合同禾（和）平五六畫，毋行可悔五七畫，行（？）難之所五八畫，院垣（決）壞二貳，里中備火二貳，毋信毚（讒）言三貳，苦言樂（藥）也四貳，甘言毒也五貳，毋非（誹）旁（謗）人二七貳，安樂之所必戒二八貳，好言塞責二九貳，上交不勝樂三〇貳，下交不勝憂三一貳，安徐審祭（察）之三二貳，擇人與交三三貳，擇言出之三四貳，醜言出惡三五貳，勝人者力三六貳，自勝者強三七貳，智（知）人者智三八貳，自智（知）者明三九貳，瘷（厭）忿止欲四〇貳，唯怒必顧四一貳，遇上毋恐四二貳，謹敬侍之四三貳。〔註28〕

這一部分與《吏道》相似的內容不多，像「安樂必戒，毋行可悔」分別與簡28 的第二欄和簡 57 的第一欄相似，但是有所修改。「止欲去顯（願）」與簡40 第二欄「瘷（厭）忿止欲」很相似。另外，簡文中的「遇上毋恐，謹敬侍之」、「上交不勝樂，下交不勝憂」等等，有關上下級關係的處理準則。甚至簡文中還告誡官吏「毋犯大事，恭敬讓禮」，自然也與官吏日常處理事務和人際關係的處理有關。還有像，「戒之愼之，人請（情）難智（知），非親毋親，多所智」這樣告誡官吏處事愼重的話語。同時，這部分語句多可與其他文獻參讀，像「多傷多患，毋多貰貸，多言多過」、「毋行可悔」、「安樂之所必戒」與《說苑・敬愼》中的「金人銘」可相對讀。「苦言樂（藥）也，甘言毒也」與《史記・商君列傳》中的話語相類。「毋信毚（讒）言」出自《詩經・小雅・青蠅》。「擇言出之」出自《說苑・政理》，「勿言可復」出自《論語・學而》，「勝人者力，自勝者強」出自於《老子》等等。不過，這些語句在抄寫的過程中，都經過了抄寫者的加工，將一些類似的話語編在一起，以作處事「箴言」使用。

二、官吏的評價標準

　　《爲吏》中的內容與睡虎地秦簡《吏道》第一部分基本相似，爲了方便比照，將兩者釋文列表如下。

〔註28〕釋文均出自朱漢民、陳松長：《嶽麓書院藏秦簡（壹）》，上海辭書出版社 2010 年版。（以下《爲吏》中的釋文均選自此書，不再出注）

《為吏》	《吏道》
精絜（潔）正直四四貳五二貳，慎謹擎（堅）固四五二，審悉毋私四六貳，徵（微）密咸祭（察）四七貳，安倩（靜）毋苛四八貳，審當賞罰四九貳，厰（嚴）剛毋暴五〇貳，廉而毋帒（？）五一貳，復悔其（期）勝五二貳，毋忿怒以夬（決）五三貳，禾（和）平毋怨五五貳，寬俗（裕）忠信五四貳，悔過勿重五六貳，茲（慈）下勿淩（陵）五七貳，敬士〈上〉勿犯五八貳。聽間（諫）勿塞一三，審智（知）民能二三，善度黔首力三三，勞以率之四三，正以撟之五三。吏有五善二七三：一曰忠信敬上二八三，二曰精廉無旁（謗）二九三，三曰舉吏審當〇三三，四曰喜爲善行三一三，五曰冀（恭）敬多讓三二三，五者畢至必有天當三三三。吏有五失三四三：一曰視黔首渠驁三五三，二曰不安其朝三六三，三曰居官善取三七三，四曰受令不僂三八三，五曰安其家忘官府三九三，五者畢至是胃（謂）過主四〇三。吏有五過四一三：一曰諤而夬四二三，二曰貴而企四三三，三曰亶（擅）折割四四三，四曰犯上不智（知）其害四五三，五曰間（賤）士貴貨貝四六三。吏有五則四七三：一曰不祭（察）所親則韋（違）數至四八三，二曰不智（知）所使則以權（權）索利四九三，三曰舉事不當則黔首器指五〇三，四曰喜言隋（惰）行則黔首毋所比五一三，五曰善非其上則身及於死五二三。吏有六殆：不審所親五三三，同某（謀）相去五四三，不祭（察）所使，親人不固五五三，起居不指五六三，扁（漏）表不審五七三，繋（徵）蝕（識）不齊五八三。	·凡爲吏之道，必精絜（潔）正直，慎謹堅固，審悉毋（無）私，微密（纖）察，安靜毋苛，審當賞罰。嚴剛毋暴，廉而毋刖，毋復期勝，毋以忿怒決。寬俗（容）忠信，和平毋怨，悔過勿重。茲（慈）下勿陵，敬上勿犯，聽間（諫）勿塞。審智（知）民能，善度民力，勞以率之，正以橋（矯）之。 ·吏有五善：一曰中（忠）信敬上、二曰精（清）廉毋謗、三曰舉事審當、四曰喜爲善行、五曰冀（恭）敬多讓。五者畢至，必有大賞。 吏有五失：一曰諤以泄，二曰貴以大（泰），三曰擅裚割，四曰犯上弗智（知）害，五曰賤士而貴貨貝。一曰見倨敖（傲），二曰不安其竈（朝），三曰居官善取，四曰受令不僂，五曰安家室忘官府。一曰不察所親，不察所親則怨數至；二曰不智（知）所使，不智（知）所使則以權衡求利；三曰興事不當，興事不當則民傷指；四曰善言隋（惰）行，則士毋所比；五曰非上，身及於死。

黃盛璋先生將這一部分稱之爲「爲吏之道」，余宗發先生認爲稱爲「凡爲吏之道」和「吏有五善，吏有五失」。不過，比較兩者來看，《爲吏》中沒有以「凡爲吏之道」這樣的句子開始。同時，在全文中也沒有找到「從政之經」這樣的語句。由此看來，「爲吏之道」很可能是《吏道》擁有者後加的。廖繼紅先生已經對上述所引簡文進行過比較，並認爲「這些文句基本上是四字一句，讀起來朗朗上口，很有韻律感。除開個別字詞抄寫的不同，語序略

有差別，其他基本相同，應該是抄於同一母本」。〔註29〕筆者認爲，抄於同一母本的可能性很大，尤其是後面「吏有五善」到「身及於死」這一部分，雖然其中個別語句不同，但大致內容相當。另外，北京大學新藏的秦簡中也有與《爲吏》、《吏道》相似的《從政之經》，其中與《吏道》的內容相似性很大。〔註30〕所以，這也正說明當時國家政府可能頒行過這種官吏教育讀本，每個官吏都需要進行抄寫。但是在抄寫的過程中，有可能造成筆誤或者參雜其他內容。這裏值得注意的是，《吏道》在「正以橋（矯）之」的後面還添加了一些內容，例如

> 怒能喜，樂能哀，智慧愚，壯能衰，勇能屈，剛能柔，仁能忍，
> 強良（梁）不得，審耳目口，十耳當一目。

> 以忠爲幹，慎前慮後。君子不病毆（也），以其病病毆（也）。
> 同能而異。母窮窮，母岑岑，母衰衰。〔註31〕

在《爲吏》中，我們沒有找到與這些相類似的語句。這些語句的形式較爲特殊，像上引第一段，就是三字成句，與其前後四字成句的形式不同。筆者懷疑，這些語句也有可能是《吏道》的擁有者後加上去的。因此，正可以說明這類文獻在抄寫之後就被擁有者增改過。

三、官吏日常工作守則

這一部分簡的內容由兩部分簡組成，即簡 7-26 和簡 59-87，由於簡的保存狀況較差，殘斷缺字的現象嚴重，前後的連貫性也不是很強。從內容上來看，這些內容更類似於官吏的治官章程，但是看起來雜亂無章。不過，通過對這些簡文的整理，筆者發現每欄前後幾欄的內容是可以相聯繫的，像簡文中出現的「朸（朽）敗狠（墾）靡，臧（藏）盍（蓋）不法」、「實官出入，積索（索）求監」所反映的就與糧食管理有關。「衡石權贏（累），官贏不備」自然與度量衡管理相關。廖繼紅先生在與《吏道》「除害興利」一節比較後，認爲「『除害興利』一則可作爲一部分，主要涉及兩個內容，一是講官吏日常工作時所面對的具體事務；再就是思想道德要求。雖然不能像第一部分那麼多、那麼

〔註29〕 廖繼紅：《嶽麓秦簡〈爲吏治官及黔首〉文獻學研究》，湖南大學 2011 年。
〔註30〕 朱鳳瀚：《北大藏秦簡〈從政之經〉述要》，《文物》2012 年第 6 期。
〔註31〕 睡虎地秦簡整理小組：《睡虎地秦墓竹簡》，文物出版社 1990 年版，第 167 頁。

明顯的相同，但還是可以找到相應的對比。」〔註32〕筆者也找到了這樣的例證，例如簡文中「關龠不利，門戶難開」就與《吏道》中的「門戶關龠（鑰）」是相類似的。不過，經過整理後內容並不如廖先生所說，我們認爲這一部分的簡文大致可以包括兩方面的內容，一是「縣官事」，即官府的日常雜事，也包括了與官吏日常起居相關的內容，像「衣聯弗補，不洗沐浴」等等。二是，「治黔首」，即與管理民衆相關，也就是工作守則，像「狠（墾）田少員，案戶定數，移徙上櫋（端）」，其中包含的多爲職責。另外，爲了警示官吏，這些守則所說都是沒有正確施政的內容，官吏根據守則比照糾正。從上面兩方面內容來看，與題目的「治官、治黔首」十分吻合，黎明釗先生認爲，這些內容與官吏「除害興利」的工作有關。〔註33〕不過，筆者覺得無論「治官」還是「治黔首」都與「官事」有關。所以，根據簡 7 第一欄的內容，暫將這一部分命名爲「敬給縣官事」，筆者將這一部分簡文抄錄如下。

敬給縣官事七畫，☑八畫，擅段縣官器十畫，☑0139畫，毋薦毋草一三畫，智愛有亞九畫，☑□當封一八畫，☑□不行一六畫，□死〈列〉（裂）弗補一畫，臧（藏）蓋聯屚（漏）一二畫，履縶（緤）麤支（屐）一五畫，【卑】茝不寘一四畫，當毛繕治一七畫，塗溉（塈）陀（阤）隋（墮）二一畫，羸蜇弗行二三畫，苑水歓（飲）不利二二畫，麃畜斗數一九畫，毋靡費二四畫，□□多草二〇畫，雨毋所依二六畫，☑二五畫，關龠不利六二畫，門戶難開六一畫，水瀆不通五九畫，毋池其（？）所六〇畫，衣聯弗補六三畫，不洗沐浴六四畫，衡石權羸（累）八四畫，丈量斗甬（桶）六五畫，☑六六畫，升籥（鑰）不正六七畫，畜馬牛羊六八畫，亡器齊（齎）賞（償）八三畫，訾責（債）不收六九畫，☑七〇畫，官羸不備八一畫，□□□□八二畫，毋朵不年別七九畫，☑八〇畫，朽（朽）敗狠（墾）靡七一畫，臧（藏）盍（蓋）不法七二畫，官中多草七四畫，窖內直（置）縶七五畫，塗溉（塈）騒（掃）除七六畫，棧歷（櫪）濬除七七畫，□不灑除七八畫，□七貳，行者質（滯）留八貳。

這一部分與官府雜事相關，在《吏道》「除害興利」一節中，也可以找到相似的內容，像「訾責（債）不收」就與「訾責在外」有關，「塗溉（塈）陀（阤）隋（墮）」也與「漏屋塗塈」相聯繫，「水瀆不通」與「溝渠水道」也是相關

〔註32〕廖繼紅：《〈爲吏治官及黔首〉與〈爲吏之道〉比較》，簡帛網2011年3月4日
http://www.bsm.org.cn/show_article.php 抬 id=1408
〔註33〕黎明釗：《興利除害：嶽麓秦簡〈爲吏治官及黔首〉讀記》，《甘肅省第二屆簡牘學國際學術研討會‧會議論文》2012年，第554頁。

的，等等。不過，《爲吏》的內容要比《吏道》多的多，並且較爲成體系。從這一點來看，《吏道》更像是抄本。睡虎地秦簡整理小組《吏道》的說明中，就已經指出：「簡文『除害興利』一節，每句四字，內容多爲官吏常用的詞語，有些地方文意很不連貫，推測是供學習做吏的人使用的識字課本。這種四字一句的格式，和秦代的字書《倉頡篇》、《爰歷篇》、《博學篇》相似。」〔註34〕吳福助先生在對《吏道》「除害興利」一節，進行分類研究後指出兩點：一是，全文中未見押韻，「與周秦兩漢一般宦學識字教材殊異」；二是，吳先生將此節四十九句按詞意分類排比，一共分爲十四大項，並指出「前後意義上都無法連貫一氣，緊相吻接」。吳先生認爲這種現象的產生可能與擁有者的抄寫有關，由於其刻意雜湊已失原來的篇章面貌。〔註35〕《爲吏》內容的出現正好可以解釋爲何「除害興利」一節排列如此。筆者認爲，通過內容的比照，「除害興利」一節內容大多與「治黔首」有關，也就是說抄寫的是「敬給縣官事」的後半部分，並且在抄寫過程中還進行過刪改和整合，從這一點來看《爲吏》的內容更接近原始的狀態。另外，「除害興利」一節中缺少對官吏起居的規定，更加說明有關「治官」內容的缺失。筆者將《爲吏》此章後半部簡文抄錄如下，並列表與《吏道》中的「除害興利」一節進行比較。

部佐行田_○貳，☑0139貳，黔首不田作不孝_三貳，嗇夫弗行九貳，數貰鹽（酤）弗言_八貳，舉苗□不□_六貳，度稼得租_二貳，奴婢莫之田_二貳，其能田作_五貳，小男女渡量_四貳，弗治以藍（監）它人_七貳，牛犧車不攻間_二貳，群盜亡人不得_三貳，發徵不盡不僂_二貳，毋積聚畜產_九貳，室屋聯屚（漏）_四貳，蔬食蓄採（菜）_○貳，歙（飲）食不節_六貳，出入不時_五貳，治奴苑如縣官苑_六二貳，船人不敬（警）_六一貳，船隧毋廡_五九貳，深楫（？）不具_六○貳，五穀禾稼_六三貳，吏弗論治_六四貳，孤寡（癃）病當業（隊？）_八四貳，與緜毋擅_六五貳，☑_六六貳，主吏留難_六七貳，租稅輕重弗審_六八貳，草田不舉_八三貳，狼（墾）田少員_六九貳，☑_七○貳，封畔不正_七一貳，□□□□_八二貳，田徑不除_七九貳，☑_八○貳，案戶定數_七一貳，移徙上槫（端）_七二貳，☑_七三貳，橋陷弗爲_七四貳，城門不密（閉）_七五貳，難開不利_七六貳，術對（樹）毋有_七七貳，田道衝術不除_七八貳，☑_七三，流【庸】□☑_八三，棄婦不☑_一○三，不居其宇0139三，發弩材官_一三三，【士】

〔註34〕睡虎地秦簡整理小組：《睡虎地秦墓竹簡》，文物出版社1990年，第167頁。
〔註35〕吳福助：《睡虎地秦簡論考》，文津出版社1994年，第139～145頁。

吏捕盜九三，卒士不肅一八三，☐一六三，用兵不濕一一三，盜賊弗得一二三，要害弗智（知）一五三，徼迣不數一四三，求盜備不具一七三，亭障不治二一三，圍泛毋楼〈搜〉二三三，與麀同宮二二三，郭道不治一九三，畏盜亭障二四三，進退不擊二〇三，謝室毋廡二六三，春秋肄試二五三，它縣毋傳六二三，貫市魚儀（獵）六一三，路賦稍（躺）賦毋盉（鉝）五九重，家室冬夏居田（？）六〇重，當監者六三重，毋獨出六四重，封閉毋墮八四三，監視毋輸（偷）六五三，勿敢度六六三，實官出入六七三，積索（索）求監六八三，臧（藏）盇（蓋）必法八三三，補褆治家六九三，☐七〇三，工用必審八一三，庫臧（藏）羽革八二三，楊（煬）風必謹七九三，縣官宇不居八〇三，紡織載（裁）綘（縫）七一三，女子之作七二三，☐七三三，行繇奴繇＝役七四三，老病孤寡七五三，芝（乏）絕當巢（隟？）七六三，貸種食弗請七七三，寒者毋衣弗請七八三。

我們根據上述簡文，結合吳福助先生對《吏道》「除害興利」一節分類，將《爲吏》和《吏道》的內容進行比較。同時，筆者沒有更改吳先生的分類順序，並清單如下：〔註36〕

		《吏道》	《爲吏》
良　吏		1、除害興利；茲（慈）愛百姓；衣食飢寒；孤寡窮困；老弱獨轉；老弱癃病 2、均傜（徭）賞罰；毋罪毋（無）罪，毋（無）罪可赦。 3、變民習浴（俗）	行繇奴繇＝役，老病孤寡，芝（乏）絕當巢（隟？），貸種食弗請，寒者毋衣弗請
惡　吏		1、臨事不敬；倨驕毋（無）人；須身旋過 2、敖（傲）悍篪暴；賦斂毋（無）度；苛難留民 3、興事不時；緩令急徵 4、決獄不正 5、不精於材（財） 6、法（廢）置以私	弗治以藍（監）它人，牛饑車不攻間，群盜亡人不得，發徵不盡不僂，毋積聚畜產，室屋聯扁（漏），蔬食蓄採（菜），歈（飲）食不節，出入不時興繇毋擅

〔註36〕黎明釗：《嶽麓秦簡〈爲吏治官及黔首〉讀記：爲吏之道的文本》，《簡帛研究二〇一一》，廣西師範大學出版社2013年版，第44-46頁。（按：黎先生將《爲吏之道》與《爲吏治官及黔首》中有關「興利除害」的內容進行比較，挑出其中相似的內容進行列表，但是與筆者所作的表格還是由區別的，首先筆者作了內容上的分類。其次，黎先生作單一比較，主要側重其中的內容文本上的相似度，但是筆者是分類比較，選擇的標準與黎先生的有所不同，筆者在做表格的時候並沒有參考黎先生的表格）。

政　事	1、命書時會；事不且須 2、水火盜賊 3、貰責在外	
農　事	1、根（墾）田人（仞）邑 2、溝渠水道	1、租稅輕重弗審，草田不舉，孤寡（癃）病當巢（隸？），封畔不正，田徑不除，狠（墾）田少員，案戶定數，移徙上檔（端）。 2、部佐行田，黔首不田作不孝，嗇夫弗行，數貰（酤）弗言，舉苗□不□，度稼得租。
畜　牧	1、苑囿園池 2、畜產肥毳；息子多少	治奴苑如縣官苑
手工業	作務員程	
倉　儲	1、倉庫禾粟；囷屋牆垣；比（庇）臧（藏）封印；門戶親龠（鑰）；漏屋塗墍 2、久刻職（識）物 3、朱珠丹青；犀角象齒；皮革槖（蠹）突	當監者，毋獨出，監視毋（偷），勿敢度，實官出入，積（索）求監，臧（藏）盇（蓋）必法，封閉毋墮，工用必審，庫臧（藏）羽革，楊（煬）風必謹，縣官宇不居
宮　殿	除陛甬道	
郡　邑	城郭官府	
交　通	千（阡）佰（陌）津橋	
刑　罰	徒隸攻丈	奴婢莫之田，其能田作，小男女渡量
軍　事	兵甲工用；樓椑矢閱；槍閵（蘭）環殳	發弩材官，【士】吏捕盜，卒士不肅，用兵不濕，盜賊弗得，要害弗智（知），徼迣不數，求盜備不具，亭障不治，圂泛毋〈搜〉，與彘同宮，郭道不治，畏盜亭障，進退不擊，謝室毋廡，春秋肄試
輿　服	金錢羽旄	賈市魚（獵），路賦稍（艄）賦毋（鈷）
宗　教	槀靳濱（濱）	

　　經過對比，筆者發現上述兩者的內容有很多相似之處，不過《爲吏》每句前後的聯繫要緊密一些，這也更能說明《吏道》具有摘抄的性質。另外，根據上述表格，對吳先生看法還有幾點需要說明。一是，「除害興利」一節的性質，學界普遍認爲「除害興利」一節爲「識字課本」。黃盛璋先生認爲，這段簡文四字一句，完全講的是官府繁雜瑣事，好像《急就篇》一類的教課書。〔註37〕吳福助先生也認爲，其中「除害興利」以下四十九句，乃是嬴秦宦學識字教材，爲今存中國古代識字教材中最早者。〔註38〕張金光先生還將此節與《急就篇》列表比較，並認爲「秦簡《語書》、《爲吏之道》與《急就篇》其體裁雖不一，但內容卻是相通的，甚至有些字句尚如出一模，這不是偶然的」。〔註39〕但是分析發現，這一部分的內容並非是沒有意義的，這些簡文中所記的官府瑣事，與官吏的業務很有可能是相關的。所以說，這一節內容，兼有習字用書和治官守則的雙重作用，並非雜亂無章。

　　二是，關於「除害興利」一節與句連貫性與分類問題。通過上表比較，筆者發現吳先生的分類並非完整，有些分類標準模糊。同時，《爲吏》的內容正好對此節分類做了補充。首先，「良吏」、「惡吏」、「政事」三者分類標準模糊。其中前兩類中的內容也與官吏管理民眾有關，即「治黔首」。同時，對於「毋罪毋（無）罪，毋（無）罪可赦」的理解，吳先生將其歸入良吏一類，但是比較秦律，我們發現，這可能與法律判罰的基本原則有關。在《法律答問》中就有幾條「毋論」的材料。

　　　　「甲盜不盈一錢，行乙室，乙弗覺，問乙論可（何）殹（也）？
　　毋論。其見智（知）之而弗捕，當貲一盾」、
　　　　「甲盜錢以買絲，寄乙，乙受，弗智（知）盜，乙論可（何）
　　殹（也）？毋論」〔註40〕
也就是說，法律的判罰是遵從「無罪不罰」的原則，上引第一條材料中，乙不知道甲盜錢，在動機上就不構成犯罪，因此在判處的時候，就沒有處罰乙。

　　三是，對於這種分類現象出現的原因。筆者選取幾組進行說明，首先，與行書有關的內容，這裏所說的「命書」，《秦律十八種·行書》：「行命書及

〔註37〕黃盛璋：《雲夢秦簡辯正》，《考古學報》1979年第1期。
〔註38〕吳福助：《睡虎地秦簡論考》，文津出版社1994年版，第138頁。
〔註39〕張金光：《論秦漢的學吏制度》，《文史哲》1984年第1期。
〔註40〕睡虎地秦簡整理小組：《睡虎地秦墓竹簡》，文物出版社1990年版，第96頁。

書署急者，輒行之。」〔註41〕「輒行之」就是立即傳送的意思，正與「事不且須」的基本原則相吻合。其次，與倉儲有關的內容。「久刻職（識）物」，《秦律十八種‧金布律》：「有久識者靡叴之」，整理小組注：「久讀為記，記識指官有器物上的標誌題識。靡，即磨。叴，讀為徹。磨徹，意為磨壞、磨除。」〔註42〕表示了對「公器」的管理。此條就是在官有器物上加刻標識，以示區別。對於公器的管理，《秦律十八種》中還有其他幾條材料，像「公器官□久，久之。不可久者，以髹久之」、「毋擅叚（假）公器，者（諸）侯叚（假）公器者有罪，毀傷公器及□者令賞（償）」。「久刻職（識）物」一條，應該是管理「公器」基本原則，這個原則是官吏所要特別注意的，這也是識別「公器」的基本準則，是作為一個官吏的基本能力。綜上，我們發現《為吏之道》中的這些內容，在睡虎地秦簡中都可以找到相應的內容進行比較，也就是說這些內容並非沒有實際意義的。筆者推測，這些內容有可能是官吏業務上的基本工作準則。這些準則在內容上是不連貫的，有可能官吏會根據自己的業務需要有過選取，或者說可能是種筆記性質的東西。

另外，嶽麓秦簡《為吏》中也有這樣語句不連貫的內容，是否也存在主人根據業務需要進行選擇，筆者根據上引表格摘錄幾組，並分別進行分析。

1、【士】吏捕盜/用兵不濕/盜賊弗得/發弩材官/徼迣不數/要害弗智（知）/□/求盜備不具/卒士不肅/郭道不治/進退不觳/亭障不治/與畬同宮/困泛毋〈搜〉/畏盜亭障/春秋肆試/謝室毋廉

2、履絜（紲）黶支（屐）/□□不行/當毛繕治/□□當黈

3、船隧毋廉/深楫（？）不具/船人不（警）

4、當監者/毋獨出/監視毋輸（偷）/勿敢度

5、田道衝術不除/田徑不除/封畔不正/□□□□/草田不舉

下面一一對上述幾組內容進行說明。第一組，主要是與捕盜和軍事相關的內容。「【士】吏捕盜」、「用兵不濕」、「盜賊弗得」這三條是對捕盜的負責官吏、捕盜的用兵原則加以說明。捕盜的負責官吏是「【士】吏」，捕盜的用兵原則是「不濕」，「濕」整理小組注云：「遲緩」，「不濕」的結果是「盜賊弗得」，「盜賊」廖繼紅先生補注云：「劫奪和偷竊財物的人，或是對反叛者的貶

〔註41〕睡虎地秦簡整理小組：《睡虎地秦墓竹簡》，文物出版社1990年版，第61頁。
〔註42〕睡虎地秦簡整理小組：《睡虎地秦墓竹簡》，文物出版社1990年版，第41頁。

稱」,「得」廖繼紅先生補注云:「獲得,捕獲」。〔註43〕「發弩材官」,講了兩個職官,但都是較低級的官職,整理小組注:「發弩,傳司射弩的兵種。材官,秦漢始置的一種地方預備兵兵種,也可能指武卒或供差遣的低級武職。」這也說明,捕盜或軍事行動中所使用的主要是這些官職的人。「徼迣不數」、「要害弗智(知)」、「求盜備不具」、「卒士不肅」、「郭道不治」、「進退不殼」、「亭障不治」,這幾條都是有關違反規定並出現的一些不良後果,像在巡查的過程中沒有嚴格按照規定實行,卒士治理的不當,城牆道路不加修繕,軍令無法順利實行,軍事要塞不加治理等。這些內容主要是對官吏以警示,並對這幾個方面加強注意,毋犯上述所說的錯誤。後面的「春秋肄試」、「謝室毋廉」兩條還強調了,軍事演練和武備充足的重要性。嶽麓秦簡中,還發現有關「令」的內容,主要有二十多種令。雖然內容沒有公佈,但是從一些令的名稱中,我們會發現一些與此組材料是相關聯的,像郡卒令、廷卒令、卒令、挾兵令、捕盜賊令等等。這組材料有可能是捕盜和軍事行動所應注意的事項。從上述的比較,我們發現了類似於第一組的相同現象,也就是說,謄抄這些內容的官吏是根據自己的所需而抄寫的。

第二組、第三組,都是有關於郵行、傳遞方面的內容。第三組的內容殘缺的較多,但是仍可以發現一些端倪。「履絜(紲)黀支(屐)」,整理小組注:「絜讀作『紲』,麻鞋。黀,草鞋、麻鞋之類。支,讀作『屐』,木製的鞋,底大多有二齒,以行泥地。」也就是說,這裏說了四種鞋。筆者推測,這四種鞋有可能是在不同道路上使用的。「□□不行」,這一條的缺字較多,但是根據後一條「當毛繕治」會發現,什麼「不行」需要馬上進行修繕呢?推測有可能是道路,此條前面說了四種鞋,後面提到道路也是有可能的,而第四條中還有「當酎」二字,「當酎」是否會與表道樹有關。在簡文中我們還發現了「術酎(樹)毋有」,整理小組注:「術,道路」,也就是說「術酎」就是表道樹。據上,我們可以推測第三組中說了四種鞋,還有可能說到了道路的問題,對於道路不僅需要立即修繕,而且還要種植樹木。這一組內容大致也與郵行、傳遞有關。第四組主要涉及舟船。「船隧毋廉」,「隧」或可解釋爲道路。《莊子·馬蹄》中有:「山無蹊隧,澤無舟梁」。〔註44〕此條大體意思可以理解爲,

---

〔註43〕根據上述解釋,筆者更傾向於廖繼紅先生對「盜賊」的第一種解釋,而「得」的解釋更傾向於「獲得」而言,這對於上面兩條來說是連貫的。

〔註44〕〔清〕王先謙:《莊子集解》,中華書局1961年版,第334頁。

舟船所行道路是需要進行管理的，而不能荒廢。「深楫（？）不具」、「船人不敬（警）」這兩條卻是兩種反面情況。「楫」，船槳，《商君書‧弱民》：「背法而治，此任重道遠而無馬牛，濟大川而無舡楫也」。〔註45〕「深楫」應該是一種較長的船槳。「不敬（警）」中的「敬」應該是警備的涵義。結合兩組我們發現，在郵行、傳遞方面不僅說道了所使用的鞋和道路的治理，而且還說到了舟船行駛的道路和管理問題，這與嶽麓簡中發現的「行書律」和「行書令」應該有相應的聯繫。

第四組，是關於為監者的內容。「當監者」一條，整理小組注和廖繼紅的補釋，都未進行解釋說明。筆者卻在《質日》中發現了對於「監」的解釋：一是「監府」，出現在 0619 號簡上，整理小組注云：「秦有監郡御史，此監府或為御史的辦公處」。二是「監公」，出現在 0704 號簡上，整理小組注云：「監公，當為監郡御史的尊稱」。這裏所說的的「當監」者，或許會與監郡御史有關，而在 0704 號簡上還出現了「辛巳監公亡」一語。這裏的「亡」較為發人深省，因為「當監者」的後一條就是「毋獨出」。根據上述材料，是否可以這樣理解，監公的「亡」，是以「獨出」為標準的。但是，這裏也並沒有材料證明此點，「亡」的標準是什麼，從簡文來說並未可知。卻有一點可以斷定，《為吏治官及黔首》的主人謄抄此條內容，大致與 0704 號簡出現的事件有關，也就是說，第五組內容的出現也是抄手有意挑選的，相比《為吏之道》卻並未有此內容。第六組內容與第一組內容是相關聯的，都是與田地有關，但是其主要是側重於田地的管理，選擇的這幾條中，主要是對「田道」、「田徑」、「封畔」進行管理的內容。在已公佈的簡文中，0993 號簡的簡文是有關於田作時「酤酒」的管理內容，「田律曰：黔首居田舍者，毋敢酤酒，有不從令者遷之。田嗇夫、工吏、吏部弗得，貲二甲」。〔註46〕睡虎地秦簡《秦律十八種‧田律》中也有相關內容，但是在《為吏之道》中有關田地管理的內容相比而言要少的多。《為吏治官及黔首》簡的主人謄抄此組內容，顯然是有其特殊用意的。相比較而言，《為吏治官及黔首》中的「為吏」內容與《為吏之道》中的內容重合是較多的，也就是說，為官和處世之道的內容在秦代基本上都是一樣的，而在為官的業務方面，選擇的內容就會有所不同。

〔註45〕蔣禮鴻：《商君書錐指》，中華書局 1986 年版，第 126 頁。
〔註46〕陳松長：《嶽麓書院所藏秦簡綜述》，《文物》2009 年第 3 期。

四、官吏的品性修養

　　這一部分主要包括簡 61～84 的第四欄，以及簡 85、86、87 三枚不分欄書寫的簡，這一部分的內容大部分都與官吏自身素質、修養有關。在與睡虎地秦簡《吏道》比較後，發現其中內容大部分相似，其中語言風格也相互類似。筆者根據整理者給出的釋文，發現其中有些簡的編排順序有問題。因此，筆者根據其中的內容，結合傳世文獻與睡虎地秦簡《吏道》，給出了重新編排的兩則意見，並在下文中詳細論述。對於這部分的命名，由於簡文中大量內容都是勸誡官吏修行自身品性。同時，我們也將 61～84 的第四欄，重新排列的簡文抄寫如下：

　　　　禍與畐（福）鄰六二肆，正而行修而身六一肆，臨財見利不取笱（苟）富五九肆，臨難見死不取笱（苟）免六〇肆，欲人敬之必先敬人六三肆，欲人愛之必先愛人六四肆，以去其輸（偷）也八四肆，親戠（賢）不朳（泛）不欲外交六五肆，事無冬（終）始不欲多業六六肆，舉事而不意不欲多聞六七肆，𥃸（禍）所道來毋云莫智（知）之六八肆，故君子日有茲＝（茲-孜孜）之志八三肆，矰織（弋）者百智之長也六九肆，須臾者百事之祖七〇四，事無細弗爲不成八一肆，盧（慮）之弗爲與已鈞（均）也八二肆，故日道無近弗行不到七九肆，望之不往者萬世不到八〇肆，可＝傷＝（可傷可傷）過之貴也七一肆，刃＝之＝（刃之刃之）福之基也七二肆，□□□□不可歸七三四，啟＝之＝（啟之啟之）某（謀）不可行七四肆，慎＝之＝（慎之慎之）言不可追七五肆，謹＝之＝（謹之謹之）某（謀）不可遺七六肆，葇＝之＝（葇之葇之）食不可賞七七肆，術（怵）狄（惕）之心不可長七八肆。

對於這部分的簡文，筆者有兩則編聯意見，需要進行說明。

　　一是 81+82+79+80。在讀書會的《讀〈嶽麓書院藏秦簡（壹）〉》一文中，就已經指出：「此段簡序可以調整爲 82+79+81+83+84，然後與簡 65 相連。」〔註47〕不過，筆者認爲其 82+79+81 的簡文排序還是值得考慮。讀書會認爲，三支簡第三欄的釋文爲「庫臧（藏）羽革，楊（煬）風必謹，工用必審」，而第四欄的順序爲「盧（慮）之弗爲與已鈞（均）也。故日道無近弗行不到，

〔註47〕復旦大學出土文獻與古文字研究中心研究生讀書會：《讀〈嶽麓書院藏秦簡（壹）〉》，復旦大學出土文獻與古文字研究中心網站
　　　　http://www.gwz.fudan.edu.cn/SrcShow.asp抬 Src_ID=1416。

事無細弗爲不成」。對於第三欄，讀書會引睡虎地秦簡《效律》中的內容進行
比參。實際上，睡虎地秦簡中關於「庫」管理的內容，記載的比較少。但是，
在銀雀山漢簡《庫法》中，記載的內容卻更爲詳盡，其中不僅規定了縣庫器
製造的標準，例如「長斧、連槌、長椎，柄七尺」、「椎首大十四寸，長尺半」
等等，甚至還有對恒器的加蓋官嗇夫璽印的規定。〔註48〕顯然，這些內容的
規定與81號簡第四欄的「工用必審」的內容相關。另外，《庫法》中還有「諸
庫器善否美惡及（角）試……」、「……□出庫，工必進……」等等這樣的內
容，所以器物在入庫及出庫的時候都需要審查，這是主管官吏所必須注意的
問題。因此，對於81+82+79號簡第三欄的釋文可爲「工用必審，庫臧（藏）
羽革，楊（煬）風必謹」。而對於80號簡，讀書會認爲：「簡80與上下文意
似乎都不能銜接，故將其從此段別出。」實際上，「縣官宇」即官府屋舍，在
其他簡文中也有「縣官事」、「縣官苑」等內容。「不居」，沒有治理。《管子‧
輕重戊》云：「民饑而無食，寒而無衣，應聲之正無以給上，室屋漏而不居，
牆垣壞而不築，爲之奈何？」〔註49〕王念孫、馬非百皆認爲「居」爲誤字，
比較《爲吏》我們會發現，這裏的「不居」是一種特定用法，簡07第三欄也
有「不居其宇」的用法。將整句連起來即爲「官府屋舍沒有治理」，從字面的
意思上看，與前三簡上的內容沒有任何聯繫，但是我們再看銀雀山漢簡《庫
法》對庫房官舍的管理規定，就會發現它們之間是有關係的。

　　　器處藏必高，燥濕適，牖戶必分節，出入器必以時。恐處藏之
　　空漏，室屋毀敗而吏嗇夫弗知，大罪也。庫器者……〔註50〕

庫中器物的儲藏必須要高，並且保持乾燥。對於器物所藏之所，出現牆壁空
洞、房頂滴漏、房屋毀壞等現象，但是官吏卻沒有查知，這是非常大的罪過。
由此觀之，「縣官宇不居」指的就是對於庫舍管理的內容，這也是官吏所必須
要查驗的。這四支簡第三欄的釋文可爲「工用必審，庫臧（藏）羽革，楊（煬）
風必謹，縣官宇不居」。

　　對於第四欄的內容，讀書會引《荀子‧修身》「道雖邇，不行不至；事雖
小，不爲不成」進行比參，雖然簡文在內容上與《荀子》相類，但是也存在

〔註48〕銀雀山漢簡整理小組：《銀雀山漢墓竹簡（壹）》，文物出版社1985年版，第
　　　　134頁。
〔註49〕馬非百：《管子輕重篇新詮》，中華書局1979年版，第702頁。
〔註50〕銀雀山漢簡整理小組：《銀雀山漢墓竹簡（壹）》，文物出版社1985年版，第
　　　　13頁。

對原文進行改造的可能，例如像《說苑・敬慎》金人銘中的「安樂必戒，無行所悔」〔註51〕，在《爲吏》中就分別出現在簡 28 第三欄和簡 57 第一欄，並且「安樂必戒」改爲了「安樂之所必戒」。在其他文獻材料中，這兩句都是一起出現的，《吏道》中也是「安樂必戒，毋行可悔」。所以，第四欄的內容是對《荀子・修身》篇內容的改寫，「事無細弗爲不成，慮之弗爲與已均也」與「事雖小，不爲不成」義同，「故曰道無近弗行不到」與「道雖邇，不行不至」義同。「望之不往者萬世不到」一句讀書會認爲，與上內容無關聯，但是與《荀子・修身》中的「其爲人也多暇日者，其出入不遠矣」一句比較，意思是相近的。其中「多暇日者」指的就是簡文中「望之不往者」，郝懿行云：「爲善惟日不足，多暇日者，遊閒不事事也。」〔註52〕梁啓雄先生認爲，「多暇日」是前文『或爲之或不爲之爾』中「或不爲」的表徵，其出入也是指代前文內容而言，〔註53〕但是比較《爲吏》中的內容我們發現，此句是承接「不行不至」而來，無承前之意。所以應將簡 79、80 調整到簡 81、82 之後。另外，對於第二欄，「封畔不正，□□□□，田徑不除」均與「爲田」制度有關。「封畔」整理者認爲是國界，朱紅林先生指出，「封畔不正」指的就是田與田之間的經界不正。〔註54〕因此，第二欄的內容也是相聯繫的。綜上，我們認爲這四支簡的排序爲 81+82+79+80，並且前後每欄的內容均有聯繫，並附簡文如下。

81/1583	官贏不備	封畔不正	工用必審	事無細弗爲不成
82/0926	□□□□	□□□□	庫臧（藏）羽革	盧（慮）之弗爲與已鈞（均）也
79/0925	毋朵不年別	田徑不除	楊（煬）風必謹	故曰道無近弗行不到
80/0033	☑		縣官宇不居	望之不往者萬世不到

二是，簡 62+61+59+60。整理者根據《吏道》中的「臨材（財）見利，不取句（苟）富；臨難見死，不取句（苟）免」、「正行修身，禍去福存」兩

〔註51〕向宗魯：《說苑校證》，中華書局 1987 年版，第 258 頁。
〔註52〕〔清〕王先謙：《荀子集解》，中華書局 1988 年版，第 32 頁。
〔註53〕梁啓雄：《荀子簡釋》，中華書局 1983 年版，第 20 頁。
〔註54〕朱紅林：《嶽麓簡〈爲吏治官及黔首〉分類研究（一）》，《出土文獻與法律史研究（第一輯）》，上海人民出版社 2012 年，第 93 頁。

句將四支簡分爲 61+62 和 59+60 兩組簡，但是對於這四支簡的排序仍然存在問題。筆者認爲，《爲吏》的抄寫者並沒有按照《吏道》的內容順序進行抄寫，尤其是第四欄的內容。《吏道》中的「正行修身」，《爲吏》作「正而行修而身」。整理者認爲這兩句應爲「正而行修而身，禍與畐（福）鄰」，但是這就產生了疑問，抄寫者爲什麼講「正行修身」四字增改爲六字呢，難道真的是抄寫者抄錯了？實際上，從語句上來看，這種修改是爲了誦讀的需要，正如簡 86 中所說「諷誦爲首」，所以抄寫者也就加字，順接在「禍與畐（福）鄰」之後。簡序調整之後，我們發現，第一欄「關龠不利，門戶難開」內容相關。關龠，整理者注：「讀作『關鑰』，鑰匙。」〔註55〕《墨子·備城門》：「五十步一方，方尚必爲關鑰守之。」由《墨子》觀之，「關龠」應作「關鑰」，《呂氏春秋·孟冬紀》亦有「戒門閭，修楗閉，愼關鑰，固封璽」。〔註56〕關鑰，亦作「管鑰」、「管鍵」，《禮記·月令》：「戒門閭，修鍵閉，愼管鑰，固封疆」。〔註57〕《周禮·地官·司門》：「司門掌授管鍵，以啓閉國門。」鄭司農云：「管謂鑰也。鍵謂牡。」〔註58〕比較《墨子》、《呂氏春秋》我們發現，「關鑰」、「管鑰」似爲同物，「關」、「管」相通，鄭司農誤矣。李人鑒先生指出，「關鑰」和「管鑰」指城郭的啓閉工具，也指內室和府庫的啓閉工具。〔註59〕「管鑰」應是鑰匙一類的東西或者是開門用的工具，「不利」即「不便」。《管子·乘馬》：「爲事之不成，國之不利也。」簡文中的「關龠不利」顯然說的是門戶開啓工具的管理不善，這是官吏失職所造成的。因此，61 簡第一欄的「門戶難開」自然應該放在其後，不過這裏的「門戶」指的應是城郭門或府庫門，不過從簡文中反映的倉庫管理制度來看，府庫門的可能性很大。

　　61 簡的第三欄和 59 簡的第三欄，整理者最初沒有將兩欄內容相聯，而是給出了「賈市魚（獵），它縣毋傳」這樣的釋文。顯然，這兩件事務是不相關的。不過，將 61 簡與 69 簡相連，我們發現了這樣的釋文，「它縣毋傳，賈市魚（獵），路賦稍（莦）賦毋（鈷）」。由此，簡文中所說爲兩件事，一是去它

〔註55〕朱漢民、陳松長：《嶽麓書院藏秦簡（壹）》，上海辭書出版社 2010 年版，第137 頁。

〔註56〕陳奇猷：《呂氏春秋新校釋》，上海古籍出版社 2002 年版，第 523 頁。

〔註57〕〔清〕孫希旦：《禮記集解》，中華書局 1989 年版，第 488 頁。

〔註58〕〔清〕孫詒讓：《周禮正義》，中華書局 1987 年版，第 1101 頁。

〔註59〕李人鑒：《釋「鍵閉」「關鍵」「關龠」「管鍵」「管龠」等》，《揚州師範大學學報（社會科學版）》1984 年第 4 期。

縣無憑證，二是稅收沒有封裝。對於後一件事，睡虎地秦簡《關市律》：「爲作務及官府市，受錢必輒入其錢缿中，令市者見其入，不從令者貲一甲。」睡虎地秦簡整理小組注云：「缿，陶製容錢器。類似後來的撲滿。」〔註60〕這裏只講到了手工業和官府市場的稅收問題。在嶽麓秦簡《金布律》中也有這樣的規定，但是較睡虎地秦簡爲詳細。

> 1411：金布律曰：官府爲作務市，受錢及受齎租、質它稍入錢，
> 皆官爲缿，謹爲缿空，嬰毋令錢 1399：能出，以令若丞印封缿而入，
> 與入錢者三辨券之，輒入錢缿中，令入錢者見其入。月壹輸 1403：
> 缿錢，及上券中辨其縣廷；月未盡而缿盈者，輒輸之。不如律，貲
> 一甲。

陳松長先生認爲，與睡虎地秦簡相較，「官府爲作務市」一句少了「及」字，並進一步認爲，「『官府爲作務市』也就是官府爲手工業者之流專設商貿市場的意思」〔註61〕顯然，這與 61 簡中的「賈市」相合，即「賈市」賦稅沒有放入特定容器的意思。另外，上引《金布律》中有「稍入錢」。于豪亮先生認爲，「稍入，官吏祿稟之所入也。」〔註62〕實際上說的就是《周禮》中的「稍食」。不過，陳松長先生則認爲，「稍入」是「漸入」的意思，「質它稍入錢」或就是典押其他漸入之錢的意思。不過，結合上引學者觀點來看，59 簡中的「稍賦」或可能與「稍入錢」有關，但是整理者卻將此誤認爲「艄賦」。陳偉先生也認爲，2176、1501 簡所記的「路賦、稍賦毋缿」中的「稍賦」是「稍入錢」的另一種說法。〔註63〕綜上，我們可以發現，簡文中的賈市、魚（獵）、路賦、稍（艄）賦都是賦稅的一種。因此，我們認爲這四支簡的排列順序爲62+61+59+60，前後四欄都有聯繫，排列釋文如下。

62/1529	關龠不利	治奴苑如縣官苑	它縣毋傳	禍與冨（福）鄰
61/1528	門戶難開	船人不敬（警）	賈市魚（獵）	正而行修而身
59/2176+1501	水瀆不通	船隧毋廡	路賦稍（艄）賦毋（缿）	臨財見利不取笱（苟）富

〔註60〕睡虎地秦簡整理小組：《睡虎地秦墓竹簡》，文物出版社 1990 年版，第 42～43 頁。
〔註61〕陳松長：《睡虎地秦簡〈關市律〉辯證》，《史學集刊》2010 年第 4 期。
〔註62〕于豪亮：《居延漢簡甲編〈補釋〉》，《于豪亮學術文存》，中華書局 1985 年版，第 238 頁。
〔註63〕陳偉：《關於秦與漢初「入錢缿中」律的幾個問題》，《考古》2012 年第 8 期。

| 60/0854 | 毋池其（？）所 | 深楛（？）不具 | 家室多夏居田（？） | 臨難見死不取笱（苟）免 |

　　另一部分，主要是簡 85（1541）、86（0072）、87（1531）三支不分欄抄寫的簡，這與其他簡的抄寫形式不同，其語句也較為連貫，內容更類似於一篇文章的結尾，並且在 87 號簡的背面還發現有題目。在《吏道》中也有類似於此部分的內容，但是要略顯得簡短些。對於這三支簡的編排，公佈之前，主要有三種意見。一是，陳松長先生認為，由於簡 1531 背後有篇題，所以將其排在第一位，並給出了 1531+1541+0072，這樣的順序。二是，陳偉先生則認為，陳松長先生將 1531 號簡排列在第一位是十分正確的，但 1531 與 0072 應是緊接著的。三是，何有祖先生給出了 1541+0072+1531 的排列順序。《嶽麓書院藏秦簡（壹）》也接納了何先生的意見，並依此順序進行排列。〔註64〕筆者依照整理者給出的簡文順序，將這三支簡的內容抄寫如下，並與睡虎地秦簡單《吏道》相互比較。

嶽麓秦簡《為吏》	睡虎地秦簡《吏道》
為人君則惠，為人臣【則】忠，為人父則茲（慈），為人子則孝，為人上則明，為人下則聖，為人友則不爭，能行此，終日視之，簍（屢）勿舍，風（諷）庸（誦）為首，積（精）正守事，勸毋失時，攻（功）成為保，審用律令，興利除害，終身毋咎。此治官、黔首及身之要也與（歟）？它官課有式，令能最。欲毋殿，欲毋罪，皆不可得。欲最之道把此。	以此為人君則鈑，為人臣則忠；為人父則茲（慈），為人子則明，為人下則聖。君鬼臣忠，父茲（慈）子孝，政之本殹（也）；志徹官治，上明下聖，治之紀殹（也）。

　　綜上，我們可以看到，《為吏》和《吏道》在某些內容上可以找到共同之處，但是其差別也是非常大的。從文獻性質上來說，兩者更為類似。但是，從敘述模式角度來說，《吏道》中有很多內容，在《為吏》中找不到相似的敘述方式，像《吏道》中的「處如齎（齋）」到「民將姚去」、「長不行」到「貨

〔註64〕陳松長：《嶽麓書院藏秦簡〈為吏治官及黔首〉略說》，《出土文獻研究（第九輯）》，中華書局 2010 年版，第 30～36 頁。
　　　　陳偉：《為吏治官及黔首》1531、0072 號簡試讀》，簡帛網 2010 年 1 月 22 日 http：//www.bsm.org.cn/show_article.php 抬 id=1210。
　　　　何有祖：《嶽麓書院藏秦簡〈為吏、治官及黔首〉補笱》，簡帛網 2010 年 1 月 23 日 http：//www.bsm.org.cn/show_article.php 抬 id=1211。

不可歸」、「凡治事」一節以及兩條魏律和「口舌」等。所以，根據上述的分類，我們可以對這兩篇文獻有更深入的認識，也對一些問題可以得出一些新的結論。筆者推測，這種官箴性質的文字，國家可能會頒行定本，官吏會根據自己從事的業務選擇一個定本，或在一個定本中選擇幾個部分進行抄寫，並非全部抄寫，而且這些抄寫的內容是需要官吏背誦的，並作爲上計考核的一個方面，定期進行檢查。

第三節　文獻性質

睡虎地秦簡《吏道》是一種雜抄，學界也早已有識。黃盛璋先生認爲，「此五十簡是一種雜抄文書集，《爲吏之道》只是其中的一個部分」，並且認爲其是六種雜抄的組合體，分別是「爲吏之道」、「從政之經」、「治事」、「魏戶律」、「魏奔命律」、「口舌」等。〔註65〕從上述的幾個部分的對比我們發現，《爲吏》與《吏道》相似的內容主要集中在「爲吏之道」、「從政之經」這兩個部分，後面的幾個部分在《爲吏》中都沒有找到相似的內容。

一、與睡虎地簡《吏道》的比較

現有階段對《吏道》和《爲吏》進行對於研究的主要有廖繼紅、蕭永明、許道勝三位先生。蕭永明先生主要是從傳世文獻的角度進行比較對讀。廖繼紅、許道勝二位先生都是從內容上加以比較分析。廖先生的《〈爲吏治官及黔首〉與〈爲吏之道〉比較》一文有幾處值得我們注意。〔註66〕一是，《吏道》是內容對比的主要依據，其中《爲吏》中有些內容同，《吏道》中的「凡爲吏之道」到「治之紀」這一部分很相似。同時，《吏道》和《爲吏》中都有「吏有五善」、「吏有五過」等的內容，雖有所差異，但仍具有較高的相似度。其次，對於《吏道》中的「除害興利」一段，《爲吏》中也有類似於此的內容，但是相似的內容不多。對於《吏道》的後半部分來說，兩者也有相似之處，但筆者認爲，廖氏所列舉的相似材料，在表述形式上並非可作對比。從內容來說，雖然有一定的相似度，可是從表述的形式來說有很大的差異，像「凡治事」一節，從其表述來說是「相」的文體，在《爲吏治官及黔首》中就沒

〔註65〕黃盛璋：《雲夢秦簡辨正》，《考古學報》1979 年第 1 期。
〔註66〕廖繼紅：《〈爲吏治官及黔首〉與〈爲吏之道〉比較》，簡帛網 2011 年 3 月 4 日
　　　　（http://www.bsm.org.cn/show_article.php 抬 id=1408）。

有這樣的相類似的表述形式。如果按照廖氏對比的內容來劃分，就會有混淆之感。蕭永明和許道勝二位先生都是是從《為吏》的選題特色的角度進行對比。蕭先生主要是針對於傳世文獻，而許先生主要是針對秦律和《吏道》，提出兩者之間有三處關聯；一是《吏道》的首段與《為吏》相似性較大，但是後者較為分散；二是「吏有五善」一節，《為吏》中就有少數幾字有所不同；三是，「戒之戒之」到「治之紀殹（也）」一節，二者的內容相似內容較多，但《為吏》中較《吏道》要多些。因此，我們發現，《為吏》在敘述形式上有其自身的特點，這是我們整理《為吏》內容所依據的主要標準。

在《為吏》的文獻性質研究上，有這樣幾點問題值得我們注意。一是，抄寫與編聯形式與《吏道》不同。兩者在編聯方式上有所不同，《為吏》是抄寫好後進行編聯的，而《吏道》是編聯好後進行抄寫的。這種在形制上的不同，卻在兩者內容上有所體現。從《吏道》來看，每欄的內容連貫，語句相對通順，並且還有九處段首符，文體差別較大。而《為吏》的幾個部分的連貫性不強，甚至於每欄的語句都不是十分通順，從上述劃分的幾個部分來看，每一部分都可以獨立成篇。筆者推測，《為吏》有可能是抄寫幾篇後編聯成冊的，也就是說有可能是幾篇文章拼湊而成，還有可能是簡冊的缺失，導致這幾個部分在語句上不能聯繫到一起。所以，根據現有《為吏》的狀況我們無法判斷到底是哪種情況，可以肯定的是，《為吏》的原貌應該在上下文上較為連貫。二是，《為吏》有篇尾。《為吏》中的 1541、0072、1531 三簡不是分欄抄寫，形制上與其他內容的抄寫方式不同，並且從簡文來看明顯是對以上內容的總結。在 1531 號簡的背面還發現有篇題，這一點更加證實了此為篇尾，《吏道》也有於此類似的內容。因此，我們可以推測，《吏道》的「為吏之道」和「從政之經」是兩個相關聯的部分，也就是說可能取自一篇文章，而後面的部分也有可能是《吏道》擁有者摘抄的其他內容，由於與前面兩個部分的內容相似，所以也就謄抄在了一起。但是，從《為吏》的內容來看，並非有此現象，也就是說，現有的《為吏》是一篇無篇頭有篇尾的文章，由於之間的文句缺失，我們已經不能得其全貌，可是，從現有的狀況來看，這是一篇主旨明確的文章，並非類似於《吏道》。

二、《為吏》的文獻性質與用途

黃盛璋先生關於睡虎地秦簡《吏道》是一部雜抄文書集的認識是正確的，

不過，作爲雜抄的目的是什麼，爲什麼會將這些不同的內容抄在一起？〔註67〕
吳福助先生認爲，其是一種供官吏學習的宦學教材，並且也是一種宦學的道
德教材。吳先生更爲注重後一種性質的說法，但是在其《睡虎地秦簡論考》
一書中將兩篇文章同時收入，也說明這兩種說法不相矛盾，並且有其合理性。
對於這類文獻到底是識字教材還是道德教材，嶽麓秦簡給予了很好的解釋。
首先，簡文中有「治官及黔首身之要也」，也就是說這是治官、治黔首、修身
的精要所在，正說明其不是單純的識字教材。其次，簡文中有「與它官課，
有式令能最」一句，也說明了其目的是進行官吏考核所必備的材料。因此，
這種文獻的性質也不是單純的道德教材，而是用於「官課」的必讀課本。第
三，簡文中有「爲人君則惠，爲人臣【則】忠，爲人父則茲（慈），爲人子則
孝，爲人上則明，爲人下則聖，爲人友則不爭」，雖然與睡虎地秦簡《吏道》
的內容相合，但是其落腳點卻是要勸勉所有讀此文獻的人要「精守正事」、「審
用律令」，以至「終身毋咎」，這也說明此種文獻也不是簡單的「道德教材」。
綜上，筆者認爲，這類文獻應該是秦代根據學吏制度的需要編寫的一種比較
常見的宦學讀本，這類文獻在當時應該有固定的內容和抄寫格式。

　　嶽麓簡《爲吏》與《吏道》取材來源相類似。許道勝先生認爲，《爲吏》
在取材上有多種來源，不僅有先秦文獻，而且也與當時的律令、《爲吏之道》
有很大聯繫，並且還兼及字書《倉頡篇》等文句格式相似的材料。〔註68〕廖
繼紅先生，直接指出了《爲吏》的材料的兩點來源，一是《爲吏》與《吏道》
有部分內容是源自同一類母本，但《吏道》的其他內容確爲《爲吏》所沒有，
這些內容是否也源於一類母本，卻不得而知。〔註69〕二是許先生爲我們研究
《爲吏》提供了新的思路，但是，將《爲吏》的內容整理後發現，《吏道》的
雜抄性質更爲明顯，而《爲吏》的內容和主旨卻相對單一。《爲吏》更像是《吏
道》的取材來源。筆者認爲，有兩處值得探討。首先，《吏道》的第一部分「凡
爲吏之道」一節，在上述的比較中我們發現，其是出自第三部分的第二欄，
而且在「精潔正直」前並沒有「爲吏之道」一語，這一點很有可能是《吏道》
擁有者後加的。「聽間（諫）勿塞」以下的七句卻在《爲吏》的第一部分中發

〔註67〕黃盛璋：《雲夢秦簡辨證》，《考古學報》1979 年第 1 期。
〔註68〕許道勝：《嶽麓秦簡〈爲吏治官及黔首〉的取材特色及相關問題》，《湖南大學
　　　　學報（哲學社會科學版）》2011 第 2 期。
〔註69〕廖繼紅：《〈爲吏治官及黔首〉與〈爲吏之道〉比較》，簡帛網 2011 年 3 月 4
　　　　日。

現了，這也很明顯的說明是《吏道》的作者抄寫後形成的。其次，《吏道》「除害興利」一節，四字一句，文意也不連貫，吳福助先生認爲，文句在押韻和語彙的編排方式上，都無體例可循，「說明此篇卻係由手抄者隨意雜湊而成，其篇章原貌已經過嚴重割裂而致泯滅，無從查考了」。〔註70〕也就是說，此一節是抄者摘抄某類文獻後形成的，並且抄寫的隨意性很大，沒有什麼規律可循。同時，吳先生也將此節同秦漢時期幾類字書相比較，發現有很大的不同，正如黃盛璋先生所說，《爲吏之道》是六種雜抄的合集，「本身已證明是個大雜燴，同一種雜抄內容也同樣有拼集」。〔註71〕許道勝先生對於此節只是說明了其爲字書，並未在《爲吏》中找到相類似的內容，但是兩者是否同源並不清楚，兩者的取材特色應該是近似的。對於上述觀點，筆者認爲，許先生並未結合黃、吳二位先生的認識來看兩者的取材特色。同時，結合《爲吏》的自身特點，我們發現，《爲吏》「治官」的內容相對來說比《吏道》要詳細的多，並且這些「治官」的內容也是呈成組出現的，這與擁有者所擔任的職務有關。相比較而言，《吏道》的內容要顯得淩亂些，內容明顯取自《爲吏》一類的文獻的可能性非常大。最後，睡虎地秦簡《吏道》的抄寫《爲吏》一類文獻的內容也僅限於其中的前兩個部分，後面的部分有可能是書寫者後來添加上去的，也可能是從別的版本中抄寫而來。

〔註70〕吳福助：《睡虎地秦簡論考》，文津出版社 1994 年版，第 149 頁。
〔註71〕黃盛璋：《雲夢秦簡辯證》，《考古學報》1979 年第 1 期。

第三章 《爲吏治官及黔首》所見秦制研究

　　秦代實行「學吏」制度，在正是成爲官吏之前，都要進行相應的業務教育，並進行考核，取得相應資格。因此，爲方便教學，訓吏教材也就應運而生。這類教材也分爲不同種類，主要有識字教材、道德教材、業務教材等等。嶽麓秦簡《爲吏》就是這樣一份用於官吏教育的入門教材。爲了便於初學官吏閱讀，《爲吏》的語言風格力求簡練，在內容的選取上也主要以官吏的日常事務爲主。這些內容在不同程度上，反映了秦代的某些制度，例如土地分配及監管、田租制度、苑囿修繕及管理、公器管理、社會治安管理等等。《爲吏》中的這些材料不僅對秦制研究以補充，同時也對我們瞭解這些制度的實際情況提供了新的視窗。本章主要選取《爲吏》中有關農業管理、倉庫管理、戶籍管理三項制度中的條目，並結合睡虎地秦簡、張家山漢簡、龍崗秦簡等材料，對其中所涉及的制度分別作一詳細論述。

第一節　農業管理制度

　　嶽麓簡《爲吏》中有「部佐行田」、「案戶定數」、「移徙上端」、「難開不利」，均對秦代的行田制度有所反映。從這些簡文來看，大致可以分析出三點內容。首先，嶽麓簡界定了「部佐」是行田的主要負責官吏。其次，國家授與民衆土地，主要是以戶爲單位，並將其授與田數登記造冊。最後，授田的基礎建立在土地開墾之上，國家還對開墾土地的數量規定了相應指標，如果官吏上報數比實際開墾數要少的話，就會受到相應的處罰。從這一點來看，《爲吏》正反映出其他材料所沒有的秦制內容。

一、土地的分配

　　行田多理解為授田。嶽麓秦《為吏》中有「部佐行田」一語。楊振紅先生認為：「戰國秦漢時期，『行田』是一專用詞語，專指國家給人民分配土地的行為。」〔註1〕臧知非先生也認為：「『行田』之『行』是巡視的意思……『行田』的目的是授予農民，所以又將授田直接稱為行田。」〔註2〕行田，見於《呂氏春秋‧樂成》篇：「魏氏之行田也百畝，鄴獨二百畝，是田惡也。」〔註3〕《漢書‧溝洫志》也記有：「魏氏之行田也以百畝，鄴獨二百畝，是田惡也。」顏師古注：「賦田之法，一夫百畝也。」〔註4〕也就是說，戰國時期的魏國所施行的行田，主要是一夫授百畝之田。其他國家田制也多以百畝為主，像《孟子‧梁惠王章上》：「百畝之田，勿奪其時，數口之家可以無饑矣」、〔註5〕《管子‧輕重甲》：「然則一農之事，終歲耕百畝」〔註6〕等等。所以說，秦、魏兩國「在田制方面雖非絕對一致，但也不會有很大的差異，甚至其他諸國也不例外，歷史發展帶有一體性至為明顯，也就是說，國家向農民頒授小塊田地，在戰國時已普遍實行」。〔註7〕因此，秦之「行田」大致可以理解為授田，是戰國時期國家授田制度的體現。國家實行「授田制度的目的，是為了保證國家租賦徭役的徵斂」。〔註8〕同時，國家授田也是為了控制人口流動，防止勞動力流失，如《商君書‧徠民》：「民上無通名，下無田宅，而恃奸務末作以處」，「意民之情，其所欲者田宅也」。〔註9〕所謂「上無通名」，

〔註1〕楊振紅：《出土簡牘與秦漢社會》，廣西師範大學出版社2009年版，第166頁。
〔註2〕臧知非：《龍崗秦簡「行田」解》，《秦漢研究》，三秦出版社2007年版，第72頁。
〔註3〕陳奇猷：《呂氏春秋新校釋》，上海古籍出版社2002，第1000頁。
〔註4〕〔漢〕班固：《漢書》，中華書局1962年版，第1677頁。
〔註5〕〔清〕焦循：《孟子正義》，中華書局1987年版，第325頁。
〔註6〕馬非百：《管子輕重篇新詮》，中華書局1979年版，第552頁。
〔註7〕吳榮曾：《先秦兩漢史研究》，中華書局1995年版，第85頁。
　　　吳榮曾先生云：「《呂氏春秋》說魏授田也稱為行田，而秦簡說有行田。現在弄不清行田的名稱究竟最初處於魏還是處於秦？可能魏先有此稱，而後來為秦所襲取，因為秦制多從魏引進。也可能行田是秦所獨有之稱。《呂氏春秋》成書於秦，或許秦人習慣用秦的行田也套用於魏的授田制。」（《讀史從考》，中華書局2014年版，第104-105頁。）吳先生之說可從，其說「行田」為秦之專有名詞，檢搜古籍我們發現「行田」一詞最早處於《呂氏春秋》，《漢書‧溝洫志》因之。
〔註8〕李亞光：《論春秋戰國社會轉型期私有土地的形成和發展》，《農業考古》2013年第1期。
〔註9〕蔣禮鴻：《商君書錐指》，中華書局1986年版，第87、89頁。

蔣禮鴻云：「無通名即不上聞也」，指的就是沒有在國家進行登記報戶。〔註10〕
授予田宅是依戶爲之，沒有登記在冊者是沒有資格授予田宅的，即「下無田
宅」。民無田宅則只能從事與商業有關的事務，而不從事農業勞動生產，農
業人口也會大量流失，糧食生產也得不到保障。民眾的意願無非就是能夠獲
得田宅，而國家將戶口統計和田宅授予相聯繫，能夠極大的保證農業勞動人
口的數量，而將其固定在土地之上，從而減少人口的流動。正如《荀子・王
制》所說：「使農夫樸力而寡能，治田之事也。」楊倞注：「使農夫敦樸於力
穡，禁其它能也」。〔註11〕至於漢初，國家依然實行授田制度。張家山漢簡
中也有「行田」的說法。《二年律令・田律》：「田不可田者，勿行；當受田
者欲受，許之。」張家山漢簡整理小組注：「行，指授田，《禮記・月令》注：
『猶賜也。』」。〔註12〕龍崗秦簡中也有對「行田」的記載，甚至保存有「行
田贏律」。簡「廿四年正月甲寅以來，吏行田贏律（？）詒（詐）。」胡平生
先生認爲，「『行田』疑即行獵，進行狩獵活動」，「所謂『吏行田贏律』，應
當是官員進行田獵活動超過法律固定的次數或規模，須論罪處罰」。〔註13〕
張金光先生認爲，簡文中的「田」當屬上讀，與「行」可聯讀爲「行田」，
並指出「『贏』在睡虎地秦簡中多與『不備』相對爲文，義爲多餘」。〔註14〕
楊振紅先生則指出，「龍崗簡116中的『行田贏律』應與《二年律令・戶律》
簡310～313有直接淵源關係」並且，「無論是傳世文獻還是出土文獻，均不
見『行獵』意義的行田。因此，龍崗秦簡中的『行田』應指國家分配土地即
授田。」〔註15〕筆者較爲贊同楊先生的觀點，雖然春秋戰國時期「田」、「畋」
不分，但是在這裏將「行田」的「田」解釋成爲田獵，似乎略有不妥。龍崗

〔註10〕張覺先生認爲：「通名，通用的姓名，指報給官府而註冊的合法姓名。」（《商
　　　　君書校疏》，知識產權出版社2012年版，第177頁）此說不確，蔣禮鴻解釋
　　　　爲「謂名通於官也」，通名則是指官府登記在冊的姓名，並非通用的姓名，應
　　　　爲民眾自己向官府報戶所登記的姓名，或者是成年之後傅籍所登記的姓名。
　　　　睡虎地秦簡《秦律雜抄》：「有爲故秦人出，削籍。」整理小組注：「削籍即自
　　　　簿籍上除名，使該人脫離秦政府的控制。」削籍亦可解爲「削去通名」。
〔註11〕〔清〕王先謙：《荀子集解》，中華書局1988年版，第168頁。
〔註12〕張家山二四七號墓漢簡整理小組：《張家山漢墓竹簡〔二四七號墓〕（釋文修
　　　　訂本）》，文物出版社2006年版，第41頁。
〔註13〕中國文物研究所、湖北省文物考古研究所編：《龍崗秦簡》，中華書局2001年
　　　　版，第109頁。
〔註14〕張金光：《秦制研究》，上海古籍出版社2004年版，第40頁。
〔註15〕楊振紅：《出土簡牘與秦漢社會》，廣西師範大學出版社2009年版，第167頁。

秦簡中的「行田贏律」，可以理解為「授田數量超出了規定的法律」。

部佐是鄉級負責「行田」的主要官吏。《為吏》中有「部佐行田」一語，說明其是行田的主要官吏。部佐，嶽麓秦簡整理小組注：「據《續漢書·百官志》，部佐應即鄉佐一類」。〔註16〕睡虎地秦簡《田律》：「百姓居田舍毋敢酤酉（酒），田嗇夫、部佐禁禦之，有不從令者有罪。」睡虎地秦簡整理小組注：「漢代鄉的轄區稱鄉部，亭的轄區稱亭部。此處部佐應為鄉佐一類。」〔註17〕無論是嶽麓秦簡整理小組，還是睡虎地秦簡整理小組，所解釋的部佐均推測為鄉佐。不過，裘錫圭先生在《嗇夫初探》一文中就已經指出：「據秦律，倉嗇夫的屬官有設於鄉的倉佐，部佐大概也是甜嗇夫設於鄉的田佐，跟鄉佐恐怕不是一回事。田嗇夫總管全縣田地等事，部佐則分管各鄉田地等事的。」〔註18〕王彥輝先生也認為：「部佐列於田嗇夫之後，當屬田嗇夫的屬官，或可稱之為『田佐』，但是在文獻中『田佐』尚無文獻記載。」同時，王先生認為，秦國及漢初在地方基層是「鄉部」和「田部」並行設置的，「鄉部和田部在權責上既有明確的分工，又在許多職事上進行合作，進而有效地維護鄉里的正常生產和生活秩序。」〔註19〕徐福昌先生也認為：「事實上，就簡文來看，部佐就是田嗇夫派駐在鄉以下的佐吏。」〔註20〕據此，嶽麓簡「部佐行田」中所說的「部佐」，應為「田部」職官系統中鄉一級的行政人員，其職守主要是「授予土地」、「巡視田地」、「監督農業生產」。這一點在新出里耶秦簡中，得到了相應的證明。里耶秦簡中大量的出現了「田官守」、「田佐」這樣的職官。

嶽麓簡《為吏》還有官吏行田的指導準則，為了嚴格規範要求。簡文中規定了「案戶定數」、「移徙上端」等兩項內容。在授田的實行、方式、上報等方面對官吏進行必要的教育。首先，「案戶定數」指的就是國家依照戶籍、爵位，授予民眾土地。授予土地的數量多以「頃」為單位，睡虎地秦簡《田律》：「入頃芻稾，以其受田之數」，張家山漢簡《戶律》中也有：

〔註16〕朱漢民、陳松長：《嶽麓書院藏秦簡（壹）》，上海辭書出版社 2010 年版，第112 頁。

〔註17〕睡虎地秦簡整理小組：《睡虎地秦墓竹簡》，文物出版社 1990 年版，第 22 頁。

〔註18〕裘錫圭：《嗇夫初探》，《雲夢秦簡研究》，中華書局 1980 年，第 268 頁。

〔註19〕王彥輝：《田嗇夫、田典考釋──對秦及漢初設置兩套基層管理機構的一點思考》，《東北師大學報（哲學社會科學版）》2010 年第 2 期。

〔註20〕徐福昌：《睡虎地秦簡研究》，文史哲出版社 1994 年版，第 408 頁。

關内侯九十五頃，大庶長九十頃，駟車庶長八十八頃，大上造
八十六頃，少上造八十四頃，右更八十二頃，中更八十頃，左更七
十八頃，右庶長七十六頃，左庶長七十四頃，五大夫廿五頃，公乘
廿頃，公大夫九頃，官大夫七頃，大夫五頃，不更四頃，簪裊三頃，
上造二頃，公士一頃半頃，公卒、士伍、庶人各一頃，司寇、隱官
各五十畝。不幸死者，令其後先擇田，乃行其餘。它子男欲爲戶，
以爲其□田予之。其巳前爲戶而毋田宅，田宅不盈，得以盈。宅不
比不得。〔註21〕

在簡文中不僅每個爵位都規定了授予土地的數量，並且其中用以計量的土地
單位也是「頃」。在這條簡文中，其前半部爲依照軍功授予土地，而後半部卻
爲普通民眾土地的授予，張金光先生認爲：「直到漢初，在人們的意識中和制
度上，仍是將庶民授田與軍功爵授田納入同一系列，而在性質上不加區別的
敘述」。〔註22〕《史記·商君列傳》中載：「明尊卑爵秩等級，各以差次名田
宅，臣妾衣以家次。有功者顯，無功者雖富貴無所芬華。」〔註23〕實際上，
張家山漢簡的這條簡文，基本依照《商君列傳》中的原則執行，但是在授予
制度上卻不加區分，軍功爵只是一種獎勵措施。同時，土地分配時，如果有
不幸去世的，由其後代先有權選擇土地，然後才依次分配。不過，在這條簡
文中，還規定了「它子男欲爲戶，以爲其□田予之」，也就是說如果有男子另
立爲戶，也需要分與其土地。由此看來，分配土地的基本原則是按照戶爲單
位，依次分配。正如睡虎地秦簡《爲吏》後所附「魏戶律」所言：「自今以來，
叚（假）門逆呂（旅），贅壻後父，勿令爲戶，勿鼠（予）田宇」，〔註24〕也
就是說，對於那些「贅壻後父」之人，國家是不予單獨定居的，自然也不授
予田宅。這也正符合了嶽麓簡所記載的「案戶定數」原則。其次，國家在授
予田宅時，需要對相應的內容登記造冊，在張家山漢簡中，就出現了「民宅
園戶籍」、「年細籍」、「田比地籍」、「田命籍」和「田租籍」等多種文書，並
且規定這些文書都要以「三辨券」的形式書寫，在上交時依照戶籍的形式。
同時，簡文中也規定，人口遷移時，需要將遷徙人口的戶籍、年籍、爵細等

〔註21〕張家山二四七號漢墓竹簡整理小組：《張家山漢墓竹簡〔二四七號墓〕（釋文
修訂本）》，文物出版社 2006 年版，第 52 頁。
〔註22〕張金光：《秦制研究》，上海古籍出版社 2004 年版，第 40 頁。
〔註23〕〔漢〕司馬遷：《史記》，中華書局 2013 年版，第 2230 頁。
〔註24〕睡虎地秦簡整理小組：《睡虎地秦墓竹簡》，文物出版社 1990 年版，第 174 頁。

交移遷徙的地區，並進行封存。如果人口遷移，而戶籍沒有一併遷走，戶籍遷移但沒有加封的，都需要對官吏進行處罰。所以，嶽麓簡中有「移徙上端」，自然也戶籍遷移有關。里耶秦簡 J1（16）9 中就記載了，遷陵縣啓陵鄉的十七戶在遷移都鄉後沒有找到戶籍，而被都鄉守行文書追問，而啓陵鄉卻沒有找到相應戶籍，並且也不知道這些人的年齡。〔註 25〕這也正說明了國家控制戶籍極爲嚴格。由此看來，戶籍是「行田」順利施行的重要保障，國家授田制就是建立在國家掌控的戶籍之上，基本原則就是依「戶」爲單位，結合軍功爵授予民眾土地。所以說，這些內容都是官吏在日常管理工作中，所要必須注意的工作準則。

二、土地租稅的徵收

秦代採取普遍的國家授田制度，國家會向授田民眾收取相應的田租，徵收的形式主要是實物。秦簡公七年的「初租禾」，標誌秦國開始實行實物地租制度。依照睡虎地秦簡來看，租稅收取的主要有兩種：一是，糧食。張金光先生認爲：「秦簡《倉律》的『入禾倉』、『入禾稼』等條，就是關於田租倉的各種規定。」〔註 26〕在嶽麓秦簡《數》書中保留有大量有關田地租稅的算題，其中記載徵收的單位爲「斗」，表明其徵收的爲糧食，例如《數》書 41 簡「稅田三步半步，七步少半一斗，租四升廿四〈二〉分升十七」。〔註 27〕二是，芻稾。睡虎地秦簡《田律》：「入頃芻稾，以其受田之數，無豤（墾）不豤，頃入芻三石、稾二石。芻自黃䅂及蘆束以上皆受之。入芻稾，相輸度，可殹（也）。」〔註 28〕顯然，國家向農民徵收的是實物芻稾，並且大多用於畜牧飼料之用。不過，在嶽麓秦簡《數》書中，我們發現了芻稾轉化爲錢的算題。簡 73「芻一石十六錢，稾一石六錢，今芻稾各一升，爲錢幾可（何）？得曰：五十分錢十一，述（術）曰：芻一升百分錢十六，稾一升百分錢。」簡 75 也有「稾石六錢，一升得百分錢六，芻石十六錢，一升得百分☑」〔註 29〕由此看來，國家也會轉換徵收的方式，以徵收貨幣的形式來代替徵收實物芻稾。這一點可

〔註 25〕湖南省文物考古研究所：《里耶發掘報告》，嶽麓書社 2007 年版，第 196 頁。

〔註 26〕張金光：《秦制研究》，上海古籍出版社 2004 年版，第 189 頁。

〔註 27〕朱漢民、陳松長：《嶽麓書院藏秦簡（貳）》，上海辭書出版社 2011 年版，第 53 頁。

〔註 28〕睡虎地秦簡整理小組：《睡虎地秦墓竹簡》，文物出版社 1990 年版，第 21 頁。

〔註 29〕朱漢民、陳松長：《嶽麓書院藏秦簡（貳）》，上海辭書出版社 2011 年版，第 73 頁。

有上引《倉律》中的「相輸度，可殹（也）」可以窺測一斑，國家爲了防止在運輸過程中對芻稾的損耗，可能會轉化成貨幣徵收的形式。但是，這種徵收是否是普遍方式，還是眞正的廣泛實行過，由於材料的限制，還有待於進一步考證。田租徵收還有其他種類，國家會根據作物種類、長勢情況進行徵收，例如嶽麓簡《數》書中對枲，就分爲了「細枲」、「大枲」等不同種類。另外，對於田租徵收的標準，根據目前的秦簡牘材料看來，主要是依授予土地的面積來徵收的，而不是依照人口數。〔註30〕

　　秦代國家田租主要是定額徵收。首先，對於芻稾的徵收而言。依據睡虎地秦簡《田律》，芻稾的徵收是每頃芻三石、稾二石。張家山漢簡《田律》也基本上遵循了這一定額，不過在繳納芻的時候，《二年律令》有一個補充說明，「上郡地惡，頃入二石」。由此可知，芻稾爲定額徵收，毋庸置疑。其次，對於糧食等其他徵收而言，是否是依照定額，卻不甚明瞭。嶽麓秦簡《爲吏》中有「度稼得租」度，就是評價、估量。租，主要指田租。度稼得租，就是官吏依照莊稼種類、收成情況進行評估，然後確定應該繳納的田租，這主要指的是田租中可以浮動的部分。而《商君書・墾令》中說：「訾粟而稅，則上壹而民平，上壹則民信，信則臣敢不爲邪。」「訾粟而稅」說的是徵收田租的基本原則，與「度稼得租」原則一致。高亨先生則將其解釋爲「朝廷計算農民收入糧穀的多少來徵收地稅」。〔註31〕但是對於「上壹」的理解，張金光先生認爲「國家按照一定估價和比率同一規定一個固定的租額」。〔註32〕筆者較爲贊同張先生的觀點。根據嶽麓秦簡《數》書，簡40「禾輿田十一畝，【兌】（稅）二百六十四步，五步半步一斗，租四石八斗，其述（術）曰：倍二【百六十四爲步】……☑」。整理者注：「（40簡）表明『禾輿田』的稅率爲什一之稅，說明田租取『什一』之率在秦國歷史上的一定範圍和時間內確實存在過。但可能只是針對輿田種禾的情形，如針對輿田種枲，稅率爲十五分之一，爲禾租率的三分之二倍。實際情況可能很複雜，不同時期秦的田稅率可能是變化的。」〔註33〕由此觀之，國家會統一制定收取田租的稅率，並根據實際的生產情況進行調整，實際上「度稼得租」的形式也是國家統一規定的定額徵

〔註30〕張金光：《秦制研究》，上海古籍出版社2004年版，第187頁。
〔註31〕高亨：《商君書注譯》，清華大學出版社2011年版，第75頁。
〔註32〕張金光：《秦制研究》，上海古籍出版社2004年版，第193頁。
〔註33〕朱漢民、陳松長：《嶽麓書院藏秦簡（貳）》，上海辭書出版社2011年版，第53頁。

收制。那麼，既然是定額徵收田租，爲什麼在秦律中卻沒有像芻稾那樣規定徵收的數額呢？曹旅寧先生指出：

> 原來漢代田租三十稅一是按頃畝出稅，不是按實際產量計其三十稅一。即令是在名籍所載地畝人丁比較準確的西漢時代，官府也無法核實每畝產量。所以田租三十稅一的田租，在實際徵收時需要有一個定額爲準。至於每畝定額多少，在西漢時恐怕是因地而異，難於由全國一致的規定。〔註34〕

所以，國家在徵收田租的問題上，採取了因地制宜的原則。根據不同地區的情況，每畝稅率有所浮動，但是總體徵收的基數是由國家規定的，相比連不墾地都要徵收芻稾而言，顯然要寬鬆的多。至於三國吳時期，農民租佃官府土地依然需要依照定額交納米數。〔註35〕

秦代國家根據不同土地情況，莊稼長勢情況，制定相應的田租等級。嶽麓簡中就有「舉苗【治】不【治】」一語。〔註36〕在龍崗秦簡中，每畝需要交納等額田租，也被稱之爲「程租」。簡 125「不遺程、敗程租者，□；不以敗程租上☑」，胡平生先生認爲：「本簡所說的『程租』，與『程傳』、『程耕』意義相近，應是一畝田交納糧食的定額」。〔註37〕「敗程」，指的就是沒有按照規定等級交納田租。在制定田租等級時，私自降低田租等級，法律也是不允許的。龍崗秦簡 133、134、135：

> 程田以爲臧（贓），與同灋（法）。田一町，盡□盈□希☑
>
> 希（稀）其程率；或稼☑。
>
> 同罪。　　　☑

「程田」，胡平生先生注云：「爲土地計算並規定應交納的田租標準。」〔註38〕所以，依照簡文我們可以發現，瞞報、降低程租標準都需要有相應的處罰，有可能會與「盜田」同罪。另外，對於不同性質土地，國家徵收田租稅的數額也會相同。依照秦簡《數》書，大致可以分爲「輿田」、「稅田」兩類。至

〔註34〕曹旅寧：《張家山漢簡研究》，中華書局 2005 年版，第 130 頁。

〔註35〕高敏：《長沙走馬樓簡牘研究》，廣西師範大學出版社 2008 年版，第 11 頁。

〔註36〕依照復旦讀書會：《讀〈嶽麓書院藏秦簡（壹）〉》改釋。

〔註37〕中國文物研究所、湖北省文物考古研究所編：《龍崗秦簡》，中華書局 2001 年版，第 114 頁。

〔註38〕中國文物研究所、湖北省文物考古研究所編：《龍崗秦簡》，中華書局 2001 年版，第 117 頁。

於「輿田」，彭浩先生認爲：「輿田是指登記在圖、冊上的土地，也就是符合
受田條件者得到的土地。」〔註39〕蕭燦先生則直接認爲，輿田就是國家授予
民眾的土地。而「稅田」，則是由國家機構直接管理的耕地。雖然，秦實行
授田制，將土地分與民眾耕種，但是國家依然會保留一部分土地，作爲「公
田」由政府機構直接管理。在稅收的徵收方面，「稅田」要比「輿田」的稅
率要高很多。依照嶽麓簡《數》書，蕭先生也發現，「第〔0847〕、〔0939〕、
〔0817〕號簡所記錄的『稅田』算題，雖不知作物品種，但租率都是百分之
百」。〔註40〕也就是說，國家完全佔有了「稅田」的所有產出，而這些產出
基本會用作維護國家正常運轉的儲備，主要用在刑徒衣食、官吏供養、種食
借貸等等方面。

　　至於田租徵收的工作要求，嶽麓秦簡《爲吏》中有「租稅輕重弗審」這
樣的告誡之語，是對負責確定租稅數額的鄉里官吏規範。審，即審慎，準確。
輕重，指的則是稅收標準訂立的過高或過低。由於上文已經談到，國家只是
制定統一的稅收標準，但是可以根據相應情況，地方官吏有權力依照不同標
準進行收取，過高或者過低法律都是不允許的。官吏徵收田租失誤，主要表
現爲兩個方面。一是主觀意願，包括故意隱瞞、降低稅率，上報不實、騙取
租稅等行爲。在龍崗秦簡 136 簡中有「租不能實□，□輕重於程，町失三分，
☑」，125 簡「不遺程、敗程租者，□；不以敗程租上☑」，「輕重於程」、「敗程」
指的都是官吏在收取田租時，不按照標準進行收取的情況。而 128 簡「詐（詐）
一程若二程□□之□□☑」、129 簡「人及虛租希（稀）程者，耐城旦舂；□
□□☑」，「詐（詐）一程」、「虛租希（稀）程」都是那些瞞報、假報的錯誤行
爲。〔註41〕這些行爲對田租稅額會造成不均，引起民怨，從而引發社會秩序
的不穩，是統治階級最關注的事情，所以在嶽麓簡《爲吏》中將其列爲「爲
官」必須注意的事項。另一則是客觀方面，由於官吏書寫上的失誤，導致上
報或徵收稅額出現錯誤。嶽麓簡《數》書中有一則有關「租誤券」的算題。「田
多若少，令田十畞，稅田二百卅步，三步一斗，租八石。今誤券多五斗，欲
益田。其述（術）曰：以八石五斗爲八百。」嶽麓秦簡整理小組注：「租誤券，

〔註39〕彭浩：《談秦漢數書中的「輿田」及相關問題》，《簡帛（第六輯）》，上海古籍
　　　　出版社 2011 年，第 21～28 頁。
〔註40〕蕭燦：《從《數》的「輿（與）田」、「稅田」算題看秦田地租稅制度》，《湖南
　　　　大學學報（社會科學版）》2010 年第 4 期。
〔註41〕上述龍崗秦簡簡文，分別引自《龍崗秦簡》一書的第 114、116、117 頁。

指租券所記租數與應收數有差異。」〔註42〕張家山漢簡《算數書》中有也「誤券」算題：

> 誤券　租禾誤券者，術曰：無升者直（置）稅田數以爲實，而以券斗爲一，以石爲十，並以爲法，如法得一步。其券有者，直（置）輿（與）田步數以爲實，而以券斗爲一，以石爲十，並以爲法，如法得一步。其券有升者，直（置）輿田步數以爲實，而以券之升爲一，以斗爲十，並爲法，如【法】得一步。〔註43〕

這些算題，都是在租禾誤券，就是在田租券寫錯的情況下，如何補收或減少稅額。秦漢文書制度嚴格，在不得已出錯的情況下，國家仍然要儘量彌補損失。另外，張家山漢簡《戶律》還記載有「田租籍」，並以三辨券的形式書寫，內容主要是記錄應當繳納租稅，以及交納次數。秦簡中所記載的「盜田」、「匿田」行爲，對田租的徵收會有一定的影響。睡虎地秦簡《法律答問》：「部佐匿者（諸）民田，者（諸）民弗智（知），當論不當？部佐爲匿田，且可（何）爲？已租者（諸）民，弗言，爲匿田；未租，不論○○爲匿田。」〔註44〕這裏提到的部佐，應是田部之佐。他們的行爲更加惡劣，不是輕重租稅的問題，而是隱瞞民田，上下矇騙，把百姓的田租中飽私囊。因此，嶽麓簡《爲吏》爲了告誡官吏，所以將「租稅輕重弗審」作爲必要的工作準則，正如彭浩先生說：「田租計量、核定和催收主要由管理田地、農事的田典、田嗇夫和鄉級政府的吏員承擔。對於他們在計程收租時產生的誤差，法律規定要給予相應的處罰；對於故意匿租、重租、輕租者，則追究刑事責任。制定這些法律是爲了保證田租的足額徵收。」〔註45〕

三、農田開墾與管理

農田的開墾是國家授田的重要基礎。戰國時期，各國都大力提倡開墾荒地，發展生產。李悝在魏國作「盡地力之教」，吳起在楚國令貴人「實廣虛之地」，齊國對開墾荒地也十分重視，《管子・問》中也有「人之開田而耕者幾

〔註42〕朱漢民、陳松長：《嶽麓書院藏秦簡（貳）》，上海辭書出版社2011年版，第38頁。

〔註43〕張家山二四七號漢墓竹簡整理小組：《張家山漢墓竹簡〔二四七號墓〕（釋文修訂本）》，文物出版社2006年版，第145頁。

〔註44〕睡虎地秦簡整理小組：《睡虎地秦墓竹簡》，文物出版社1990，第130頁。

〔註45〕彭浩：《談秦漢數書中的「輿田」及相關問題》，《簡帛（第六輯）》，上海古籍出版社2011年版，第21～28頁。

何家」、「所辟草萊有益於家邑者幾何矣」的調查。商鞅在秦國也頒佈了「墾草令」，《商君書・墾令》：「國安不殆，勉農而不偷，則草必墾矣」。〔註46〕國家只有大力鼓勵土地開發，才能有足夠的土地授予民眾，正如《商君書・算地》：「夫地大而不墾者，與無地同；民眾而不用者，與無民同。故爲國之數，務在墾草」。〔註47〕《管子・小匡》中也說：「管仲曰：『墾草入邑，闢土聚粟多眾，盡地利之力，臣不如寧戚』。」〔註48〕「墾草」即「墾田」，「草」即草田，未開墾的荒田，也就是說國家只有開墾荒地，才能夠聚集糧食和民眾。嶽麓簡《爲吏》中也有對開墾土地的要求，並對官吏以警示，即「草田不舉」。嶽麓秦簡整理小組注：「草田：謂未墾種的田地。《漢書・東方朔傳》：『又詔中尉、左右內史表屬縣草田，欲以償鄠杜之民。』顏師古注：『草田謂荒田未耕墾也。』」〔註49〕

國家爲了維護正常的授田秩序，需要鼓勵荒地的開墾，並且也對開墾土地的品質、數量以及上繳芻稾稅都有相應要求，嶽麓簡《爲吏》中就有「很（墾）田少員」、「難開不利」兩條內容。首先，「很（墾）田少員」是指墾田數少於規定的指標。員即數，睡虎地秦簡《吏道》中有「作物員程」，睡虎地秦簡整理小組注云：「人程，即員程，《漢書・尹翁歸傳》：『責以員程不得取代，不中程輒笞督。』注曰：『員，數也，計其人及日數爲功程。』楊樹達《漢書管窺》卷八：『員程謂定數之程課，如每日所若干石之類。』」〔註50〕所以說，「很（墾）田少員」指的就是開墾土地沒有達到規定數額。張家山漢簡《田律》中也有對墾田數的要求，「縣道已（墾）田，上其數二千石官，以戶數嬰之，毋出五月望」。〔註51〕這裏上交的墾田數字，也是按照戶爲單位進行統計。嶽麓秦簡和張家山漢簡的記載表明，當時國家對地方長官在任期間有開墾農田的指標。這是對官吏任職的一種考核。睡虎地秦簡《田律》：「雨爲澍（澍），及誘（秀）粟，輒以書言澍（澍）稼、誘（秀）粟及很（墾）田暘毋（無）

〔註46〕 蔣禮鴻：《商君書錐指》，中華書局 1986 年版，第 7 頁。
〔註47〕 蔣禮鴻：《商君書錐指》，中華書局 1986 年版，第 44 頁。
〔註48〕 黎翔鳳：《管子校注》，中華書局 2009 年版，第 447 頁。
〔註49〕 朱漢民、陳松長：《嶽麓書院藏秦簡（壹）》，上海辭書出版社 2010 年版，第 146 頁。
〔註50〕 睡虎地秦簡整理小組：《睡虎地秦墓竹簡》，文物出版社 1990 年版，第 45 頁。
〔註51〕 張家山二四七號漢墓竹簡整理小組：《張家山漢墓竹簡〔二四七號墓〕（釋文修訂本）》，文物出版社 2006 年版，第 42 頁。

稼者頃數。」〔註52〕「狠（墾）田賜毋（無）稼者頃數」是說下雨之後，地方官要及時彙報已開墾卻尚未種莊稼的農田數。這已經在暗示當時轄區內農田數量可能成為地方官政績的一個衡量標準。另外，對於「狠（墾）田少員」也可以理解為，上繳芻稾稅未達到相應標準。睡虎地秦簡《田律》中有：「入頃芻稾，以其受田之數，無狠（墾）不狠，頃入芻三石、稾二石。」〔註53〕也就是說，無論是開墾還是為開墾的土地，都要根據授予個人田地數量，上繳芻稾。「狠（墾）田少員」指的就是那些已開墾土地，但是未按規定上繳芻稾。至於漢初，在張家山漢簡《田律》中就沒有睡虎地秦簡中的要求。

其次，「難開不利」。由於其所處位置特殊，很容易與前一簡「城門不密（閉）」連讀。劉雲先生認為，「『難開不利』，據其語境來看，其主語似當是『城門不密』之『城門』」，「難開不利」可以理解為，城門開闔費勁，不滑利，並且也可以理解為「門戶難開，關會不利」的簡省說法。〔註54〕湯志彪先生則不認同劉先生的觀點，認為，「難（難）」字在此當讀作「壏」，「開」則讀作「墾」。「難開不利」應是對官吏墾田不力的責難。〔註55〕實際上，我們根據整理者所給出的簡文，「難開不利」正處於設施管理和農田管理兩個意群之間。從整個簡文上下的順序來看，筆者更傾向於湯先生的說法，但是這裏的「難開」並不需要重新訓讀。張家山漢簡《田律》：「田不可墾而欲歸，毋受償者，許之。」〔註56〕也就是說，土地不好而不能開墾並要求歸還的，在不要求補償的前提下，是可以允許的。這也與「難開不利」的意思相類。另外，也可以理解為開墾土地不利，與《為吏》中的「狠（墾）田少員」類似。里耶秦簡 8-1519，是一份記載遷陵縣墾田數與田租數的檔案文書。

　　遷陵卅五年，狠（墾）田輿五十二頃九十五畝，稅田□頃□□
　　戶百五十二，租六百七十七石。（率）之畝一石五；
　　戶嬰四石四斗五升，奇不（率）六斗（正）8-1519

〔註52〕睡虎地秦簡整理小組：《睡虎地秦墓竹簡》，文物出版社 1990 年版，第 19 頁。
〔註53〕睡虎地秦簡整理小組：《睡虎地秦墓竹簡》，文物出版社 1990 年版，第 21 頁。
〔註54〕劉雲：《讀嶽麓秦簡〈為吏治官及黔首〉札記二則》，簡帛網 2011 年 4 月 26 日
　　　　http：//www.bsm.org.cn/show_article.php 抬 id=1467。
〔註55〕湯志彪：《嶽麓秦簡拾遺》，簡帛網 2011 年 6 月 15 日
　　　　http：//www.bsm.org.cn/show_article.php 抬 id=1493。
〔註56〕張家山二四七號漢墓竹簡整理小組：《張家山漢墓竹簡〔二四七號墓〕（釋文修訂本）》，文物出版社 2006 年版，第 42 頁。

> 啓田九頃十畝，租九十七石六斗
>
> 都田十七頃五十一畝，租二百冊一石。
>
> 貳田廿六頃卅四畝，租三百卅九石三。
>
> 凡田七十頃卅二畝・租凡九百一十
>
> 六百七十七石　8-1519 背〔註57〕

顯然，這份文書是一份上行文書，主要是將全縣所開墾土地數和應收取田租數上報。其中「啓田」、「都田」、「貳田」分別指的是遷陵縣下屬三鄉，即都鄉、啓陵鄉、貳春鄉。在開墾田的種類上，分爲了「輿田」、「稅田」兩類。這份文書不僅記載遷陵縣對於開墾土地的統計工作，而且正反映了國家對官吏政績的考核。如果應墾數多於上報數字，顯然應當屬於「難開不利」的情況，官吏自然要受到相應處罰。

嶽麓簡《爲吏》中對農田管理有所反映的簡文，主要包括「封畔不正」、「田徑不除」、「田道衝術不除」、「術毂（樹）毋有」等內容。從這些內容來看，國家要求地方官吏，循視農業生產，整治諸如田界、田中道路、溝渠水道等農業的基礎設備，規範正常的農業生產秩序。另外，在睡虎地秦簡、張家山漢簡中發現有《田律》，在青川秦牘中發現有《爲田律》。這些內容均與嶽麓簡《爲吏》中的內容相互比照。這也說明國家已經將農田管理制度化了，對於秦這樣一個以耕戰爲治國核心的國家而言，顯然是十分重要的。在嶽麓簡《爲吏》中，對農田的管理主要包括兩個方面。一是，對農田及農業生產情況定期巡視。《呂氏春秋・季夏》：「樹木方盛，乃命虞人入山行木，毋有斬伐。」高誘注：「行，察也，視山林，禁民不得斬伐。」〔註58〕楊寬先生認爲，「行縣」的「行」與「行木」的「行」意義相同，「是說巡迴視察」。〔註59〕朱紅林師指出：「『行』亦可理解爲，循行、巡視、督察之義，其用法類似於戰國時期的地方巡查制度『行縣』。」〔註60〕根據文獻記載，建立「行田」制度的目的主要有兩點。一是，勸勉農耕，毋失其時，具有監督之意。《呂氏春秋・孟夏》：「是月也，天子始絺。命野虞出行田原，勞農勸民，無或失時；

〔註57〕陳偉主編：《里耶秦簡牘校釋（第一卷）》，武漢大學出版社 2012 年版，第 345～346 頁。

〔註58〕陳奇猷：《呂氏春秋新校釋》，上海古籍出版社 2002 年版，第 315 頁。

〔註59〕楊寬：《戰國秦漢的監察和視察地方制度》，《社會科學戰線》1982 年第 2 期。

〔註60〕朱紅林：《嶽麓秦簡〈爲吏治官及黔首〉分類研究（一）》，《出土文獻與法律史研究（第一輯）》，上海人民出版社 2012 年版，第 82 頁。

命司徒循行縣鄙，命農勉作，無伏於都。」〔註61〕《禮記·月令》中的記載
與此相類。二是，保障農業生產，維護正常秩序，主要側重於農業設施的監
督上。《荀子·王制》：「修堤梁，通溝澮，行水潦，安水臧，以時決塞。」楊
倞注：「行，巡行也。」《管子·山國軌》：「春秋多夏之輕重在上，行田疇，
田中有木者，謂之穀賊。」《二年律令·田律》所說的鄉里官吏要及時主持修
治田間水利及交通設施，就暗示他們有日常巡視之責。睡虎地秦簡《田律》
規定：「雨爲澍（澍），及誘（秀）粟，輒以書言澍（澍）稼、誘（秀）粟及
狠（墾）田暘毋（無）稼者頃數。稼已生後而雨，亦輒言雨少多，所利頃數。
早（旱）及暴風雨、水潦、备（螽）蚰、群它物傷稼者，亦輒言其頃數。」
〔註62〕這些記載表明，當時的地方官吏十分重視轄區內的農業生產，颶風下
雨、水旱蟲災對於農業造成的影響，都要及時彙報，這種督查農業生產的具
體工作都是需要部佐這一類的基層官吏去做的。戰國時期地方官巡視農業生
產的制度，亦見於《周禮·地官·司稼》：「掌巡邦野之稼，而辨穜稑之種，
週知其名與其所宜地，以爲法而縣於邑閭。巡野觀稼，以年之上下出斂法。
掌均萬民之食，而賙其急，而平其興。」〔註63〕司稼巡視各地農業生產狀況
的目的之一，就是確定農業稅收，即所謂的「以年之上下出斂法」。而嶽麓
簡「部佐行田」之下文即爲「度稼得租」，可以與《周禮》相互參照。

二是，農田封疆及道路管理。《史記·商君列傳》：「爲田開阡陌封疆，而
賦稅平。」正義云：「南北曰阡，東西曰陌……疆音疆。封，聚土地；疆，界
也：謂界上封記也。」〔註64〕嶽麓秦簡中有「封畔不正」，嶽麓秦簡整理小組
釋「封畔」爲國界。朱紅林先生指出：「把『封畔』解釋爲『國界』恐怕不合
適。在『封畔不正』的上文有簡0925正（七九正）『田徑不除』及簡1589正
（七八正）『田道衝術不除』，所以『封畔』與『田道』應當是同一類的事物，
即田間疆界而言。」〔註65〕余宗發先生也認爲：「所謂『封』，就是指田地中
的阡陌，百畝田的田界就算是『封』。」〔註66〕比較《商君列傳》來看，「封

〔註61〕陳奇猷：《呂氏春秋新校釋》，上海古籍出版社2002年版，第189頁。
〔註62〕睡虎地秦簡整理小組：《睡虎地秦墓竹簡》，文物出版社1990年版，第19頁。
〔註63〕〔清〕孫詒讓：《周禮正義》，中華書局1987年版，第1236頁。
〔註64〕〔漢〕司馬遷：《史記》，中華書局2013年版，第2232頁。
〔註65〕朱紅林：《嶽麓簡《爲吏治官及黔首》分類研究（一）》，《出土文獻與法律史
　　　　研究（第一輯）》，上海人民出版社2012年版，第80～95頁。
〔註66〕余宗發：《《雲夢秦簡》中思想與制度鉤摭》，文津出版社1993年版，第104
　　　　頁。

畔」與「封疆」沒有本質的區別，指的就是「田界」。田地疆界設置的主要目的就是明確所分田地的區域，如果疆界不明確，就會引起不必要的糾紛，甚至影響國家的賦稅收入。在睡虎地秦簡《法律答問》中就有對「盜徙封」的處罰：

> 「盜徙封，贖耐。」可（何）如爲「封」？「封」即田千佰。
> 項半（畔）封殹（也），且非是？而盜徙之，贖耐，可（何）重也？
> 是，不重。〔註67〕

「盜徙封」就是私自移動了田地的疆界。龍崗秦簡 121 簡也有：「盜徙封，侵食冢廬，贖耐；□□宗廟奕（壖）⊘」〔註68〕由於秦代是國家授田制度，田界是國家所立。張金光先生認爲：「（田界）是秦普遍土地國有制下，國家授田制度中國家土地所有權意志的化身，它的設立、維持與修整皆賴征服以行……國家授田制中，公（官）私之間的矛盾尤爲突出。」〔註69〕言外之意，國家爲了保障土地國有制度，法律嚴令懲戒，目的就是爲了限制土地私有制。朱紅林師則認爲：「其實，私自挪動田界與土地私有制並沒有必然的聯繫。《孟子·滕文公上》說：『夫仁政，必自經界始。經界不正，井地不鈞，穀祿不平。是故暴君污吏必慢其經界。經界既正，分田制祿可坐而定也。』朱熹集注說：『經界，謂治地分田，經畫其溝塗封植之界也。』官吏『慢其經界』，這顯然與私有制沒有關係。另外，在土地國有制下，佔有使用土地的農民爲了個人的收益，而私自挪動田界也不是沒有可能的。」〔註70〕筆者認爲，法律對「盜徙封」的嚴屬懲治，目的主要是爲了維護正常的授田秩序。在授田制下，國家對每戶賦稅的徵收都有嚴格規定，移動田界實際上就違背了國家分田的本質精神。從一定意義上來看，國家分田就是爲了增加賦稅收益，侵佔別人分配土地，自然會造成國家賦稅收益不同程度上的減少，國家爲了保障利益在法律上會嚴屬懲戒那些違規者。

　　國家也會定期對田間道路進行修繕。嶽麓秦簡中有「田道衝術不除」、「田徑不除」等兩條內容。「田道」與「田徑」意思相同指的都是田間道路，與青

〔註67〕睡虎地秦簡整理小組：《睡虎地秦墓竹簡》，文物出版社 1990 年版，第 108 頁。
〔註68〕中國文物研究所、湖北省文物考古研究所編：《龍崗秦簡》，中華書局 2001 年版，第 112 頁。
〔註69〕張金光：《秦制研究》，上海古籍出版社 2004 年版，第 49 頁。
〔註70〕朱紅林：《嶽麓簡《爲吏治官及黔首》分類研究（一）》，《出土文獻與法律史研究（第一輯）》，上海人民出版社 2012 年版，第 80～95 頁。

川木牘中的「千（阡）百（陌）」意同。龍崗秦簡簡 120：「侵食道、千（阡）、
邰（陌），及斬人疇企（畦），貲一甲。」胡平生先生認爲：「道，公用的道路。
阡陌，田間小道。」〔註 71〕「衝術」，則指田間重要道路或交叉處。《墨子·
號令》：「因城中里爲八部，部一吏，吏各從四人，以行衝術及里中。」畢沅
云：「『衝』當爲『嘗』，說文云『通道也。春秋傳曰及嘗以戈擊之』。」〔註 72〕
睡虎地秦簡《法律答問》：「有賊殺傷人衝術，偕旁人不援，百步中比野（野），
當貲二甲。」〔註 73〕所以，「田道衝術不除」、「田徑不除」兩則指的都是官吏
沒有對田間道路進行及時的清理，或者保持暢通。在青川《爲田律》中就有
「及芟千（阡）百（陌）之大草」，「芟」即爲割草之意，可以與嶽麓簡中上
述兩則內容相互比較。〔註 74〕另外，整飭田間道路也有固定的時間，但是均
稍有出入。《呂氏春秋·孟春》：「王布農事：命田舍東郊，皆修封疆，審端
徑術，善相丘陵阪險原隰，土地所宜，五穀所殖，以教道民，必躬親之。」
〔註 75〕其中「皆修封疆」指的就是修繕田界、田道，時間則是在孟春之月。《管
子·四時》：「是故春三月，以甲乙之日發五政……四政，曰端險阻，修封疆，
正千伯。」〔註 76〕規定的時間則更爲詳細，是在春三月的甲乙日，其目的均
是疏通險阻，修繕田封，修正田間道路。青川《爲田律》是在秋八月修路除
草，但是其還規定了特殊情況，即「非除道之時而有陷敗不可行，輒爲之」。
張家山漢簡《田律》則規定「恒以秋七月除千（阡）佰（陌）之大草」，並將
時間固定下來，其特殊情況的規定與《爲田律》相同，但是增加了處罰的內
容。田間道路還會栽種樹木，並水利設施進行修繕。嶽麓簡中有「術尌（樹）
毋有」，整理者注云：「術，道路。銀雀山漢簡《孫臏兵法·擒龐涓》：『齊城、
高唐當術而大敗。』」〔註 77〕黎明釗先生則認爲，「術」是小溝、溝渠。「尌」，
解作樹立、建立，並將全句解釋爲「田間溝渠種樹沒有」。〔註 78〕筆者認爲，

〔註 71〕中國文物研究所、湖北省文物考古研究所編：《龍崗秦簡》，中華書局 2001 年
版，第 111 頁。

〔註 72〕〔清〕孫詒讓：《墨子閒詁》，中華書局 2001 年版，第 590 頁。

〔註 73〕睡虎地秦簡整理小組：《睡虎地秦墓竹簡》，文物出版社 1990 年版，第 117 頁。

〔註 74〕李昭和：《青川出土木牘文字簡考》，《文物》1982 年第 1 期。

〔註 75〕陳奇猷：《呂氏春秋新校釋》，上海古籍出版社 2002 年版，第 2 頁。

〔註 76〕黎翔鳳：《管子校注》，中華書局 2009 年版，第 843 頁。

〔註 77〕朱漢民、陳松長：《嶽麓書院藏秦簡（壹）》，上海辭書出版社 2010 年版，第
143 頁。

〔註 78〕黎明釗：《嶽麓秦簡〈爲吏治官及黔首〉讀記：爲吏之道的文本》，《簡帛研究
二〇一一》，廣西師範大學出版社 2013 年版，第 29～49 頁。

「術」爲道路，整理者解釋無誤。《周禮・秋官・野廬氏》：「比國郊及野之道路、宿息、井、樹。」鄭玄注：「比猶校也。」孫詒讓認爲，樹「兼有表道之事，不徒爲廬舍之蕃蔽也」。〔註79〕顧炎武在《日知錄・官樹》中說：「古人於官道之旁，必皆種樹，以記里至。」〔註80〕實際上，並非主要道路會栽種樹木，在田間道路上也會栽種。嶽麓秦簡中還有「水瀆不通」。黎明釗先生認爲，「瀆」是「溝也」，而「溝」是「水瀆，廣四尺、深四尺」。全句可解釋爲「水渠不通」。〔註81〕睡虎地秦簡《爲吏之道》有「千（阡）佰（陌）津橋」、「溝渠水道」。青川《爲田律》則有：「十月，爲橋，修波（陂）堤，利津梁，鮮草離。」張家山漢簡《二年律令・田律》：「九月大除道□阪險；十月爲橋，修波（陂）堤，利津梁。」從這兩條簡文來看，都強調了對農田水利設施及田間交通的及時整治和修繕。

第二節　倉庫、物品管理制度

倉、庫雖然連稱，但就其所藏物品而言，倉與庫還是有所區別的，倉主要貯藏禾粟，而庫主要收藏兵用器械。《墨子・七患》：「故倉無備粟，不可以待凶饑。庫無備兵，雖有義不能征無義。」〔註82〕《韓非子・十過》：「城郭不治，倉無積粟，府無儲錢，庫無甲兵，邑無守具。」〔註83〕顯然，這裏的倉沒有粟米、庫沒有甲兵都是戰爭失敗的徵兆，而倉、庫、府三者的功用都是不同的，《韓非子》中稱之爲「五官之藏」。睡虎地秦簡《吏道》中也有「倉庫禾粟，兵甲工用」的記載，嶽麓簡《爲吏》中亦有「庫臧（藏）羽革」。顯然，戰國時期倉、府、庫三者已有分工，所藏物品均不相同。這一點在新出的里耶秦簡中也可以得到證實，例如5-1是一份倉守陽下發沿道各縣倉，爲獄佐辨、平、士吏賀提供糧食的公文。這份公文很明顯的說明，倉的職責就是管理糧食的出入。而8-752就有「☑□枲覃一竹蘭一凡百八　卅二年□月壬辰庫武佐橫」的記載，也正說明庫是針對兵用器物進行管理的機構。〔註84〕銀

〔註79〕〔清〕孫詒讓：《周禮正義》，中華書局1987年版，第2894頁。
〔註80〕〔清〕顧炎武：《日知錄集釋》，上海古籍出版社2006年版，第718頁。
〔註81〕黎明釗：《嶽麓秦簡〈爲吏治官及黔首〉讀記：爲吏之道的文本》，《簡帛研究二〇一一》，廣西師範大學出版社2013年版，第29～49頁。
〔註82〕〔清〕孫詒讓：《墨子閒詁》，中華書局2001年版，第29頁。
〔註83〕〔清〕王先愼：《韓非子集解》，中華書局1988年版，第67頁。
〔註84〕所引述里耶秦簡內容可參看，陳偉先生主編《里耶秦簡牘校釋（第一卷）》，武漢大學出版社2012年版。

雀山漢簡《守法守令十三篇・庫法》是一篇「記述庫藏『守禦之具』與『田艾諸器』的法令」。〔註85〕劉海年先生也認爲：「《庫法》是關於兵器和農具製造、儲藏、保管的規定。」〔註86〕不過，楊善群先生則提出，銀雀山漢簡中《守法守令十三篇》爲「戰國時期稷下學者的論文匯編」，並認爲《守法》等篇是有關某一方面內容的專題論文，《庫法》則「講的都是庫器保管的注意事項，而不是庫房的法律」。〔註87〕就《庫法》的文獻性質而言，筆者更傾向於「論文」說。楊先生認爲，在《庫法》的內容中記載了庫的管理要求，只具有勸誡性質，並沒有懲處的辦法。同時，我們比較睡虎地秦簡《語書》中的「課吏令」，也會發現同樣的現象，與睡虎地秦簡《倉律》中有關倉管理措施比較之後，我們發現倉與庫只是在所藏物品上有所區別，但在管理制度上並無太大差異。

一、糧倉的封堤管理

糧食出入倉時封堤不能隨意毀壞。嶽麓秦簡《爲吏》中有「封閉毋墮」。整理小組注云：「封閉，以印記封緘關閉，使不能隨便動用、通行或打開。」〔註88〕在糧倉管理中，封堤不善的情況主要有兩種，一是倉門封閉時不符合規定，缺少某些程序。睡虎地秦簡《倉律》規定：「入禾倉，萬石一積而比黎之爲戶。縣嗇夫若丞及倉、鄉相雜以印之，而遣倉嗇夫及離邑倉佐主稟者各一戶以氣（餼），自封印。」〔註89〕也就是說，倉的封閉是在稱量數量符合後，需要縣嗇夫、倉嗇夫等多人在場的情況下，對倉門進行「雜封之」，但是仍然需要給倉嗇夫或離邑倉佐主留下一處倉門，這處倉門是需要經常開啓，以便糧食進出，因此只需「自封印」便可。如果官吏忽於職守，沒有按照上述規定程序進行，就會受到相應懲罰。二是，倉門開啓時不按照相應程序開啓，隨意毀壞、篡改封堤，或僞造印信進行封印。《倉律》中規定「皆輒出，餘之索而更爲發戶」就是說只有一倉內的糧食發放完畢後，才可更改糧倉。如果官吏沒有按照規定，隨意破壞封緘，並開啓倉門，這也是不允許的。張家山

〔註85〕吳九龍：《銀雀山漢簡齊國法律考析》，《史學集刊》1984 年第 4 期。

〔註86〕劉海年：《戰國秦代法制管窺》，法律出版社 2006 年版，第 28 頁。

〔註87〕楊善群：《戰國時期齊稷下學者的論文匯編——銀雀山竹書〈守法〉等十三篇辨析》，《史林》2010 年第 1 期。

〔註88〕朱漢民、陳松長：《嶽麓書院藏秦簡（壹）》，上海辭書出版社 2010 年版，第 146 頁。

〔註89〕睡虎地秦簡整理小組：《睡虎地秦墓竹簡》，文物出版社 1990 年，第 25 頁。

漢簡《奏讞書》中就有，醴陽縣令恢夥同從史石盜公米案。這是一則官吏監守自盜的案例，恢以其自己權力，盜得官米二百六十三石八斗。顯然，恢沒有按照糧倉管理規定，或私自開倉，或在出米時扣下相應米數。李學勤先生認爲，「這件盜賣公米的案子，是有其特定歷史背景的。」〔註 90〕但是，仍不可否認的是，恢一定毀壞了「封」或改變了糧倉的「堤」的記載內容，否則其盜米事蹟便不能被發現。另外，官吏也可能會僞造印信，對糧倉進行封緘，這種情況或可稱之爲「盜封」。睡虎地秦簡《法律答問》：「盜封嗇夫可（何）論？廷行事以僞寫印。」〔註 91〕這種行爲，根據秦律記載需要按照僞造璽印罪進行處罰。

糧倉的「封」與「堤」是兩種不同制度。蔡萬進先生指出，「所謂『封』，就是指璽印封緘倉門」〔註 92〕，這一點並無疑義。「至於『堤』，從秦簡及漢代出土的帶字陶倉實物看，它至少包含兩項內容：一是倉內儲藏糧食的名稱；一是倉內儲藏糧食的數量。」〔註 93〕李孝林先生卻認爲：「堤（題識）的內容是倉庫存糧數量及有關人員的簽字。如：『某廥禾若干石，倉嗇夫某，佐某，史某。』類似於當代的保管卡片。」〔註 94〕在里耶秦簡中，我們找到了李先生所說的那種「堤」，例如 8-1739「徑廥粟米二石。卅一年十月乙酉，倉守妃、佐富、稟」，8-1545「丙廥粟粟二石令史扁視平　卅一年十月乙酉，倉守妃、佐富、稟人援出稟屯戍士五屛陵咸陽敝臣富手」。〔註 95〕但是，這些都是糧食出稟時的記錄，並沒有反映倉內的糧食狀況，更何況《倉律》中規定「積」的單位是萬石。只有這樣的積「雜封」之後不能開啓，核驗的時候只需核驗「雜封」和「堤」。秦律中規定，「程禾、黍□□□□以書言年，別其數以稟人」、「計禾，別黃、白、青。秏勿以稟人」。〔註 96〕也就是說，計算和稱量糧食的時候，需要記錄糧食所產年份和種類。「以書言年」，睡虎地秦簡整理小組譯爲「以文書報告期產年」。筆者認爲，記錄產年不僅要記錄在文書上，在倉堤上也需要有所記錄，以便日後核驗，並且要分辨數量。另外，上述簡文中所

〔註 90〕李學勤：《張家山漢簡《奏讞書》解說（上）》，《文物》1993 年第 8 期。
〔註 91〕睡虎地秦簡整理小組：《睡虎地秦墓竹簡》，文物出版社 1990 年版，第 106 頁。
〔註 92〕蔡萬進：《秦國糧食經濟研究》，內蒙古人民出版社 1996 年版，第 39 頁。
〔註 93〕蔡萬進：《秦國糧食經濟研究》，內蒙古人民出版社 1996 年版，第 41 頁。
〔註 94〕李孝林：《從雲夢秦簡看秦朝的會計管理》，《江漢考古》1984 年第 3 期。
〔註 95〕陳偉主編：《里耶秦簡牘校釋（第一卷）》，武漢大學出版社 2012 年版。
〔註 96〕蔡萬進：《秦國糧食經濟研究》，內蒙古人民出版社 1996 年版，第 28 頁。

說的分辨糧食種類，很有可能也在倉堤上有所反映。所以，「堤」只能如蔡萬進先生所說，記錄倉內物品種類、數量、產年，並懸於倉門。嶽麓簡《爲吏》中所說的「封閉」可能就是這類東西。

二、糧倉的監管、核驗

糧食出入有具體的管理機構，並且監管較爲嚴格。嶽麓秦簡中有「實官出入」。實官，整理小組注云：「實官，儲藏糧食的官府，數見於睡虎地秦簡」。蔡萬進先生認爲：「在內史機構之下，設置於各縣的糧食行政管理部門是『實官』。」另外，蔡先生進一步認爲，「『實官』作爲各縣管理糧食的機構，在工作上它要接受縣廷的管理監管」。〔註97〕實際上，從睡虎地秦簡的簡文中來看，「實官」可能指的是糧倉，像「實官戶關不致，容指若扶，廷行事貲一甲」、「實官戶扇不致，禾稼能出，廷行事貲一甲」等等。所以，「實官出入」、「積索（索）求監」亦可以理解爲，糧倉糧食的出入需要進行監管。對於糧食出入的監管，在上一節中我們提到了糧倉的「封堤」制度。不過，秦代亦有更爲嚴格的備案制度，這在睡虎地秦簡《效律》中就有記載，「入禾，萬石一積而比黎之爲戶，及籍之曰：『某廥禾若干石，倉嗇夫某、佐某、史某、稟人某』」。〔註98〕在這份備案內容中，不僅需要記錄倉稟糧食的數量，而且需要將參與此事的官吏一一記錄在案。這在里耶秦簡中發現與此記載類似的實際官署檔案，例如：

> 粟米一石二斗半斗，卅一年三月丙寅，倉武、佐敬、稟人援出稟大隸妾□。
>
> 令史尚監。8-760
>
> 徑廥粟米一石二斗半斗。卅一年二月辛卯，倉守武、史感、稟人堂出令史狟視平。8-800〔註99〕

以上檔案大體與《效律》中的記載相類，但是有一點值得注意，就是每份文檔都有縣令史進行核驗，其形式主要有兩種，一是監，另一種是視平。「監」主要指的是當場監驗，也就是說第一條引文中的糧食出倉，是多人在場開倉出稟，並且由令史尚當場檢查核驗，並在文書上做好記錄。「視平」，《校釋》

〔註97〕蔡萬進：《秦國糧食經濟研究》，內蒙古人民出版社1996，第50頁。

〔註98〕睡虎地秦簡整理小組：《睡虎地秦墓竹簡》，文物出版社1990年版，第73頁。

〔註99〕陳偉主編：《里耶秦簡牘校釋（第一卷）》，武漢大學出版社2012年版，第218、229頁。

認爲：「或省作『視』，或省作『平』，同樣場合有時也用『監』字，疑『視』或『視平』與『監』含義類似，指督看，以保證公平」。〔註100〕不過，筆者認爲，「視平」指的當是物品出倉後，文書上報令史。令史根據實際情況，核驗後所做的文書記錄，類似於今天的「簽字」或「蓋章」，也就是說令史並未親自到場。由此看來，糧食出倉在文書上必須有三人的名字，並且出倉文書還要上報縣廷，主管令史會根據倉出廩的實際情況，進行核驗。這不僅體現了倉廩監管的嚴苛，同時也需要官吏時刻注意，所以在《爲吏》中自然就有，「監視毋輸（偷）」這樣的話語出現，並且還進一步指出「當監者，毋獨出，勿敢度」。「度」即稱量，睡虎地秦簡《田律》：「入芻稾，相輸度，可殹（也）。」睡虎地秦簡整理小組注云：「度，稱量」。〔註101〕在睡虎地秦簡的《倉律》中，「度」與「縣」連用，也都表示稱量的意思。所以，《爲吏》中的話可以這樣理解，監察倉出入糧食，不要獨自開倉，獨自稱量，這也都是官吏在工作的過程中，所要必須注意的事項。

糧倉的核驗是官吏考核的一項重要標準。嶽麓秦簡中有「積索（索）求監」一句，蔡萬進先生認爲，秦國糧倉核驗制度主要在兩種情況下使用，一是主管糧倉的人員調任或免職，另一種是參與糧食入倉、出倉、增積人員變動。〔註102〕但是，筆者認爲後一種情況有待商榷。對於官吏調任進行核查的情況，睡虎地秦簡《倉律》、《效律》均有規定，在官吏調任或免職的時，必須對倉封進行核驗，即「實官佐、史柀免徙，官嗇夫必與去者效代者」。〔註103〕核驗人員根據文書記錄的內容，如果是雜封的倉，就不必進行稱量，並對照倉上的「堤」，重新進行雜封。只有那些離任官吏自己封印的倉，才需要重新稱量並進行檢查。核驗主要有兩種情況，一種是官吏離任由原官吏與新官吏進行核驗，另外一種是原官吏離任，未向新官吏交待，未滿一年查驗不符的，由原官吏賠償。滿一年的，就有新任官吏賠償。不過，上述無論哪種情況，只要出現稱量數與記錄不符的都需要進行賠償，即「效案官及縣料而不備者，負之」。〔註104〕對於蔡先生所說的「參與出入倉人員變動，並進行核驗」的情

〔註100〕陳偉主編：《里耶秦簡牘校釋（第一卷）》，武漢大學出版社2012年版，第40頁。
〔註101〕睡虎地秦簡整理小組：《睡虎地秦墓竹簡》，文物出版社1990年，第21頁。
〔註102〕蔡萬進：《秦國糧食經濟研究》，內蒙古人民出版社1996年版，第44～45頁。
〔註103〕蔡萬進：《秦國糧食經濟研究》，內蒙古人民出版社1996年版，第57頁。
〔註104〕張家山二四七號漢墓竹簡整理小組：《張家山漢墓竹簡〔二四七號墓〕（釋文修訂本）》，文物出版社2006年版，第56頁。

況，睡虎地秦簡《倉律》：「出禾，非入者是出之，令度之，度當堤之，令出之。雜出禾者勿更」。〔註105〕蔡先生釋爲，出倉人員中途有變，後來參與出倉的人員需要進行核驗。但是，筆者認爲，簡文中所說的「出禾，非入者是出之」指的是出糧食時，出糧的人與倉封上記錄不符的情況下，糧食需要才重新核驗。但是，多人參與出倉的就不需要核驗。顯然，並非臨時更換人員之意。由此看來，國家對糧倉封堤的核驗，是對國家戰略物資進行有效管理的一項重要措施。同時，將其與人事制度相聯繫，也可以防止官吏在管理過程中，徇私舞弊現象的出現，杜絕了國家戰略物資的流失。

三、庫藏物品的管理

至於庫中物資出入的管理，在睡虎地秦簡《吏道》中基本沒有記載，《爲吏》中的記載也比較少，像「工用必審」、「庫藏羽革」等等。實際上，上文中所述有關倉糧食出入管理的規定，在庫管理中大部分仍然適用。不過，在戰國時期，庫的管理仍有其特殊性。銀雀山漢簡《庫法》中規定了庫藏器物都需要測驗品質，即「諸庫器善否美惡及谷（角）試」。「角試」，銀雀山漢簡整理小組注云：「簡文作『谷試』，『角』、『谷』二字音近相通。《管子·幼官》亦有與此數句相似之文字，作「求天下之精材，論百工之銳器。器成角試否臧（疑本作『器成角試，不試不臧』）。收天下之豪傑，有天下之稱材」。〔註106〕也就是說，收藏入庫的器物都需要進行查驗，如果出現不合格產品，是不允許入庫。另外，這也與官吏職責有關，銀雀山漢簡《庫法》：「器成必試乃藏。試器固有法，邑嗇夫與兵官之吏嗇夫、庫上、庫吏〔□□□〕善時爲之，固有歲課，吏嗇夫與爲者有重任。」〔註107〕「固有歲課」，吳九龍先生認爲：「檢驗器物需會同有關吏員，共同驗視的法令。並且，每年有考核，吏嗇夫等吏員有重大責任。」〔註108〕國家會對官吏管理庫及庫中所藏物品情況進行考核，這與睡虎地秦簡《效律》中的規定類似。「爲都官及縣效律：其有贏、不備，物直（值）之，以其賈（價）多者罪之，勿贏（累）。」〔註109〕

〔註105〕睡虎地秦簡整理小組：《睡虎地秦墓竹簡》，文物出版社1990年版，第25頁。
〔註106〕銀雀山漢簡整理小組：《銀雀山漢墓竹簡（壹）》，文物出版社1985年版，第138頁。
〔註107〕銀雀山漢簡整理小組：《銀雀山漢墓竹簡（壹）》，文物出版社1985年版，第134頁。
〔註108〕吳九龍：《銀雀山漢簡齊國法律考析》，《史學集刊》1984年第4期。
〔註109〕睡虎地秦簡整理小組：《睡虎地秦墓竹簡》，文物出版社1990年版，第69頁。

《效律》：「官府藏皮革，數風之。有蠹突者，貲官嗇夫一甲。」由此看來，物品入庫儲藏不僅在品質上有相應的要求，在數量上也需要符合簡冊上的記錄，如果器物出現損失，也需要主管官吏及其附屬官吏一同賠償，即「官嗇夫、冗吏皆共賞（償）不備之貨而入贏」。〔註110〕在嶽麓秦簡（三）「暨過誤失坐官案」中，暨由於自己的過失，在爲吏過程中犯了八項錯誤，其中「與從事廿一年庫計，劾繆（謬）弩百」的一項，就是在統計二十一年庫中所藏物品時，核算錯了弓弩的數量，暨因此而受到了懲罰，所以《爲吏》告誡負責的官吏在從事核對事務的時候，需要小心謹愼不能出錯。官吏對於庫藏的數量也需要進行查驗、上報。里耶秦簡中就這樣的庫藏記錄：

遷陵巳計卅四年餘見弩臂百六十九

・凡百六十九

出弩臂四輸益陽

出弩臂三輸臨沅

・凡出七

今八月見弩臂百六十二【8-151】〔註111〕

從上述的記錄來看，輸送的均爲「弩臂」也就是弩的零部件，記錄輸送明細的時候都要有原先庫藏總數，和輸出之後的庫藏總數。在當時看來，庫藏文書記載的是如此詳細，正體現出了庫藏制度的嚴格。同時，《爲吏》要求官吏在收藏物品的時候需要「工用必審」，也就是說在入藏及取用的時候都要進行核驗，這也是官吏所必須注意的管理事項。庫除了儲藏軍事器物之外，還收藏農具等其他器物，「……三□田刈諸器，非甲戟矢弩及兵韋鞻之事，及它物雖非守禦之具也，然而庫之所爲也，必……」，這也說明庫中所藏物品，無論種類都需要按照貯藏規則進行，「三□田刈諸器」顯然指就是農業用具。在里耶秦簡的記載中，庫也有收藏其他物品的例證，像 8-854、8-907+923+1422

卅五年六月戊午朔己巳，庫建、佐般出賣【祠】☒

（率）之，斗二錢☒

卅五年六月戊午朔乙巳，庫建、佐般出賣祠餘徹酒二斗八陞於□☒

（率）之，斗二錢，令史監。☒

〔註110〕睡虎地秦簡整理小組：《睡虎地秦墓竹簡》，文物出版社 1990 年版，第 69 頁。
〔註111〕陳偉主編：《里耶秦簡牘校釋（第一卷）》，武漢大學出版社 2012 年版，第 91～92 頁。

銀雀山漢簡《庫法》中還規定了標準器物的製作與儲藏，即「……□所以□邑恒器者，必善封璽之以嗇夫之璽。」恒器，即製造器物所需要參造的器物。睡虎地秦簡《工律》還對製造器物規定了標準，即「爲器同物者，其小大、短長、廣亦必等」。〔註112〕

　　由此看來，秦代對倉庫管理極爲嚴格。戰國時期，《管子・牧民》：「凡有地牧民者，務在四時，守在倉廩。」蔡萬進先生指出，「秦國存在著一系列嚴格而具體的糧倉儲藏管理制度」，主要包括封堤制度、會籍制度、核驗制度、負償制度、宿衛制度等方面。〔註113〕由於記載有限，秦簡中對庫管理相關制度少有提及，僅在睡虎地秦簡《吏道》中有幾則內容。不過，嶽麓秦簡《爲吏》中有部分內容，也反映了秦代有關倉庫管理制度，記述形式卻較爲零散，文辭語句簡潔，並且聯繫性也不是很強。但是，這並不妨礙其在倉庫管理制度研究方面，所起到的重要作用，其中不僅包含了有關倉庫封堤管理、所藏物品的出入和日常維護等內容。另外，《爲吏》作爲一篇「訓吏教材」，其中所記載的內容必須要有相應的指導作用，官吏會根據簡文中的記載判定自己行爲善惡，並提高警惕

四、損壞、丟失賠償制度

　　秦代國家對官府擁有物品的管理十分嚴格，尤其是對戰爭物品和手工業工具的管理，有的都需要登記造冊，以防止國家物資的流失。嶽麓簡《爲吏》作爲一份訓吏教材，也將國家器物管理方面的內容列入其中，以備官吏學習並爲日常使用打下基礎。《爲吏》中有「擅叚縣官器」、「畜馬牛羊」、「亡器齊（齎）賞（償）」等等這樣的內容。官吏沒有經過許可的情況下，而私自借出國有器物的行爲，在秦律中是被明令禁止的。縣官器，又稱「公器」，即泛指一切國有器物或者物品。睡虎地秦簡《秦律十八種・工律》：「毋擅叚（假）公器，者（諸）叚（假）公器者有罪，毀傷公器及□者令賞（償）。」睡虎地整理小組譯曰：「不得擅自借用官有器物，凡擅借官有器物的有罪，毀損官有器物的和……的令之賠償。」〔註114〕「擅假」即未經許可私自將國家器物借走，在睡虎地秦律中將擅自假與的行爲也定爲有罪，官吏會受到相應的責罰。

〔註112〕睡虎地秦簡整理小組：《睡虎地秦墓竹簡》，文物出版社1990年版，第43頁。
〔註113〕蔡萬進：《雲夢秦簡中所見秦的糧倉管理制度》，《華北水利水電學院學報（社科版）》1999年第4期。
〔註114〕睡虎地秦簡整理小組：《睡虎地秦墓竹簡》，文物出版社1991年版，第45頁。

另外「擅假縣官器」也可理解為，在沒辦理任何文書手續、並被主官吏允許的情況下，而將國有器物私自給予他人使用。這種物品交接的文書，在里耶秦簡中可以找的到。

> 　　【八】年三月庚子朔丙寅，廄守信成敢言之：前日言啓陽丞歐
> 叚（假）啓陽傳車乘及具徒【洞庭郡，未智（知）署縣。寫校券一
> 牒，校□□□上，謁□洞庭】8-677 祛手。8-677 背〔註115〕

這是一封廄守信成為解釋借出傳車情況的回執文書，主要是向洞庭郡長官說明情況。文書中說啓陽縣丞歐借走了一輛啓陽縣的驛站用車，而此車在過遷陵縣境內的時候在通關文書上沒有寫清相應情況，即「未智（知）署縣」，而上校券一牒來說明借車的情況，證明此車確實為借用官府物品。由此看來，秦代國家對官府器物的管理十分嚴格，借走車輛也需要有相應手續來證明，這份文書很有可能是在洞庭郡追問下而開具的證明文書。如果官吏沒有此份證明文書，是需要按照擅自借官有器物的罪行而論罪，甚至可能會被罰款賠償。在秦律中規定國有器物都需要有標識。睡虎地秦簡《工律》：「公器官□久。不可久者，以久之。」「久」為在器物上刻標誌，不能刻上標誌的就用漆將標誌寫在上面。睡虎地秦簡《吏道》中有「久刻職（識）物」一語，說的可能與這項制度有關。〔註116〕在秦律中規定，國家借給百姓器物之前都需要驗看器物上的標誌，歸還器物時也需要對器物上的標誌進行核對。「擅假縣官器」也就是將這種帶有標識的器物私自借走，或者私自將這類標記破壞，如果國家在收繳這些器物的時候，發現標記消失或者標記為私人標記的，都需要沒收入公，並且需要按價賠償器物。官吏還有告知百姓器物標識的情況和收繳公器的義務。睡虎地秦簡《工律》：「敝而糞者，靡其久。官輒告叚（假）器者曰：器敝久恐靡者，沓其未靡，謁更其久。其久靡不可智（知）者，令齎賞（償）。叚（假）器者，其事已及免，官輒收其叚（假），弗亟收者有罪。」〔註117〕「敝而糞者，靡其久」說的就是將官府器物破舊記號已經磨損不可識，

〔註115〕陳偉主編：《里耶秦簡牘校釋（第一卷）》，武漢大學出版社 2012 年版。

〔註116〕王三峽先生指出：「公家器物作標記的方法主要有三種：一是刻，在金屬器物上作標記，二是久，多在木器上或活動器物上，烙鐵火印；三為以『丹』或『漆』書之，用於不宜『久』或『刻』的器物上。上引《秦律十八種》的後四處單用的「久」，就是標記的意思，包括了上述三種方式的標記。」（《秦簡「久刻職物」相關文字的解讀》，《江漢考古》2006 年第 1 期）

〔註117〕睡虎地秦簡整理小組：《睡虎地秦墓竹簡》，文物出版社 1990 年版，第 45 頁。

官吏需要告知所借器物的人標記的情況，並且在標記沒有磨滅的情況下更換它，如果沒有及時更換的，就需要借器物者賠償了。器物也需要及時收繳，如果官吏在百姓使用完器物後而沒有及時收繳，官吏也需要受到相應懲罰。

丟失、損壞的官有器物需要按價進行賠償，如果未按時賠償官吏需要進行債務追討，不盡責追討的則需要代為償還債務。《為吏》中有「亡器齊（齎）賞（償）」一語。齎償，整理者注云：「齎償，以錢財賠償。睡虎地秦簡《秦律十八種‧工律》『其久靡不可智（知）者，令齎賞（償）。』」〔註118〕丟失的器物需要按照器物的價格進行賠償，並且官吏需要及時的向丟失器物者追討債務。睡虎地秦簡《金布律》：「百姓叚（假）公器及有責未賞（償），其日以收責之。」百姓已經借器物的，官吏需要在到期的時間追討器物，沒有及時償還或者借物者死亡的，就需要管理的官吏代為償還。里耶秦簡中還有官吏詢問徒隸丟失器物，如何處罰的文書。

敬問之：吏令徒守器而亡之，徒當獨負。‧日足以責，吏弗責，負者死亡，吏代償。8-644 徒守者往戍可（何）？敬訊而負之，可不可？其律令云何？謁報。8-644 背〔註119〕

此文書是官吏敬向其他官吏或者上級機構詢問的一份文書，也可能是一份私人文書。守器，《校釋》云：「管理公器」。這裏涉及到了器物丟失而需要賠償的問題，文書中所詢問的情況與睡虎地秦簡《金布律》中的一條大致相當。徒隸由於自己的失誤而造成物品的丟失，按照法律規定需要由徒隸自己負擔償還，由於官吏失職沒有按照規定時間收取債務，應當承擔債務的人卻死亡了，官吏需要代為償還。敬詢問在此情況下是否可以將過失官吏發往戍邊，還是由敬替代償還。這裏《校釋》認為「往戍可」應通假為「往戍何」，筆者認為釋為「可」為當，不應通假。敬詢問的情況是將過失官吏送往戍邊可不可以，也就是睡虎地秦簡《金布律》中所規定的「其免也，令以律居之」，償還官吏一定是沒有能力負擔債務，而不得不居作官府，因此這裏不應該為通假關係。所以，秦代國家對物資控制十分嚴格，對官府所藏物品都要按照數量進行核算統計，假與民眾的器物都要及時歸還，丟失毀亡的器物都需要追討賠償，官吏在其中負有很大的管理責任，沒有盡責追討債務的，官吏就需

〔註118〕朱漢民、陳松長主編：《嶽麓書院藏秦簡（壹）》，上海辭書出版社 2010 年版，第 146 頁。
〔註119〕陳偉主編：《里耶秦簡牘校釋（第一卷）》，武漢大學出版社 2012 年版，第 188 頁。

要進行替代償還，這樣債務就會發生轉移，會造成官吏的債務逐漸累積。對於那些無力償還債務的官吏而言，如果仍然在任就會被降低秩級和減少月食，免除職務的官吏就會被官府抓去居作抵債。睡虎地秦簡《金布律》：「官嗇夫免，復爲嗇夫，而坐其故官以貲賞（償）及有它責（債），貧竆毋（無）以賞（償）者，稍減其秩、月食以賞（償）之，弗得居；其免（也），令以律居之。」〔註120〕這些都是官吏在日常管理工作中，儘量需要避免的內容，嶽麓簡《爲吏》中才會有「貲責（債）不收」這樣的告誡語言。

第三節　人口管理制度

秦漢人口管理極爲嚴格，並建立了較爲完備的戶籍體系。國家的授田制度所實施的範圍主要是已登記在冊的人口。並且，秦商鞅變法的首要措施，便是確立戶籍制度。「令民爲什伍」，實行連坐法，並行分戶制度，即「民有二男以上不分具者，倍其賦」，以增加賦稅來源。〔註121〕自此，戶籍制度在秦國境內廣泛實行，《商君書·境內》：「四境之內，丈夫女子皆有名於上，生者著，死者削」。〔註122〕所以說，在秦漢時期，戶籍制度伴隨人的一生，出生時上報名籍，成年時間需要登記傅籍，向國家繳納稅賦、服行徭役，國家也會依照戶籍登記人口，進行土地分配，死時才可削籍。因此，脫離戶籍就意味著喪失一切所能享有的權利，同時也不用履行其所要擔負的義務。嶽麓簡《爲吏》作爲一份教育官吏的教本，在逃亡人口範圍、犯罪類型、負責官吏、工作原則等方面均會有所體現。

一、防止人口逃亡

在秦漢簡牘中，將那些脫逃戶籍或私自出走的人，則稱之爲「亡命」或「亡人」，這類人實際上直接或間接的脫離了戶籍管理。嶽麓秦簡《爲吏》中有「群盜亡人不得」。整理小組注：「亡人，逃亡者、流亡者」。〔註123〕其中這裏需要注意「亡命」與「亡人」的關係。張金光先生認爲：「在秦凡屬非正常

〔註120〕睡虎地秦簡整理小組：《睡虎地秦墓竹簡》，文物出版社 1990 年版，第 39～40 頁。
〔註121〕〔漢〕司馬遷：《史記》，中華書局 2013 年版，第 2230 頁。
〔註122〕蔣禮鴻：《商君書錐指》，中華書局 2013 年版，第 114 頁。
〔註123〕朱漢民、陳松長：《嶽麓書院藏秦簡（壹）》，上海辭書出版社 2010 年版，第 119 頁。

出走皆謂之『亡』，『亡』的原因與類型不一……凡屬非正常離土出走，皆謂之『亡』。」〔註124〕「亡命」則為脫逃名籍，睡虎地秦簡《封診式》「□捕」條，「爰書：男子甲縛詣男子丙，辭曰：『甲故士五（伍），居某里，乃四月中盜牛，去亡以命。丙坐賦人口命。自晝甲見丙陰市庸中，而捕以來自出。甲毋（無）它坐。』」〔註125〕這裏的「去亡以命」指的就是那些脫逃戶籍的人，從某種意義上說，「亡人」包含了那些「亡命」者。在秦漢簡的記載中，「亡人」還包括：刑徒逃亡，像「鬼薪亡」、「隸臣妾繫城旦舂，去亡」、「隸臣將城旦，亡之，完不城旦」等等；庶民逃亡，如「有秩吏捕闌亡者」、「逋事」、「乏繇（徭）」等等；奴婢逃亡，例如「奴婢亡，自歸主」、「亡、不仁其主及官者」等等。

秦漢時期，「亡人」的出現不僅導致勞動力的大量流失，而且破壞了正常的管理秩序，同時他們居無定所，具有很大的流動性。這些「亡人」大多數為普通民眾或者是刑徒，並會成為流民，有些為了生存而被雇主雇傭，稱為「流庸」。嶽麓簡《為吏》中有「流【庸】」的記載。《漢書·昭帝紀》：「比歲不登，民匱於食，流庸未盡還。」顏師古注：「流庸，謂去其本鄉而行，為人庸作。」〔註126〕所以，「流庸」指的就是那些遠離本鄉，而被別人雇傭耕作的人。實際上，這些人也脫離了原有的戶籍管理秩序。依據《史記·陳涉世家》記載，陳勝就曾為人「傭耕」過。〔註127〕而有些流亡山林，轉換為盜賊。《漢書·食貨志》中有：「（秦時）重以貪暴之吏，刑戮妄加，民愁亡聊，亡逃山林，轉為盜賊，褚衣半道，斷獄歲以千萬數。」〔註128〕有的則聚集為「群盜」，與官府相抗衡。秦律中對「群盜」範圍有嚴格規定，即五人及五人以上。睡虎地秦簡《封診式》中就有一條記載「群盜」與官府抓捕人員對抗的例子：

> 群盜　爰書：某亭校長甲、求盜才（在）某里曰乙、丙縛詣男子丁，斬首一，矤弩二、矢廿，告曰：「丁與此首人強攻群盜人，自晝甲將乙等徼循到某山，見丁與此首人而捕之。此弩矢丁及首人弩矢殹（也）。首人以此弩矢□□□□□□乙，而以劍伐其首，山儉（險）

〔註124〕張金光：《秦制研究》，上海古籍出版社 2004 年版，第 262 頁。
〔註125〕睡虎地秦簡整理小組：《睡虎地秦墓竹簡》，文物出版社 1990 年版，第 150 頁。
〔註126〕〔漢〕班固：《漢書》，中華書局 1962 年版，第 221 頁。
〔註127〕〔漢〕司馬遷：《史記》，中華書局 2013 年版，第 1949 頁。
〔註128〕〔漢〕班固：《漢書》，中華書局 1962 年版，第 435 頁。

不能出自山中。」訊丁，辭曰：「士五（伍），居某里。此首某里士
五（伍）己、庚、辛，強攻群盜某里公士某室，盜錢萬，去亡。己
等已前得，丁與戊去亡，流行毋（無）所主舍。自畫居某山，甲等
而捕丁戊，戊射乙，而伐殺收首。皆毋（無）它坐罪。」診首毋診
身可殹（也）。〔註129〕

依照簡文，校長甲率領求盜乙、丙，抓捕了男子丁並斬殺一人，帶回首級，
而男子丁則與同里己、庚、辛結夥盜錢，而逃亡，並且居無定所，後在險山
中與抓捕人員相遇，並被逮捕。「丁與戊去亡，流行毋（無）所主舍」中的「去
亡」、「流行」，顯然就是因爲偷盜錢財而逃亡，具有「亡人」的特徵。正如張
功先生所說：「秦漢時期多『盜』，盜與逃亡緊密聯繫在一起的，《漢書·惠帝
紀》注中有『盜者逃也』的說法。」〔註130〕所以，嶽麓簡《爲吏》將「群盜」、
「亡人」並列稱呼，也正說明了兩者之間的關聯性。這兩類人都違反了戶籍
制度，依照秦律都會遭到嚴重的處罰。睡虎地秦簡《法律答問》：「『將司人而
亡，能自捕及親所智（知）爲捕，除毋（無）罪；已刑者處隱官。』可（何）
罪得『處隱官』？群盜廢爲庶人，將盜戒（械）囚刑罪以上，亡，以故論，斬
左止爲城旦，後自捕所亡，是謂『處隱官』。它罪比群盜者皆如此。」〔註131〕
也就是說「群盜廢」因爲「攻盜」罪而被判處「斬左止爲城旦」的刑罰，隨
後逃亡並自歸，根據原先的處罰，附加處以「隱官」。由此看來，國家爲了控
制人口，維護正常的社會治安及秩序，對那些公然違背戶籍法令，私自逃離
管理，四處流亡的人進行嚴厲處罰，其中對於「攻盜」的現象更要嚴令禁止，
隨時剿滅。嶽麓秦簡《爲獄等狀四種》中就有「多小未能與謀案」、「屍等疑
購捕盜案」等兩件有關逃亡的案例。至於攻盜的危害，水間大輔先生指出：「『攻
盜』是比『強盜』更惡劣的兇狠盜賊，很可能是指掠奪財物爲生業，不惜殺
害生命的武裝犯罪集團；作爲法律用語的「攻盜」，亦當指這種集團性犯罪行
爲。」〔註132〕所以，嶽麓秦簡中，還發現有像「捕盜賊令」這類的臨時性法
令。至於漢代，張家山漢律中則出現了《亡律》、《捕律》等專門的法律門類。

〔註129〕睡虎地秦簡整理小組：《睡虎地秦墓竹簡》，文物出版社 1990 年版，第 152 頁。
〔註130〕張功：《秦漢逃亡犯罪研究》，湖北人民出版社 2006 年版，第 55 頁。
〔註131〕睡虎地秦簡整理小組：《睡虎地秦墓竹簡》，文物出版社 1990 年版，第 123
頁。
〔註132〕水間大輔：《張家山漢簡〈二年律令〉刑法雜考》，《中國出土資料研究（第六
號）》2002 年。

在抓捕方面，居延漢簡中還發現有搜查「亡人」居所的上報文書，即「侯史廉駐北亭長歐等八、戍卒孟陽等十人，搜索部界中□亡人所依匿處，愛書相牽。」〔註133〕

　　嶽麓秦簡《為吏》中還記載了，負責抓捕逃亡、盜賊罪犯的地方治安官吏，其中包括「士吏」、「求盜」、「發弩」、「材官」等，這些都是縣、鄉官吏。「秦漢時期的基層官吏是國家控制逃亡犯罪最主要的力量，從鄉官里吏到縣廷官員，都負有親自抓捕逃亡人犯的責任。」〔註134〕依照嶽麓簡記載，士吏是負責捕盜的官吏。嶽麓秦簡中有「【士】吏捕盜」，由於原簡文中，「吏」上部字跡湮漫，「士」為整理者所後加。「士吏」，在睡虎地秦簡和張家山漢簡中均有記載。但是，對於其抓捕盜賊的職責，秦簡中幾乎沒有記載。睡虎地秦簡《秦律雜抄》：「不當稟軍中而稟者，皆貲二甲，法（廢）；非吏殹（也），戍二敦（屯）長、僕射弗告，貲戍一歲；令、尉、士吏弗得，貲一甲。」〔註135〕也就是說，「士吏」對軍糧發放失當有連帶責任。同時，其還對戍卒管理負有一定責任。睡虎地秦簡《秦律雜抄》：「戍律曰：同居毋並行，縣嗇夫、尉及士吏行戍不以律，貲二甲。」〔註136〕這些實際上說明了，士吏主要是負責戍邊武職官吏，並且具有一定的軍事職能。睡虎地秦簡中的材料，並不能具體說明其與盜賊抓捕的直接關係。不過，在里耶秦簡中我們發現了這方面的材料。

　　　　元年七月庚子朔丁未，倉守陽敢言之：獄佐辨、平、士吏賀具
　　獄，縣官食盡，甲寅，謁告過所縣鄉，以次續食，雨留不能決宿齋，
　　來發傳。零陽田能自食，當騰期。卅日敢言之／七月戊申零陽，襲
　　移過所縣鄉／靜手／七月庚子朔癸亥，遷陵守丞固告倉嗇夫，以律
　　令從事／嘉手（正）

　　　　遷陵食辨平書，己巳旦□□□□遷陵

　　　　七月癸亥旦，士五臂以來／嘉發（背）【5-1】〔註137〕

這是一份由倉守陽簽發的「遷陵食辨平書」。在這份文書中，出現了士吏賀。具獄，陳偉先生等認為，「具獄似亦指完成獄案文書」。張家山漢簡中的記載

〔註133〕謝桂華、李均明：《居延漢簡釋文合校》，文物出版社1987年版。
〔註134〕張功：《秦漢逃亡犯罪研究》，湖北人民出版社2006年版，第75頁。
〔註135〕睡虎地秦簡整理小組：《睡虎地秦墓竹簡》，文物出版社1990年版，第82頁。
〔註136〕睡虎地秦簡整理小組：《睡虎地秦墓竹簡》，文物出版社1990年版，第89頁。
〔註137〕陳偉主編：《里耶秦簡牘校釋（第一卷）》，武漢大學出版社2012年，第1頁。

則較爲明確。張家山漢簡《二年律令・捕律》:「盜賊發,士吏、求盜部者,及令、丞、尉弗覺智(知),士吏、求盜皆以戍邊二歲,令、丞、尉罰金各四兩」、「羣盜、羣盜發,告吏,吏匿勿言其縣廷,言之而留盈一日,以其故不得,皆以鞫獄故縱論之。□□□□發及鬬殺而不得,官嗇夫、士吏、吏部主者,罰金各二兩,尉、尉史各一兩。」〔註138〕漢承秦制,秦代的「士吏」也可能具有抓捕盜賊的職責。

求盜爲抓捕盜賊的亭卒,並親歷捕盜現場。嶽麓簡中有「求盜備不具」一語。求盜,《漢書・高帝紀》:「高祖爲亭長,乃目竹皮爲冠,令求盜之薛治。」應劭云:「求盜者,亭卒。舊時亭有兩卒,一爲亭父,掌開閉掃除;一爲求盜,掌逐捕盜賊。」〔註139〕求盜是專門抓捕罪犯的官吏,在睡虎地秦簡中就規定了求盜沒有特殊情況,不允許另派他用,即「求盜勿令送逆爲它,送逆爲它事者,貲二甲」。〔註140〕在睡虎地秦簡《封診式》「羣盜」中的,就是由校長帶領兩名求盜,抓捕罪犯。「求盜」在睡虎地秦簡中也稱之爲「憲盜」。睡虎地秦簡《內史雜》:「侯(候)、司寇及羣下吏毋敢爲官佐、史及禁苑憲盜。」整理小組注云:「憲盜,據簡文,係一種捕『盜』的職名,《法律答問》作害盜。」〔註141〕對於嶽麓簡《爲吏》中的「求盜備不具」一條,廖繼紅先認爲:「不具,不齊備;不完備」。〔註142〕備,措施,辦法。《韓非子・五蠹》:「夫古今異俗,新故異備,如欲以寬緩之政,治急世之民,猶無轡策而御悍馬。」也就是說,我們將整條可以理解爲,求盜在抓捕罪犯之前沒有做好準備,包括軍備、地形、人數情況等方面的不足,這也與《墨子・七患》中所說的「此皆備不具之罪也」相類。另外,也可理解爲求盜的能力不足,或違反了相應法律。睡虎地秦簡《法律答問》:「求盜盜,當刑爲城旦,問罪當駕(加)如害盜不當?當。」〔註143〕這就是求盜監守自盜的例子,也需要受到相應刑事處罰,甚至要罪加一等,與「害盜」一罪相類。從嶽麓秦簡所規定的內容來看,對於盜賊的抓捕在規定上是極爲嚴格的,求盜要根據實際的工作情況,

〔註138〕張家山二四七號漢墓竹簡整理小組:《張家山漢墓竹簡〔二四七號墓〕(釋文修訂本)》,文物出版社 2006 年版,第 27、28 頁。
〔註139〕〔漢〕班固:《漢書》,中華書局 1962 年版,第 6 頁。
〔註140〕睡虎地秦簡整理小組:《睡虎地秦墓竹簡》,文物出版社 1990 年版,第 89 頁。
〔註141〕睡虎地秦簡整理小組:《睡虎地秦墓竹簡》,文物出版社 1990 年版,第 63 頁。
〔註142〕廖繼紅:《〈爲吏治官及黔首〉補釋》,簡帛網 2011 年 2 月 28 日
http://www.bsm.org.cn/show_article.php 拍 id=1407。
〔註143〕睡虎地秦簡整理小組:《睡虎地秦墓竹簡》,文物出版社 1990 年版,第 94 頁。

將所需要的捕盜器具、亭障設施準備、管理好，一旦盜賊出沒能夠立即行動加以剿滅，例如在嶽麓秦簡《爲獄等狀四種》中就有官府根據走馬達的供述，迅速派出獄史、求盜屍等十六人追捕逃犯，從其職責來看「求盜」主要負責地方治安和刑事案件。

二、婚姻登記管理

　　秦漢律令對婚姻登記，娶妻的身份也有嚴格規定和限制。嶽麓秦簡（三）「識劫案」中就有對丈夫重新娶妻而進行婚姻登記的內容。嶽麓秦簡《爲吏》中有「棄婦不□」。睡虎地秦簡《法律答問》：「『棄妻不書，貲二甲。』其棄妻亦當論不當？貲二甲。」〔註144〕這裏的「棄妻」與「棄婦」相類。由此看來，國家嚴格戶籍制度，如果有沒有及時上報修改，都會受到相應的處罰。在里耶秦簡中，我們發現了遷陵縣的一些戶籍檔案，下面引述幾隻簡，進行說明：

　　　　第一欄：南陽戶人荆不更大□
　　　　　　　　弟不更慶
　　　　第二欄：妻曰
　　　　　　　　慶妻曰規【K43】
　　　　第一欄：南陽戶人荆不更黃□
　　　　第二欄：妻曰負芻
　　　　第三欄：子小上造□
　　　　第四欄：子小女女祠　毋室【K28/29】
　　　　第一欄：南陽戶人荆不更喜
　　　　　　　　子不更衍
　　　　第二欄：妻大女子
　　　　　　　　隸大女子華
　　　　第三欄：子小上造章
　　　　　　　　子小女子趙
　　　　　　　　子小女子見【K3】〔註145〕

〔註144〕睡虎地秦簡整理小組：《睡虎地秦墓竹簡》，文物出版社1990年版，第133頁。
〔註145〕湖南省文物考古所編：《湖南里耶發掘報告》，嶽麓書社2007年版，第203、
　　　　204、206頁。

根據上述簡文，我們發現秦代戶籍登記極爲詳細，每戶都登記了戶主、妻子、子女的名字，在 K3 簡中還登記了妻子年齡，和家中奴婢的名字。田旭東先生認爲，簡 K3 中所列的「妻大女子」和「隸大女子」皆是戶主「不更喜」的妻室。〔註146〕所以，《法律答問》中私自休妻，並且不上報修改名籍的行爲，顯然爲違反了戶籍管理原則，必然會受到相應的懲處。另外，嶽麓簡中的「棄婦」，也有可能與私自逃亡的婦女有關。睡虎地秦簡《法律答問》：「女子甲爲人妻，去亡，得及自出，小未盈六尺，當論不當？已官，當論；未官，不當論。」〔註147〕也就是說爲他人妻子，私自出走，被捕獲或自首的，如果已經登記名籍並被官府認可的，需要對其進行論處，反之則不然。這也正反映了，國家對婚姻進行戶籍登記，私自瞞報、逃避都屬違法行爲。對於逃婚婦女，國家嚴明禁止其再嫁，如果娶這樣的婦女爲妻，便會遭受罰沒爲刑徒的刑罰。張家山漢簡《奏讞書》：「律：取（娶）亡人爲妻，黥爲城旦，弗智（知），非有減也。」〔註148〕而睡虎地秦簡《法律答問》中也有一則，男子娶「亡人」爲妻子的例子。男子不知情，並生育一子，法律從輕處罰了，沒有將其兒子沒入官府。至於唐代，律令中也有對娶逃亡婦女爲妻的處罰。《戶婚律》「娶逃亡婦女」條：「諸娶逃亡婦女爲妻妾，知情者與同罪，至死者減一等。離之。即無夫，會恩免罪者，不離。」《疏議》曰：「婦女犯罪逃亡，有人娶爲妻妾，若知其逃亡而娶，流罪以下，並與同科；唯婦人本犯死罪而娶者，流三千里。仍離之。即逃亡婦女無夫，又會恩赦得免罪者，不合從離。其不知情而娶，律準無罪，若無夫，即聽不離。」〔註149〕而對於夫妻皆爲「亡人」的情況，法律自然嚴懲不貸。睡虎地秦簡《法律答問》：「女子甲去夫亡，男子乙亦闌亡，相夫妻，甲弗告請（情），居二歲，生子，乃告請（情），乙即弗棄，而得，論可（何）殹（也）？當黥城旦舂。」〔註150〕

〔註146〕田旭東：《里耶秦簡所見的秦代戶籍格式和相關問題》，《四川文物》2009 年第 1 期。

〔註147〕睡虎地秦簡整理小組：《睡虎地秦墓竹簡》，文物出版社 1990 年版，第 132 頁。

〔註148〕張家山二四七號漢墓竹簡整理小組：《張家山漢墓竹簡〔二四七號墓〕（釋文修訂本）》，文物出版社 2006 年版，第 94 頁。

〔註149〕〔唐〕長孫無忌等：《唐律疏議》，中華書局 1983 年，第 265 頁。

〔註150〕睡虎地秦簡整理小組：《睡虎地秦墓竹簡》，文物出版社 1990 年版，第 132 頁。

第四章 《爲吏治官及黔首》所見吏治思想剖析

秦代國家「以吏爲師，以法爲教」，正如《商君書・定分》中所說：「置主法吏，以爲天下師」。官吏是民眾的表率，處處都要起到模範作用。嶽麓簡《爲吏》中就有「四曰喜言隋（惰）行則黔首毋所比」。「比」指的就是「比類」、「比照」的意思，也有「順從」之意，《荀子・儒效》：「先王之道，仁之隆也，比中而行之。」王念孫云：「比，順也，從也。言從乎中道而行之也。」[註1]「黔首毋所比」也就是官吏善於許諾而不務實，百姓便無法順從以至爲亂，所以官吏的品行已經影響到了政權的穩定。因此，國家在選任官吏的時候，一定要注意人才的道德、品性。在官吏的教育方面，道德教育則成爲了他們的必修課。嶽麓秦簡《爲吏》作爲一份「訓吏教材」，自然也涵蓋了思想教育的內容，主要包括評價準則和品格要求兩個方面。本章謹以這兩個方向爲主，對《爲吏》中所包含的吏治思想內容，逐一進行解析。

第一節 爲吏的評判準則

睡虎地秦簡《吏道》、嶽麓秦簡《爲吏》、北大秦簡《從政之經》，三者都具有相似的評價準則。這些準則的作用主要有兩點值得注意，一是勸誡性。這些訓吏教材將爲官準則抄寫下來，目的就是爲了提醒官吏注意良、惡的分別。並且，也方便官吏即時反省自己的行爲，是否偏離了準則要求。

〔註1〕〔清〕王先謙：《荀子集解》，中華書局 1988 年版，第 121～122 頁。

因此，睡虎地秦簡的主人喜，生前才會將這種文獻，作爲案頭必備，時時翻看。死後還要將其作爲陪葬物品，隨身攜帶。二是，強制性。比較這三份文獻，我們發現在爲吏準則的那部分出奇的相似，雖然後兩者是回收簡，沒有正常的考古過程。但是，從形制、內容來看，都不出自一個墓中。由此，不禁值得人們懷疑，當時國家可能會頒行定本，而這些有可能是官吏根據國家定本抄寫而來，這可能與戰國時期法律抄寫並傳播形式相似。朱紅林師指出：「抄法，是說國家各級機構要定期到指定的部門去抄錄本部門適用的法律法規。」〔註2〕由此看來，這些官吏評價準則也可能會具有一定的法律效力。

一、良吏準則內容及要求

秦簡中有考核官吏，評判善惡的準則，是作爲官吏必須瞭解的內容。睡虎地秦簡《語書》的後半部分，吳福助先生稱其爲「課吏令」，其中包含了良吏、惡吏的分辨準則。〔註3〕睡虎地秦簡《吏道》中也有類似《語書》的「爲官準則」。比較而言，《吏道》的內容要比《語書》中的內容明細得多。不過，吳福助先生認爲，「《爲吏之道》參雜有儒家思想的成分……與《課吏令》純屬法家色彩互異其趣」。〔註4〕嶽麓秦簡《爲吏》中也有這類的內容，不過多可以與《吏道》相互參照。廖繼紅先生將《吏道》與《爲吏》中的「五善」進行比較，發現「除開個別字詞抄寫的不同，其它基本相同，也應該是抄自於同一類母本」。而後，廖先生還對其他的「吏有五失」、「吏有五過」等內容進行比較，認爲「《吏道》沒有像《爲吏》那樣分別稱之爲『吏有五失』、『吏有五過』和『吏有五則』，而是以『吏有五失』包含了後者的三個內容。再者，《爲吏》中有的「吏有六殆」在《吏道》也沒有出現。〔註5〕另外，在最近公佈的「北大秦簡」《從政之經》中我們也發現了這樣的內容。我們將《語書》、《爲吏》、《吏道》三者中所包含的，評價官吏道德準則的內容，作如下比較。

〔註2〕朱紅林：《戰國時期國家法律的傳播——竹簡秦漢律與〈周禮〉比較研究》，《法制與社會發展》2009 年第 3 期。

〔註3〕吳福助：《〈語書〉校釋》，《睡虎地秦簡論考》，文津出版社 1994 年版，第 63～138 頁。

〔註4〕吳福助：《睡虎地秦簡論考》，文津出版社 1994 年版，第 109 頁。

〔註5〕廖繼紅：《嶽麓秦簡〈爲吏治官及黔首〉文獻學研究》，湖南大學 2011 年。

良吏	《語書》	凡良吏明法律令，事無不能殹（也）；有（又）廉絜（潔）敦慤而好佐上；以一曹事不足獨治殹（也），故有公心；有（又）能自端殹（也），而惡與人辨治，是以不爭書（署）。
	《吏道》	吏有五善：一曰中（忠）信敬上，二曰精（清）廉毋謗，三曰舉事審當，四曰喜爲善行，五曰龔（恭）敬多讓。五者畢至，必有大賞。
	《爲吏》	吏有五善：一曰忠信敬上，二曰精廉無旁（謗），三曰舉吏審當，四曰喜爲善行，五曰龔（恭）敬多讓，五者畢至必有天當。

根據上引表格，有幾點需要說明：一是「明法令」。綜合上述三則內容來看，大致可以分爲「明法」、「敬上」、「廉潔」等三類，其中「敬上」中還包含了「佐上」的內容。簡文中對官吏「明法」的要求與《周禮》「廉法」相類似。《周禮·天官·小宰》：「以聽官府之六計，弊群吏之治。一曰廉善，二曰廉能，三曰廉敬，四曰廉正，五曰廉法，六曰廉辨。」鄭玄注：「法，守法不失也。」賈公彥疏：「謂依法而行，無有錯失也。」〔註6〕朱紅林師認爲：「商鞅變法以來，通曉法令成爲秦國爲吏的一個重要途徑，也是秦國衡量官吏素質的一個重要指標，直到漢代仍然如此。」〔註7〕這裏值得注意的是，《語書》開篇即說「凡良吏明法律令」，而其他兩篇文獻中則無此項，爲何會出現這樣的差異？筆者認爲，《語書》中「良吏明法律令」應是承接「案劾吏民犯令」而來，文中就有法令下達，但官吏、民眾依然不執行的記載，即「今法律令已具矣，而吏民莫用，鄉俗淫失（泆）之民不止」。〔註8〕另外，「南郡騰書」頒佈於始皇二十年，秦占楚地不久，又出現「南郡備境」一事，改鄉異俗已經成爲當時的首要任務。因此，《語書》中要求官吏「明法」是由於當時特殊環境決定的，而另外兩則，作爲普遍性的官吏教材，就沒有將「明法」作爲首要標準提了出來。不過，在《爲吏》、《吏道》中還是有要求官吏明法的內容，像「審用律令」、「審當賞罰」等等。

二是，「舉吏」。《爲吏》作「舉吏審當」，《吏道》作「舉事審當」。廖繼紅先生認爲，「『舉吏』與『舉事』的意義不同，舉吏是薦舉官吏的意思；舉事是行事、辦事的意思。」同時，「把《爲吏之道》『舉事審當』改爲『舉吏審當』或許更加合適。」〔註9〕筆者較爲贊同廖先生的說法，根據上引表格，

〔註6〕 〔清〕孫詒讓：《周禮正義》，中華書局1987年版，第178頁。
〔註7〕 朱紅林：《〈周禮〉「六計」與戰國時期的官吏考課制度》，《吉林大學社會科學學報》2012年第1期。
〔註8〕 睡虎地秦簡整理小組：《睡虎地秦墓竹簡》，文物出版社1990年版，第13頁。
〔註9〕 廖繼紅：《嶽麓秦簡〈爲吏治官及黔首〉文獻學研究》，湖南大學2011年。

我們就會發現「舉吏」就是《語書》中所說「好佐上」的內容，另外《吏道》中也有「審民能，以賃（任）吏，非以官祿夬助治。不賃（任）其人，及官之敺豈可悔」。〔註10〕這裏將「民能」與「任吏」並列，對於官吏的使用也不僅僅是讓其享受官祿，而是要求其幫助處置政務。因此在《語書》中要求的善吏都是「敦愨」之人。對於任用官吏失當，而官事出現問題這是無法追補的。顯然，《吏道》中將任用官吏擺在了十分重要的位置。秦律中對官吏的任用也是十分慎重，睡虎地秦簡《置吏律》：「官嗇夫節（即）不存，令君子毋（無）害者若令史守官」。「君子無害者」睡虎地整理小組譯爲「辦事不出差錯的有爵的人」，說的就是那些在工作業績上沒有差錯的人。〔註11〕《墨子‧號令》云：「守之所親，舉吏貞廉、忠信、無害、可任者。」〔註12〕所以，這裏「舉吏」更爲合理。

三是，「精廉」。《吏道》作「精（清）廉毋謗」，《爲吏》作「精廉無謗」。陳偉先生認爲，「『精廉』在戰國秦漢文獻中屢見」，但是其又指出，「與雖然『精廉』、『清廉』可以通假，傳世本《莊子‧說劍》篇記莊子論劍語即作『清廉』，但『精廉』爲另一詞的可能性並不能排除。或許『精廉』指精明，與『清廉』指廉潔有異。」〔註13〕通過上引表格的比較我們發現，《語書》中要求官吏品質是「廉絜（潔）、敦愨」，又《吏道》中有「精絜（潔）正直」，睡虎地秦簡整理小組注：「精絜，《國語‧晉語》作『精潔』，即西漢鏡子銘『絜清白而事君』的『絜清白』」。〔註14〕所以，筆者較爲贊同陳先生的意見，兩詞似乎有些區別。「清廉」與「精絜（潔）」相類，指的就是官吏的廉潔問題，與惡吏行爲中的「賤士而貴貸貝」、「居官善取」相對，是品質要求。「精廉」，則是指處理政事能力而言。「廉」，即「正直」，與「廉而不」中的「廉」意義相同。「精廉」說的就是「精明正直」，《語書》中的「事無不能敺（也）」、「以一曹事不足獨治敺（也）」、「有（又）能自端敺（也）」等指的就是官吏能力而言。《荀子‧臣道》云：「恭敬而遜，聽縱而敏，不敢有以私決擇也。」楊倞注：「敏，謂承命而速行，不敢更私自決斷選擇也。」〔註15〕這與《語書》

〔註10〕睡虎地秦簡整理小組：《睡虎地秦墓竹簡》，文物出版社1990年版，第173頁。

〔註11〕睡虎地秦簡整理小組：《睡虎地秦墓竹簡》，文物出版社1990年版，第57頁。

〔註12〕〔清〕孫詒讓：《墨子閒詁》，中華書局2001年版，第608頁。

〔註13〕陳偉：《嶽麓書院藏秦簡考校》，《文物》2009年第10期。

〔註14〕睡虎地秦簡整理小組：《睡虎地秦墓竹簡》，文物出版社1990年版，第168頁。

〔註15〕〔清〕王先謙：《荀子集解》，中華書局1998年版，第252頁。

中所說的「不足獨治」的觀點相似。《說苑・談叢》中也有:「恭敬遜讓,精廉無謗,慈仁愛人,必受其賞」,內容也與《語書》中所提倡的類似。

二、惡吏的標準及預防

至於惡吏,《爲吏》中記載的要比良吏內容多得多,不僅有「五失」、「五過」而且還有「五則」「六殆」,筆者也將《語書》、《爲吏》、《吏道》、《從政之經》等四種文獻,列表比較如下。

惡吏	《語書》	惡吏不明法律令,不智(知)事,不廉絜(潔),毋(無)以佐上,繡(偷)隨(惰)疾事,易口舌,不羞辱,輕惡言而易疾人,毋(無)公端之心,而有冒牴(抵)之治,是以善斥(訴)事,喜爭書。爭書,因恙(佯)瞋目扼捥(腕)以視(示)力,肝詢疾言以視(示)治,誣認醜言斫以視(示)險,坑閭強肮(伉)以視強,而上猶智之毆(也)。
	《吏道》	吏有五失:一曰誇以迣,二曰貴以大(泰),三曰擅裚割,四曰犯上弗智(知)害,五曰賤士而貴貨貝。一曰見倨敖(傲),二曰不安其靐(朝),三曰居官善取,四曰受令不僂,五曰安家室忘官府。一曰不察所親,不察所親則怨數至;二曰不智(知)所使,不智(知)所使則以權衡求利;三曰興事不當,興事不當則民傷指;四曰善言隋(惰)行,則士毋所比;五曰非上,身及於死。
	《爲吏》	吏有五失:一曰視黔首渠鷔,二曰不安其朝,三曰居官善取,四曰受令不僂,五曰安其家忘官府,五者畢是胃(謂)過主。吏有五過:一曰誇而夬,二曰貴而企,三曰亶(擅)折割,四曰犯上不智(知)其害,五曰間(賤)士貴貨貝。吏有五則:一曰不祭(察)所親則韋(違)數至,二曰不智(知)所使則以(權)索利,三曰舉事不當則黔首指,四曰喜言隋(惰)行則黔首毋所比,五曰善非其上則身及於死。吏有六殆:不審所親,不祭(察)所使,親人不固,同某(謀)相去,起居不指,扁(漏)表不審,(徵)蝕(識)不齊。
	《從政之經》	一曰不察親,不察親則怨數之(至),二曰不智(知)所使,不智(知)所使則以權衡利,三曰興事不當,興事不當則民錫指,四曰善言隋(惰)行則士毋比,五曰喜非其上,喜非其上則身及於死。〔註16〕

這裏也需要對上引文獻中的一些內容進行說明。一是,「疾言」。《語書》中作「肝詢疾言以視(示)治」。「肝詢」,睡虎地秦簡整理小組解爲「詭詐」。「疾言」,吳福助解爲「抬高語音」。〔註17〕實際上,《語書》中的這句話與《韓

〔註16〕朱鳳瀚:《北大藏秦簡〈從政之經〉述要》,《文物》2012年第6期。
〔註17〕吳福助:《〈語書〉校釋》,《睡虎地秦簡論考》,文津出版社1994年,第57頁。

詩外傳・卷九・二十九章》中的「小人之論也，專意自是，言人之非，瞋目扼腕，疾言噴噴，口沸目赤」相類。〔註18〕「疾言」，似乎不應與聲調有關，應指說話速度而言，即說話急切的樣子。《語書》中的「惡吏」爲了表示自己治理得當，甚至握緊拳頭、張目圓視、說話急遽。「疾言」亦可表示爲輕率之言，這與《爲吏》中的「誇而夬，貴而企」的官吏形象十分相似。「誇而夬」，《吏道》中作「誇以迣」。嶽麓秦簡整理小組注云：「誇，華而不實。《逸周書・諡法》：『華言無實曰誇。』『夬』當讀爲『快』，意爲放肆。又，此字或爲『史』字之誤，史有虛飾、浮誇之意。」〔註19〕方勇、陳偉先生均認爲，「夬」應爲「史」字，意同「迣」。〔註20〕「誇而夬」即爲言語浮誇、虛飾彌彰，正是《語書》中所說的那些「旴詢疾言」欺世之徒。

　　二是，「無公端之心」。依照《語書》的內容，我們認爲「公心」包括善治其署、善理其政等兩項內容。這與《爲吏》中的「吏有五失」可相互比照。其中「視黔首渠驁」、「受令不僂」顯然說的就是官吏署理政事不力。「不僂」，嶽麓秦簡整理小組作「不恭敬」解。廖繼紅先生卻認爲，僂爲「迅速、立刻」之意。〔註21〕《語書》亦有對文書傳遞不力的處罰：

　　　　發書，移書曹，曹莫受，以告府，府令曹畫之。其畫最多者，

　　當居曹奏令、丞，令、丞以爲不直，志千里使有籍書之，以爲惡吏。

〔註22〕

這裏所說的「曹莫受」，指的就是官吏沒有及時處理文書，並需要將這些官吏上報郡府，郡府根據情況由專門屬曹對官吏進行處罰。因此，這與「受令不僂」意義相同。《爲吏》中還有「【受】令唯若」，《吏道》中則有「命不且須」，均與官吏接受政令與署理政務有關。另外，「不安其朝」、「居官善取」、「安其家忘官府」說的是官吏值守不當、擅離崗位等等，這是由於官吏不存「公心」，擅自決斷所造成的。睡虎地秦簡《法律答問》中有：「可（何）謂『賓署』？『賓署』即去毆（也），且非是？是，其論可（何）毆（也）？即去署毆（也）。」

〔註18〕〔漢〕韓嬰、許維遹：《韓詩外傳集解》，中華書局1980年，第333頁。

〔註19〕朱漢民、陳松長：《嶽麓書院藏秦簡（壹）》，上海辭書出版社2010年版，第127頁。

〔註20〕方勇：《秦簡札記四則》，《長春師範學院學報（社科版）》2009年第5期。
　　　　陳偉：《嶽麓書院藏秦簡考校》，《文物》2009年第10期。

〔註21〕廖繼紅：《嶽麓秦簡〈爲吏治官及黔首〉文獻學研究》，湖南大學2011年。

〔註22〕睡虎地秦簡整理小組：《睡虎地秦墓竹簡》，文物出版社1990年版，第15頁。

睡虎地秦簡整理小組注云：「竇，空也」，「去署，擅離崗位」。〔註23〕這與「不安其朝」是相類似的。同時，《爲吏》的五失中還有「五者畢至是胃（謂）過主」這樣一句，《吏道》中則無此句。嶽麓秦簡整理小組讀「過」爲「禍」，由於官吏「毋（無）公端之心」，最後造成政事不治，上級或主管官吏自然因此而連坐，因此稱之爲「禍主」。

　　三是，「士」與「黔首」。由於有特殊的時期背景，《語書》中所言對象多爲官吏，處理關係也爲上、下級之間，屬內部矛盾。而《爲吏》、《吏道》、《從政之經》則不同，所言準則多與「治事」、「治黔首」有關。據此，在文本的表達上也出現了偏差，像《爲吏》中均將《吏道》中是「士」的部分改成了「黔首」。金慶浩先生認爲：「按照秦統一前的社會變化，曾是先秦時期的戰士或一國的最下層統治貴族的士，其身份和社會地位已衰落爲一般的平民。」〔註24〕不過，「士」與「黔首」的變化來看，嶽麓簡《爲吏》抄寫的時間略晚於《爲吏》和《從政之經》。但是，綜合比較來，他們三者中的「評價標準」應該是抄自同一類母本，也有可能是抄手在抄寫時根據自己的需要作了部分的變更；或者是在抄寫時由於記憶發生改變，從而導致差異的出現。

　　四是，對於「吏有六殆」的認識。《爲吏》同《吏道》中都有「吏有五善」、「吏有五失」等的內容。但是《爲吏》中的不僅有「五失」、「五善」而且還出現了「五則」和「五過」。在《爲吏》的行文中，還出現有「吏有六殆」之說，學者基本上都將「六殆」與上述的「五善」、「五過」等作爲並列的內容來看待。但是，從簡文中發現，「六殆」的內容與「五善」、「五過」等的行文結構並不相同，也就是說「五過」、「五善」等都是將每條的內容單列，並在內容前依次加入數位，以分清條目，而「六殆」卻並未出現這麼明顯的條目。所以，「六殆」內容與性質有待於進一步探討。以下是整理小組所作的釋文：

　　　　吏有六殆，不審所親，不祭（察）所使，親人不固，同某（謀）

　　　相去，起居不指，屚（漏）表不審，縈（徵）蝕（識）不齊。〔註25〕

對上述整理小組所做釋文進行研讀發現，「吏有六殆」以下的內容雖然並列，但是抄手也並未將此內容分條書寫，而「五善」、「五失」等都是分條書寫的。

〔註23〕睡虎地秦簡整理小組：《睡虎地秦墓竹簡》，文物出版社1990年版，第140頁。
〔註24〕金慶浩：《秦、漢初「士」與「吏」的性格》，《中國簡帛學國際論壇2012·秦簡牘研究論文集》2012年，第307～326頁。
〔註25〕朱漢民、陳松長：《嶽麓書院藏秦簡（壹）》，上海辭書出版社2010年版，第132～135頁。

對於內容而言，「五過」、「五失」都是有關官吏道德上的缺失而言，「六殆」從字面意思理解與「五過」、「五失」並未有本質上的區別，抄手爲什麼卻將其區別對待，而且《爲吏》本身就是官吏的行爲準則，即是讓官吏明確什麼是對的，什麼錯的，這才能達到教育官吏的目的。所以，這裏還有幾點需要說明：一是「所親不祭（察）」一條，在睡虎地秦簡中有相似的簡文，即「不察所親」。此條與睡虎地秦簡《爲吏之道》中的簡文，就是在詞條的順序上發生了顛倒，而嶽麓秦簡的整理小組卻認爲，簡文中的「不審所親」和「不察所親」應該是相似的，「審」、「察」二字的字義也是相近的。這一點從上述的斷句可以發現「所親不察」的斷句更爲合理。二是對於「六殆」的理解。「殆」，《說文》中云：「危也，從歹，台聲。」〔註26〕結合具體簡文，也就是說，「六殆」指的應該是六種不好的品行，這些不好的品格對仕途的影響是十分巨大的，也就是達到了「危害」仕途的程度。「六殆」的說法在數量上也與《周禮》中的「六計」相吻合。《周禮・天官・小宰》：「以聽官府之治。一曰廉善，二曰廉能，三曰廉敬，四曰廉正，五曰廉法，六曰廉辯。」〔註27〕比較《爲吏》中的「五善」，即「吏有五善/一曰忠信敬上/二曰精廉無旁（謗）/三曰舉吏審當/四曰喜爲善行/五曰龔（恭）敬多讓/五者畢至必有天當」，發現五善中不僅包含了「善」的內容，而且還包含了「廉」、「正」的內容，也就是說對於「良吏」的認定標準就是這「六條」基本準則。因此，「六殆」疑爲官吏品行不符合上計標準的內容。根據上述簡文的斷句方法，我們雖然沒有發現有關「六殆」的內容。但是，這並不影響採用此種斷句方法的正確性，因爲在《爲吏》的簡文中還發現有上計的內容，「它官課有式，令能最。欲毋殿，欲毋罪，皆不可得。欲最之道把此」。簡文中所說的「最」、「殿」都是上計中的等級，而且在簡文中也有「官課」一詞。所以結合上述，「六殆」有可能是與官計中的標準有關。「六殆不審」，即爲對這些違反官計標準的內容沒有審明，這與後面的內容應該是並列的關係。三是，「所使親人不固」一條，「所使」和「所親」的性質是相同的，這裏的「所使」和「親人」應該是並列的關係。四是，從全句的內容而言，都是講了一些爲吏的惡習。這些內容都具有一定的警示作用，在其他簡文中也有此種警示作用的語句，像「求盜備不具」、「卒士不肅」、「郭道不治」、「進退不數」、「亭障不治」等等。文中用這種語句旨

〔註26〕〔漢〕許慎：《說文解字》，中華書局 1963 年版，第 85 頁。
〔註27〕〔清〕孫詒讓：《周禮正義》，中華書局 1987 年版，第 167 頁。

在告誡官吏，讓官吏加深對這些情況的印象，以達到教育官吏的目的。但是可以肯定的是「六殆」的內容應該與「上計」的標準有關，可能是一些違反「上計」制度的「爲吏」惡習。這些惡習對官吏的仕途是極其有危害的，所以作者在「六殆」後加「不審」二字，用以警示官吏。

秦簡中的分辨官吏善惡準則也具有相應的法律效力。睡虎地秦簡《語書》是一份由南郡守騰下發的，關於對下屬各縣官吏進行考核的文書。這封文書主要分爲上下兩個部分，睡虎地秦簡整理小組認爲，其上半部分爲正文，下半部「文意與前段呼應，可能是前段的附件」。〔註28〕從其後半部分的內容來看，主要是有關官吏善惡之分的準則。劉海年先生認爲，這些準則是「秦統治者對官吏不斷觀察和考核經驗的總結，也是秦廢除世卿、世祿制，推行官僚制，並在此基礎上對官吏不斷加強監察制度的產物」，並進一步認爲，「這篇《語書》既有一般原則性的論述，又有具體規定，還提出了實施辦法，所以它是一篇首尾完具的法規」。〔註29〕張金光先生則不同意此說，認爲《語書》前後內容前後兩部分截然不同，非一時之物，亦非出自一人之手，另外「秦從無以《語書》爲名而頒佈法律，再說，《語書》也不類法律名稱」。〔註30〕筆者也認爲，從《語書》的內容來看，雖然沒有對官吏具體問事內容，說法也較爲模糊，評判性不強。並且，也與戰國時期的問事方式不符，《管子‧問》：

> 問死事之孤其未有田宅者有乎？問少壯而未勝甲兵者幾何人？問死事之寡，其饘廩何如問國之有功大者何官之吏也？問州之大夫也何里之士也。今吏亦何以明之矣，問刑論有常以行，不可改也，今其事之久留也何若？問五官有制度，官都有其常斷。今事之稽也何待。問獨夫寡婦孤寡疾病者幾何人也？問國之棄人何族之子弟也？問鄉之良家其所牧養者幾何人矣。問邑之貧人債而食者幾何家？問理園容而食者幾何家？人之開田而耕者幾何家？士之身耕者幾何家？〔註31〕

顯然，這是針對地方官吏管理的問話，國家結合其治理的具體情況，考核官吏的政績，並給出考核意見。引文所涉及事項不僅包括了田宅的分配、兵甲

〔註28〕睡虎地秦簡整理小組：《睡虎地秦墓竹簡》，文物出版社1990年，第13頁。
〔註29〕劉海年：《戰國秦代法制管窺》，法律出版社2006年，第93頁。
〔註30〕張金光：《秦制研究》，上海古籍出版社2004年版，第722頁。
〔註31〕黎翔鳳：《管子校注》，中華書局2009年版，第486～487頁。

勞力徵發，而且還包括法律的執行程度、廢疾人數的多寡、田地開墾的多寡等等。所以，《語書》後半部分的內容，更類似於核查官吏的道德規範，與今天的公務員道德考核規範相仿。陳侃理先生指出，睡虎地秦簡《爲吏之道》與《語書》應合屬一篇，並命名爲《語書》，原來《語書》中的「凡良吏明法律令」等六簡的內容則是一份官府的教令，內容上分別論述了「良吏」與「惡吏」的特徵，是上級對下級的政治訓誡。〔註32〕這類行政性命令的文書，在後代敦煌漢簡中也可以找到類似的內容。

　　但是，全篇最後卻規定了對不良官吏的處罰辦法，即「故如此者不可不罰」。並且，對文書收發不及時的官吏，需要將其罪行書於簿籍，作爲惡吏通報全郡。由此看來，「課吏令」中的規定具有評判官吏「良、惡」的法律效力，自然應稱之爲「法令」。至於《語書》上下兩部分聯繫的問題，筆者認爲「案劾吏民犯法令」與「課吏令」是兩篇相輔相承的律令文獻，前文中已述「課吏令」中要求官吏「明法令」應是承接上一部分而來，有其特殊的時代背景。另外，就「課吏令」的文獻性質而言，筆者更傾向於其是「附件」的說法。「案劾吏民犯法令」是頒行於外，而「課吏令」則是頒行於內，屬於官署內部條例。同時，從檔內容來看，這種「法令」只是臨時性的，並沒有形成相應條文，所以其「法令」的特徵並不明顯。同時，就《語書》的命名而言，吳福助先生已經指出，「語」具有勸誡之意，「『語書』一詞當時曉諭官吏或民眾的文告之意」，並且「『語書』在此並非篇題，應是文章類名，甚或是書籍的名稱」。〔註33〕相於類比，《吏道》、《爲吏》、《從政之經》中的官吏道德準則，更爲體系化、常態化，是具有一般意義的一些條款，並且目前我們能夠見到三份大致相當的文獻。因此，筆者認爲這些道德準則，是由國家根據律令、俗語、典籍等內容，結合官吏實際生活情況，整理制定而成，並頒行全國，具有一定的法律效力，也具有普遍性的指導性意義。從生活實際中的應用情況來看，官吏的品格也影響其職務的陞遷，是官員考核的重要指標，這在嶽麓秦簡《爲獄等狀四種》中就記載有這方面的要求。

〔註32〕陳侃理：《睡虎地秦簡「爲吏之道」應更名爲「語書」》，《秦簡牘研究國際學術研討會論文集》，2014年12月，第66～67頁。

〔註33〕吳福助：《〈語書〉校釋》，《睡虎地秦簡論考》，文津出版社1994年版，第40頁。

第二節 爲吏的品德要求

嶽麓秦簡《爲吏》對官吏在品德上主要有六點要求，一是忠信。忠實可靠、誠實守信是作爲官吏的必備品德。國家在選任官吏的時候，主要考察官吏是否有徇私舞弊的記錄，如果發現品性不良者，則會被廢置不用。二是敬上。身爲官吏，就要處理好上下級之間的關係，對於下級、百姓要寬和，而對於上級要恭敬，不可有違背上級意願，傳達下來的命令就要立即執行。三是孝慈。《爲吏》中要求「敬長慈少」，說的就是官吏在日常生活中要孝敬長輩、關愛晚輩，在工作中則要尊敬年長者、保護弱小者。四是愼言。在官吏處理日常關係中，要區別對待一些言辭，對於好的言辭需要警惕，對於不好的言辭也要吸收接納，自己也要注重言辭的使用。五是，廉潔。《爲吏》中有「精絜（潔）正直」、「廉而毋㤎」等語，也就是說在工作、處事上要求具備精明能幹、中正不阿、秉公執法、剛正無私等品格。六是，愼怒。無論實在工作中還是自身修養上，《爲吏》都將這一品格作爲必備的修養和素質，其中「言毋作色」、「毋忿怒以夬（決）」、「嚴剛毋暴」、「唯怒必顧」等語皆是如此。由此，從《爲吏》中的這些要求來看，國家儼然要培養一位在工作上勤政愛民、在家庭中敬上慈孝、在自身修養上謹愼正直的好官吏。但是，從另一方面來看，這也只是國家要求官吏的理想狀態，這些內容也只是起到規勸作用，可能在實際使用中並非如此。

一、忠孝敬愼的高尚品格

「忠」是春秋戰國時期重要的社會觀念，而非一家之言。《左傳》文公元年：「忠信卑讓之道也。忠。德之正也。信。德之固也。卑讓。德之基也。」〔註34〕《左傳》襄公二十二年：「君人執信。臣人執共。忠信篤敬。上下同之。天之道也。」在儒家的著作中，一直將「忠、孝、仁、義」等觀念作爲其論述的主要方向，例如《論語·爲政》云：「季康子問：『使民敬、忠以勸，如之何？』子曰：『臨之以莊，則敬；孝慈，則忠；舉善而教不能，則勸。』」〔註35〕在如何治民的問題上，孔子認爲只有行爲端莊，才能使民敬重，只有孝慈仁義，才能使民忠心不二。從這裏來看，孔子已經將「忠」作爲治民的手段之一，而且指出「孝、慈」才是統治者得到民眾忠心的必要途徑。在《荀子·

〔註34〕楊伯峻：《春秋左傳注》，中華書局 2009 年版，第 765 頁。
〔註35〕〔清〕劉寶楠：《論語正義》，中華書局 1990 年版，第 64 頁。

臣道》中，還將「忠」分爲了「大忠」、「次忠」、「下忠」等三種不同的級別，並認爲「以德覆君而化之，大忠也；以德調君而輔之，次忠也；以是諫非而怒之，下忠也。」〔註36〕在法家韓非的著作中，也包含有忠、孝思想，如《韓非子‧忠孝》云：「天下皆以孝悌忠順之道爲是也，而莫察孝悌忠順之道而審行之。」〔註37〕實際上，這句話也正好說明了，戰國時期人們已經將「忠順」等思想已經成爲社會道德的普遍準則，但是韓非卻認爲這些準則，當時的人們只有認識到了，而沒有付諸實際行動。

綜上，我們可以瞭解到，「忠」是作爲官吏重要的思想品質要求。《管子‧君臣上》：「人嗇夫成教，吏嗇夫成律之後，則雖有敦愨忠信者。」秦簡《爲吏》與《吏道》自然也不會忽略對官吏這方面的要求，例如在簡文中就有「爲人臣忠」、「忠信敬上」、「寬俗（裕）忠信」、「以忠爲幹」等。在《爲吏》「吏有五善」中首先強調的就是爲人忠實、誠信。由此看來，國家在人才的要求上，更強調人的思想品格和工作態度，工作能力則排列第二。秦律中的選任官吏也是依照此項標準。睡虎地秦簡《置吏律》：「官嗇夫節（即）不存，令君子毋（無）害者若令史守官，毋令官佐、史守。」〔註38〕其中「君子毋（無）害者」說的就是那些品格優秀，忠心從事工作，沒有不良業績的人。《行書律》中也有：「隸臣妾老弱及不可誠仁者勿令。」說的也是那些誠實、忠心的人才能從事文書傳遞工作。另外，對於「爲吏」品質要求忠誠，也是當時維護統治秩序的一種反映。戰國時期，官僚制度逐漸形成，破除了原先的世卿世祿制，沒有了血緣、家族的維繫，統治者爲了維持上下級之間的關係，自然在選任官吏上強調道德要求。同時，也便於政令的下達，像《爲吏》中就有要求官員「受令唯【若】」的記載。在秦代「以吏爲師」的社會背景下，官吏忠誠的形象，自然起到了表率民眾的作用。

「孝」在嶽麓簡《爲吏》中也有所強調，簡文中就出現了「黔首不田作不孝」、「爲人子則孝」等語句。在秦律中，對於「不孝」行爲多以重罪治之。睡虎地秦簡《法律答問》：「免老告人以爲不孝，謁殺，當三環之不？不當環，亟執勿失。」〔註39〕也就是說，老人上告兒子「不孝」，都要被判處死罪，並且不要其進行上訴環節，而需要直接執行。

〔註36〕〔清〕王先謙：《荀子集解》，中華書局 1998 年版，第 254 頁。
〔註37〕〔清〕王先愼：《韓非子集解》，中華書局 1988 年版，第 465 頁。
〔註38〕睡虎地秦簡整理小組：《睡虎地秦墓竹簡》，文物出版社 1990 年版，第 56 頁。
〔註39〕睡虎地秦簡整理小組：《睡虎地秦墓竹簡》，文物出版社 1990 年版，第 117 頁。

罷（遷）子

爰書：某里士五（伍）甲告曰：「謁鋈親子同里士五（伍）丙足，罷（遷）蜀邊縣，令終身毋得去罷（遷）所，敢告。」告法（廢）丘主：士五（伍）咸陽才（在）某里曰丙，坐父甲謁鋈其足，罷（遷）蜀邊縣，令終身毋得去罷（遷）所論之，罷（遷）丙如甲告，以律包。今鋈丙足，令吏徒將傳及恒書一封詣令史，可受代吏徒，以縣次傳詣成都，成都上恒書太守處，以律食。法（廢）丘已傳，爲報，敢告主。

告子

爰書：某里士五（伍）甲告曰：「甲親子同里士五（伍）丙不孝，謁殺，敢告。」即令令史已往執。令史已爰書：與牢隸臣某執丙，得某室。丞某訊丙，辭曰：「甲親子，誠不孝甲所，毋（無）它坐罪。」

由此看來，秦代國家極爲重視「孝」治，韓非子則在其著作中，將「孝」作爲「三綱」之一，並認爲「臣事君，子事父，妻事夫，三者順則天下治；三者逆則天下亂，此天下之常道也……爲人父而不明父子之義以教其子而整齊之，則子不知爲人子之道以事其父矣。故曰：『父不父，則子不子』」。〔註40〕同時，「孝」也是調節鄉里秩序、倫理關係的重要手段。《周禮·地官·司徒》：「以鄉八刑糾萬民。一曰不孝之刑。」孫詒讓云：「《孝經》云：『五刑之屬三千，而罪莫大於不孝。』《大司寇》鄉刑亦云『上德糾孝』，故此鄉刑亦以不孝爲首。」〔註41〕以此看來，這也是國家治理民眾的重要手段，破壞倫理秩序，就要受到相應的懲罰。並且「孝」、「忠」相輔相成，《爲吏》中則說「爲人臣【則】忠，爲人父則茲（慈），爲人子則孝，爲人上則明，爲人下則聖，爲人友則不爭」。所以，「孝」作爲當時重要的社會觀念，在教育官吏上自然也不會缺少，在要求官吏的同時，也是「治黔首」的重要手段。《爲吏》中還有對「慈」的品格要求。「敬長茲（慈）少」指的就是尊敬長輩、愛護晚輩。《周禮·地官·大司徒》：「以保息六養萬民：一曰慈幼。」鄭玄注：「慈幼，謂愛幼少也。」〔註42〕所以，國家爲保障民息，將「慈幼」作爲「養萬民」的首要之責，在官吏的日常工作中，尤其像依照傳籍年齡徵發徭役、幼小刑徒衣食稟給等方面有所注意。

〔註40〕〔清〕王先愼：《韓非子集解》，中華書局1988年版，第466頁。
〔註41〕〔清〕孫詒讓：《周禮正義》，中華書局1987年版，第760頁。
〔註42〕〔清〕孫詒讓：《周禮正義》，中華書局1987年版，第80頁。

嶽麓簡《爲吏》還有「敬」、「愼」的思想內容。「夅（恭）敬讓禮」、「讓大受小」、「絕甘分少」、「忠信敬上」等都是對官吏「敬」的要求。蕭永明先生指出：「《爲吏》旨在對官吏灌輸立身行事的準則，強調『敬』，就是要求人們在行政處事時存有恭敬之心，謙虛有禮，認眞謹愼，不怠慢，不妄爲，減少行政理民過程中的失誤，與『敬』的要求相聯繫，《爲吏》中還多出談到『愼』『謹』，反覆強調謹小愼微的心態：這種謹愼也正是『敬』的要求在具體行爲中的體現。」〔註43〕「敬上」的思想也是在戰國時期官僚制度逐漸確立而形成的，從《爲吏》的內容來看，「敬」是「忠」思想的行爲延續和具體體現。在下級對上級的態度上，一定要保持尊敬的態度，如果表示怠慢，則會受到相應的懲罰。王中江先生根據睡虎地《吏道》指出：

　　《爲吏之道》中的「敬」，同宗教信仰和祭祀方面無關，它主
　要運用在人事上。它的一個意思是下對上的尊敬，這種上下關係主
　要是行政的上下級關係而不包括長輩、晚輩、父與子之間的關係。
〔註44〕

王先生的據此論斷是十分正確的。《爲吏》中有「五曰善非其上則身及於死」、「四曰犯上不智（知）其害」等勸誡之辭，還有「敬上勿犯」這裏主要指上下級的關係。睡虎地秦簡《秦律雜抄》：「爲（僞）聽命書，法（廢）弗行，耐爲侯（候）；不辟（避）席立，貲二甲，法（廢）。」〔註45〕也就是說，在宣讀文書的是時候，官吏沒有站立起來，便是「不恭敬」的表現，會受到罰款的處罰，並且永遠不再任用。由此看來，國家對官吏「不敬」的行爲，處罰相當嚴厲。因此，官吏需要在日常工作中，時刻保持仔細認眞的態度，稍有差池都會招致終身禍患。所以，作爲官吏的處境，正如《詩經·小旻》中所說的那樣，「戰戰兢兢，如臨深淵，如履薄冰」。《爲吏》中還有「敬上勿犯」這樣的告誡語言，在里耶秦簡的官署檔案中，我們也不難發現官吏「敬愼」的態度。在有些文書的開頭都會有「某某丞，敢言之」的字樣，雖然這些都是程序用語，但是從側面也能反映出，國家對官吏工作態度的要求。至於漢代，文書中居然出現了「叩首」的字樣，顯然沒有脫離秦代對官吏的要求。綜上，嶽麓簡《爲吏》作爲一份官吏道德教育的教材，在一定程度上反映了

〔註43〕蕭永明：《讀嶽麓書院藏秦簡〈爲吏治官及黔首〉札記》，《中國史研究》2009年第3期。

〔註44〕王中江：《簡帛文明與古代思想世界》，北京大學出版社2011年版，第493頁。

〔註45〕睡虎地秦簡整理小組：《睡虎地秦墓竹簡》，文物出版社1990年版，第80頁。

對官吏品格的要求，同時也是對新任官吏的勸誡之辭。從嶽麓簡《爲吏》「敬、謹慎、忠信和對犯上的警告」看去，我們彷彿看到了「一位盡職盡責、老成持重、守法敬上和受人愛戴的成功的官吏形象」。〔註46〕這也正是國家從道德方面教育官吏的目的。

二、謹言愼辭的處事修養

愼重言語是孔子對君子自身修養的要求之一，也是爲史所要必須遵循的準則。孔子也將言辭作爲判斷人品性的重要標準。《論語·學而》：「巧言令色，鮮以仁。」包咸云：「巧言，好其言語。令色，善其顏色」〔註47〕也就是說，孔子認爲那些言辭、行爲僞善的人，在本質上就很少有仁義之心，是不可信任之徒。另外，對於一個人的瞭解和認識，也是從觀言察行開始的。《論語·公冶長》：「宰予晝寢。子曰：『朽木不可雕也，糞土之牆不可朽也；於予與何誅？』子曰：『始吾於人也，聽其言而信其行；今吾於人也，聽其言而觀其行。於予與改是。』」〔註48〕而對於君子的言辭方面，則有《論語·爲政》：「子貢問君子。子曰：『先行其言而後從之。』」〔註49〕，並且要求爲君子者，審當其事，愼於言辭，即「敏於事而愼於言」。至於爲官從政，孔子也是要求「多聞」、「愼言」，即「子張學干祿。子曰：『多聞闕疑，愼言其餘，則寡尤；多見闕殆，愼行其餘，則寡悔。言寡尤，行寡悔，祿在其中矣。』」〔註50〕《說苑·政理》中記載有子貢爲信陽令時，孔子教導訓誡的話，將爲官愼言的精髓解釋的十分透徹：

> 言人之善者，有所得而無所傷也；言人之惡者，無所得而有所
> 傷也。故君子愼言語矣，毋先己而後人，擇言出之，令口如耳〔註51〕

所謂「君子愼言」說的就是爲官說話要謹慎，並說明了需要愼言的原因，即說人善處，能夠從其身上得到需要得到的東西，而不能傷害他，如果說人惡處，則會在其身上什麼都得不到，而且還得罪了他。所以，在言語上要謹慎說話不要直接的表達自己的觀點，或者得理不讓人，選擇合適的言語來說話，讓口耳如一。此故事亦見於《孔子家語·辨政》但是文字出入很大，在文意

〔註46〕　王中江：《簡帛文明與古代思想世界》，北京大學出版社 2011 年版，第 497 頁。
〔註47〕　〔清〕劉寶楠：《論語正義》，中華書局 1990 年版，第 9 頁。
〔註48〕　〔清〕劉寶楠：《論語正義》，中華書局 1990 年版，第 177、179 頁。
〔註49〕　〔清〕劉寶楠：《論語正義》，中華書局 1990 年版，第 56 頁。
〔註50〕　〔清〕劉寶楠：《論語正義》，中華書局 1990 年版，第 62 頁。
〔註51〕　向宗魯：《說苑校證》，中華書局 1987 年版，第 164 頁。

上亦有差別，其中「故君子愼言語矣」之後的語句，《家語》作「故君子無所不愼」而無它文，楊朝明、宋立林通解云：「因此君子時時處處都要謹謹愼愼」。〔註52〕此言之前的語句《家語》作「言人之善，若己有之；言人之惡，若己受之」，這與《說苑》在表達的意思上完全不同。但是，從《爲吏》中出現的「擇言出之」一語，正可以與《說苑》中的語句相互吻合，從這一點上來看，《說苑》中的語句可能更接近於原本，而《孔子家語》中的語句可能經過後人的修飾、篡改，與原文在意思的表達上有了比較大的出入。〔註53〕另外，《孝經》中也有「擇言」的內容：「非法不言，非道不行，口無擇言，身無擇行。言滿天下，無口過，行滿天下，無怨惡」。「口無擇言」說的就是說話沒有經過選擇和思考，與「擇言出之」的品格要求正好相符。嶽麓簡《爲吏》作爲一份爲吏教育的教材，言辭方面的內容自然也不會少，像「毋信讒言，苦言藥也，甘言毒也」、「擇人與交，擇言出之，醜言出惡」、「毋喜細說」等等。從這些內容來看，《爲吏》旨在告誡官吏在日常工作、生活中，要注意區分各種言辭，並且要愼重言語使用，選擇合適朋友。這裏需要注意的是，與睡虎地秦簡比較之後，我們發現《爲吏》中還出現了很多與言辭有關的名詞，更是《吏道》中所沒有的，譬如「讒言」、「甘言」、「苦言」、「細說」等等。《爲吏》中有關言辭告誡的內容，大致可以分爲兩類：

第一，在對於別人言辭的接納與選擇上，需要區別與警惕。「細說」與「讒言」，廖繼紅先生認爲：「讒言，指壞話，挑撥離間的話」。〔註54〕實際上，此語出自《詩經‧小雅‧青蠅》：「營營青蠅，止於樊。豈弟君子，無信讒言。」在《史記》、《漢書》、《論衡》等文獻中也都引述過這段話，說的都是作爲君子，不要聽信離間之言。此語《文子‧上仁》中亦有：「君子察實，無信讒言，

〔註52〕楊朝明、宋立林：《孔子家語通解》，齊魯書社2009年版，第169～170頁。

〔註53〕姚娟博士在其學位論文中談到《說苑》與《孔子家語》的關係時指出，《說苑》中的孔子相關文獻可能皆引自古本《孔子家語》，但是今本的《孔子家語》並非引全引自《說苑》，與阜陽漢簡《儒家者言》比較研究後，作者發現今本《孔子家語》有的語句要比《說苑》的語句更爲古樸。（姚娟：《〈新序〉、〈說苑〉文獻研究》，華中師範大學博士學位論文2009年）目前，對於《孔子家語》眞僞的公案，大致傾向於今本《家語》爲眞僞參半，並且阜陽漢簡《儒家者言》等出土文獻可與《家語》比參，但是與《說苑》相比併不能完全證明《家語》要早於《說苑》，從文本比照來看，《說苑》和《家語》可能均引自更早的底本。

〔註54〕廖繼紅：《〈爲吏治官及黔首〉補釋》簡帛網2011年2月28日
http：//www.bsm.org.cn/show_article.php 抬 id=1407。

君過而不諫，非忠臣也，諫而不聽，君不明也。」〔註55〕「無信讒言」即不要聽信、輕信小人之言或者陷害之語。《左傳》文公：「臣免於死，又有讒言，謂臣將逃。」〔註56〕這裏的讒言也就指代後面的「謂臣將逃」之語，所說也是誹謗、陷害之語的不實之言。《孔子家語‧屈節》中有「聽讒言」：「孔子弟子有宓子賤者，仕於魯爲單父宰，單音善恐魯君聽讒言，使己不得行其政，於是辭行」。〔註57〕「細說」與其意類似，嶽麓秦簡整理小組注：「細說，小人之言、讒言。《史記‧項羽本紀》：『勞苦而功高如此，未有封侯之賞，而聽細說，欲誅有功之人。』」〔註58〕從這些內容來看，《爲吏》教育官吏要遠離這些不好的言辭，有些話語需要謹慎求證，而不能輕易相信。反之，則爲「不智」的表現。同時，嶽麓簡《爲吏》中有「兩毋所依」說的也可能與求證言辭有關。「甘言」與「苦言」，語出《史記‧商君列傳》：「苦言藥也，甘言疾也」。對於《爲吏》中「甘言毒也」，伊強先生認爲：「〔甘言毒也〕作『毒』字解的話，當爲『每』字之訛……」。〔註59〕實際上，這些內容無非就是告誡官吏，需要警惕好的言辭，對於不好的言辭也不要棄之不聽。所以，在爲吏的過程中要廣泛聽取別人的意見，即「聽間（諫）勿塞」，不要獨斷專行。另外，對於親信、親屬之言也需要進行辨別，不要輕信，要公平公正的對待，防止決策上的失誤。《爲吏》中的「戒之愼之，人請（情）難智（知），非親毋親，多所智」就與這方面的內容有關。

　　第二，官吏在使用言辭上，需要注意的事項，不該說的則不要說。《說苑》這主要包括「擇言出之」、「醜言出惡」、「毋非（誹）旁（謗）人」、「疾言不可悔」、「好言塞責」等內容。「疾言」，就是指輕率的話，這在睡虎地秦簡《吏道》「口舌」一段中就有相關的論述。

　　　　口，關也；舌，幾（機）也。一堵（曙）失言，四馬弗能追也。

　　　口者，關；舌者，符璽也。璽而不發，身亦毋薛（辭）。〔註60〕

上述內容，主要指出「口舌」是言辭的「機關」，不要說出輕率而不負責任的

〔註55〕王利器：《文子義疏》，中華書局 2000 年版，第 458 頁。

〔註56〕楊伯峻：《春秋左傳注》，中華書局 2009 年版，第 758 頁。

〔註57〕楊朝明、宋立林：《孔子家語通解》，齊魯書社 2009 年版，第 425 頁。

〔註58〕朱漢民、陳松長：《嶽麓書院藏秦簡（壹）》，上海辭書出版社 2010 年版，第 131 頁。

〔註59〕伊強：《嶽麓秦簡《爲吏治官及黔首》札記二則》，簡帛網 2011 年 8 月 26 日。
（http://www.bsm.org.cn/show_article.php 抬 id=1539）

〔註60〕睡虎地秦簡整理小組：《睡虎地秦墓竹簡》，文物出版社 1990 年，第 176 頁。

話，防止禍患的發生。這段話在《說苑談叢》中也有相應的記載：「口者，關也。舌者，機也。出言不當、四馬不能追也。口者，關也；舌者，兵也；出言不當，反自傷也。言不於己，不可止於人；行發於邇，不可止於遠。」在《新書大政》中也說：「夫一出而不可反者，言也；一見而不可得揜者，行也。故夫言與行者，知愚之表也，賢不肖之別也。是以智者慎言慎行，以爲身福。」〔註61〕一旦出現失言，則無法挽回。這也與《文子·微明》中記載的「言者禍也，舌者機也。出言不當，駟馬難追」的內容相類似。並且在《爲吏》中還出現有「慎之慎之，言不可追」、「戒之戒之，言不可追」的內容，都是警告官吏不要言辭輕率，而且不要在言辭中輕易表現出自己的喜好和觀點。同時，在說話時也要三思而行，選擇合適的話語，即「擇言出之」，對於上級不要心存恐懼，言辭唯諾，對於下級也不要欺凌侮辱，言辭粗惡。《爲吏》中還告誡官吏，粗陋的語言會造成災禍，即「醜言出惡」。在睡虎地秦簡《語書》中也有對於惡吏醜態的描述：「訏詢疾言以視（示）治，誃言八丑言麤斫以視（示）險。」另外，在沒有調查之前，不要肆意的誹謗別人，即「毋誹謗人」，並且不要造謠生事，以致引起惡劣的影響。在對待工作的態度上，《爲吏》還教導官吏不要「好言塞責」，是自己的責任要主動承擔，而不是用言辭搪塞。在工作上，自己知道的不要隱瞞，對於自己不清楚的要多方詢問。綜上，做爲官吏不僅要以身作責，身體力行，同時還要注重言辭，培養自身素質，不要使用粗俗低陋的言語。在工作的過程中，不要違反原則，要時時警惕，區別對待各種各樣的言辭，處理好各方面的關係，不要將自身的情緒帶到工作中，即「毋忿怒以決」，也不要輕易的表露自己的觀點，總之，就是要「毋犯大事」。

　　「金人銘」可能是嶽麓簡《爲吏》謹慎言辭內容的重要語料來源。嶽麓簡《爲吏》中有，「毋多貰貣，多言多過，勿言可復，疾言不可悔，【受】令唯若」。這些內容可能就取自《大戴禮記》、《孔子家語》、上博簡《武王踐作》等文獻中記載的「金人銘」。《孔子家語·觀周》：「孔子觀周，遂入太祖后稷之廟，廟堂右階之前，有金人焉，三緘其口，而銘其背曰：『古之慎言人也，戒之哉。無多言，多言多敗。無多事，多事多患。安樂必戒，無所行悔。勿謂何傷，其禍將長。勿謂何害，其禍將大。』」〔註62〕並且在《爲吏》中我們

〔註61〕閻振益、鍾夏：《新書校注》，中華書局 2000 年，第 340 頁。
〔註62〕楊朝明、宋立林：《孔子家語通解》，齊魯書社 2009 年版，第 128 頁。

也找到了「安樂之所必戒」、「毋行可悔」這類的語句，但是位置卻並不能連讀。不過，綜合比較我們就會發現，《爲吏》中的詞句並不是作者的原創，而是抄寫自不同的文獻之中，在抄寫的過程中可能會有所損益。筆者認爲，「金人銘」也可能就是當時民間口耳相傳的俗語，由於言辭簡練，內容含勸誡之辭，而流傳下來，並由後人搜集整理而成。由於現今傳世的「金人銘」有不同版本，並且字數也不盡相同，但是其中所包含的內容基本相當。嶽麓簡《爲吏》本來就是秦代官吏的入門教材，在語言風格上力求簡練，並具有俗語特徵。簡文徵引「金人銘」，不僅是因爲其語言朗朗上口、善於讀誦，而且在內容上也與「爲吏」的道德品質相和，是極佳的語言材料。另外，《爲吏》中有些有關言辭的語彙材料也可能是《說苑》的來源，比如「擇言出之」，就與《說苑·政理》「故君子慎言語矣，毋先己而後人，擇言出之，令口如耳」相合。〔註63〕「苦言藥也，甘言毒也」，同《說苑·君道》「藥食先嘗於卑，然後至於貴；藥言現獻於貴，然後聞於卑」相類似。〔註64〕這種文獻的相似性，必然有其原因，陳偉先生就指出：「《說苑》抄引群書的情形，也有學者作過梳列。嶽麓書院藏秦簡《爲吏》與《說苑·談叢》這兩段文句的近似，可能具有特別的含義。或許劉向編撰《談叢》時，曾利用了《爲吏》這類文獻」。〔註65〕

〔註63〕向宗魯：《說苑校證》，中華書局 1987 年版，第 164 頁。
〔註64〕向宗魯：《說苑校證》，中華書局 1987 年版，第 24 頁。
〔註65〕陳偉：《嶽麓秦簡〈爲吏〉與〈說苑〉對讀》，簡帛網 2009 年 11 月 30 日 http：//www.bsm.org.cn/show_article.php 抬 id=1186。

下編　《爲吏治官及黔首》資料彙編

《爲吏治官及黔首》重新編聯後釋文

【說明】

1、釋文皆取自朱漢民、陳松長主編：《嶽麓書院藏秦簡（壹）》（上海辭書出版社 2011 年版），其中保留了本書給出的編排編號以及簡整理時的初始編號，格式爲原排序號/原始編號。依照簡冊單獨編號的原則，筆者還會給出重新編排的簡號。

2、由於《爲吏治官及黔首》的書寫形式特殊，依照原先整理者給出的排列順序，發現意群出現斷裂，不是十分連貫。筆者根據內容相似相鄰的原則，發現《爲吏治官及黔首》應由多個簡冊組成。我們依照簡文內容，將這部分簡分成了兩個簡冊，第一簡冊包含了 37 支簡，第二簡冊則包含了 49 支簡。另外，需要對原編號爲 6、7 兩簡進行說明。首先，對於 6 簡，由於書寫形式的特殊，雖然簡的上部殘斷，但是在「亡」字之前添字的可能性較小，因此，其書寫形式很可能爲兩欄書寫。所以，與其他簡的編排關係，有待進一步考察。至於 7 簡，整理者將 0139 與 0200 兩片斷簡綴合而成，不過從形制和內容上來看，不太適合。筆者在重新編排簡文時，將此兩簡分開。

3、重新編排的釋文，主要說明筆者的編聯意見。釋文取字依然按照《嶽麓書院藏秦簡（壹）》中釋文，其中有明顯錯誤的筆者會加以改正，並作相應說明。對於，其他研究者的釋文意見，僅供參考，釋文中不作說明。

4、新給出釋文的符號說明。異體字、假借字隨文以（　）號加以注明，擬補的字加注【　】號標識，無法辨認的字用□號標記，能從殘存的筆劃辨識出的字用某標記，斷裂綴合處的字用某標記，不能辨識所缺字數的用……標記，錯字後直接用〈　〉號標注出正確的字。

5、由於《爲吏治官及黔首》的保存狀況較差，給簡文編排工作帶來的極大的困難。嶽麓秦簡的整理者在努力克服這一困難的同時，也不免會有失誤和不足之處。但是，整理者所給出的簡文排序，使我們在第一時間對《爲吏治官及黔首》這篇文獻有了初步瞭解。筆者所重新排列的簡序，也是在整理者研究的基礎之上進行的，如有妄加揣測的內容，還請整理者見諒。

【第一簡冊】

新排序號	原排序號/原始編號	釋　文		
01	01/1504	☑□官中	院垣陝（決）壞	聽間（諫）勿塞
02	02/0313	☑田	里中備火	審智（知）民能
03	03/1491	☑	毋信毚（讒）言	善度黔首力
04	04/1535+1498	□欲不得	苦言樂（藥）也	勞以率之
05	05/1540	□食不時	甘言毒也	正以矯之
06	27/1543	言毋作色	毋非(誹)旁(謗)人	吏有五善
07	28/殘4-1-1+928	☑富毋驕	安樂之所必戒	一日忠信敬上
08	29/1573	☑智必問	好言塞責	二日精廉無旁（謗）
09	30/1577	毋傷官事	上交不勝樂	三日舉吏審當
10	31/1580	多傷多患	下交不勝憂	四日喜爲善行
11	32/1575	毋多貰貣	安徐審祭（察）之	五日龔（恭）敬多瓖（讓）
12	33/1574	多言多過	擇人與交	五者畢至必有天當
13	34/0310	☑	擇言出之	吏有五失
14	35/1497	勿言可復	醜言出惡	一日視黔首渠驁
15	36/1544	疾言不可悔	勝人者力	二日不安其朝
16	37/1545	【受】令唯若	自勝者強	三日居官善取
17	38/1546	☑用時	智（知）人者智	四日受令不僂

18	39/1547	歙（飲）食用節	自智（知）者明	五曰安其家忘官府	
19	40/1569	【衣】服冓身	癙（厭）忿止欲	五者畢至是胃（謂）過主	
20	41/1572	戒之慎之	唯怒必顧	吏有五過	
21	42/1576	人請（情）難智（知）	遇上毋恐	一曰誇而夬	
22	43/1571	非親毋親	謹敬侍之	二曰貴而企	
23	44/1570	多所智	精絜（潔）正直	三曰亶（擅）折割	
24	45/1516	☑	慎謹擎（堅）固	四曰犯上不智（知）其害	
25	46/1548	莫（？）親於身	審悉毋私	五曰間（賤）士貴貨貝	
26	47/1549	毋勞心	徵（微）密咸祭（察）	吏有五則	
27	48/1550	毋棄親戧（賢）	安倩（靜）毋苟	一曰不祭（察）所親則韋（違）數至	
28	49/1551	【恭】敬毋亡（忘）	審當賞罰	二曰不智（知）所使則以（權）索利	
29	50/1565	毋喜細說	厰（嚴）剛毋暴	三曰舉事不當則黔首菑指	
30	51/1568	毋犯大事	廉而毋岲（？）	四曰喜言隋（惰）行則黔首毋所比	
31	52/1567	龏（恭）敬讓禮	復悔其（期）勝	五曰善非其上則身及於死	
32	53/1566	敬長茲（慈）少	毋忿怒以夬（決）	吏有六殆不審所親	
33	55/1553	讓大受小	禾（和）平毋怨	同某（謀）相去	
34	54/1552	絕甘分少	寬俗（裕）忠信	不祭（察）所使親人不固	
35	56/1554	合同禾（和）平	悔過勿重	起居不指	
36	57/1562	毋行可悔	茲（慈）下勿淩（陵）	扁（漏）表不審	
37	58/1555	行（？）難之所	敬士〈上〉勿犯	縈（徽）蝕（識）不齊	

【第二簡冊】

新排序號	原排序號/原始編號	釋　文			
01	07/0200	敬給縣官事		☑	
02	08/1521	☑	行者質（滯）留	流【庸】□☑	
03	10/0002	擅叚縣官器	部佐行田	棄婦不☑	
04	0139	☑		不居其宇	
05	13/1539	毋薦毋草	黔首不田作不孝	發弩材官	
06	09/1563	智愛有亟	嗇夫弗行	【士】吏捕盜	
07	18/1582	☑□當討	數貰醢（酤）弗言	卒士不肅	
08	16/2178	☑□不行	舉苗□不□	☑	
09	11/1581	□死〈列〉（裂）弗補	度稼得租	用兵不濕	
10	12/1557	臧（藏）蓋聯扁（漏）	奴婢莫之田	盜賊弗得	
11	15/1556	履絜（緆）驪支（屐）	其能田作	要害弗智（知）	
12	14/1558	【卑】苙不賣	小男女渡量	徼迣不數	
13	17/1560	當毛繕治	弗治以藍（監）它人	求盜備不具	
14	21/1561	塗漑（塈）陀（阤）隋（墮）	牛饑車不攻間	亭障不治	
15	23/1537	贏繲弗行	群盜亡人不得	圂泛毋梗〈搜〉	
16	22/1538	苑水歙（飲）不利	發徵不盡不僂	與麄同宮	
17	19/1578	麄畜斗數	毋積聚畜產	郭道不治	
18	24/1564	毋靡費	室屋聯扁（漏）	畏盜亭障	
19	20/1579	□□多草	蔬食蓄採（茱）	進退不擊	
20	26/0927	兩毋所依	歙（飲）食不節	謝室毋廉	
21	25/0931	☑	出入不時	春秋肄試	
22	62/1529	關龠不利	治奴苑如縣官苑	它縣毋傳	禍與畐（福）鄰
23	61/1528	門戶難開	船人不敬（警）	賈市魚儼（獵）	正而行修而身

24	59/2176+1501	水瀆不通	船隧毋廙	路賦稍（艄）賦毋跖（砧）	臨財見利不取笱（苟）富
25	60/0854	毋池其（？）所	深楫（？）不具	家室多夏居田（？）	臨難見死不取笱（苟）免
26	63/1534	衣聯弗補	五穀禾稼	當監者	欲人敬之必先敬人
27	64/1496	不洗沐浴	吏弗論治	毋獨出	欲人愛之必先愛人
28	84/1585	衡石權贏（累）	孤寡癃（癃）病當巢（隇？）	封閉毋墮	以去其輸（偷）也
29	65/1584	丈量斗甬（桶）	興繇毋擅	監視毋輸（偷）	親鐵（賢）不朾（泛）不欲外交
30	66/0311	☑		勿敢度	事無多（終）始不欲多業
31	67/1505	升箭（鑰）不正	主吏留難	實官出入	舉事而不意不欲多聞
32	68/1536	畜馬牛羊	租稅輕重弗審	積索（索）求監	纒（禍）所道來毋云莫智（知）之
33	83/1586	亡器齊（齎）賞（償）	草田不舉	臧（藏）盍（蓋）必法	故君子曰有茲＝（茲-孜孜）之志
34	69/1533	資責（債）不收	狠（墾）田少員	補褆治家	矰織（弋）者百智之長也
35	70/殘1-1+殘1-3	☑			須臾者百事之祖
36	81/1583	官贏不備	封畔不正	工用必審	事無細弗爲不成
37	82/0926	□□□□	□□□□	庫臧（藏）羽革	盧（慮）之弗爲與已鈞（均）也
38	79/0925	毋朵不年別	田徑不除	楊（煬）風必謹	故曰道無近弗行不到
39	80/0033	☑		縣官宇不居	望之不往者萬世不到
40	71/1532	殇（朽）敗狠（墾）靡	案戶定數	紡織載（裁）絳（縫）	可＝傷＝（可傷可傷）過之貴也
41	72/1530	臧（藏）盍（蓋）不法	移徙上槍（端）	女子之作	刃＝之＝（刃之刃之）福之基也
42	73/殘4-1-2	☑			□□□□不可歸

43	74/1590	官中多草	橋陷弗為	行繇奴繇=役	敀=之=（敀之敀之）某（謀）不可行
44	75/0924	窨內直（置）緊	城門不密（閉）	老病孤寡	慎=之=（慎之慎之）言不可追
45	76/1588	塗溉（塈）騷（掃）除	難開不利	芝（乏）絕當巢（隟？）	謹=之=（謹之謹之）某（謀）不可遺
46	77/1587	棧歷（櫪）濇除	術尌（樹）毋有	貸種食弗請	慕=之=（慕之慕之）食不可賞
47	78/1589	□不灑除	田道衝術不除	寒者毋衣弗請	術（怵）狄（惕）之心不可長
48	85/1541	為人君則惠，為人臣【則】忠，為人父則茲（慈），為人子則孝，為人上則明，為人下則聖，為人友則不爭，能行此，終			
49	86/0072	日視之，簍（屢）毋舍，風（諷）庸（誦）為首，靜（精）正守事，勸毋失時，攻（功）成為保，審用律令，興利除害，終身毋咎。			
50正	87/1531 正	此治官、黔首及身之要也與（歟）？它官課有式，令能最。欲毋殿，欲毋罪，皆不可得。欲最之道把此。			
50背	87/1531 背	為吏治官及黔首			

【待編聯簡】

| 06/1542 | 亡者身之保也 | 反若其身 |

《爲吏治官及黔首》匯校集釋

【說明】

1、本文竹簡編號爲朱漢民、陳松長主編《嶽麓書院藏秦簡（壹）》一書中的編號，凡不標出處的簡號，均出自此書。

2、簡文的編聯順序依然按照原書順序，由於《爲吏治官及黔首》是以分欄方式進行書寫，所以注釋順序以每支簡爲單位，依照每支簡中的欄位順序進行。

3、釋文儘量嚴格隸定，並括注其通用字。異體字、假借字隨文以（　）號加以注明。擬補的字加注【　】號標識，無法辨認的字用□號標記，能從殘存的筆劃辨識出的字用某標記，斷裂綴合處的字用某標記，不能辨識所缺字數的用……標記，錯字後直接用〈　〉號標注出正確的字。

4、正文以字詞或句子作爲集釋單位。爲便於查找及解說編聯情況，會在每個解釋詞後，標注原簡號、整理簡號、欄位號及正背情況，並以深色網底區別，例如：部佐行田 0002 正貳（10 正貳）。

5、集釋徵引諸家文獻，具體信息見文末所附「研究文獻」，正文一般不予以交代。引用諸家觀點時，採用摘引原文形式。由於條件限制，某些文章我們未能見到原文，而是在其他文章中找到只言詞組，對於這樣的情況，我們也將其引入集釋中，同時注明轉引的出處。另外，原文中的注釋如需要引用則標注「原引」。

6、徵引論著按發表年份先後排列，年份相同者則按姓氏排列。同一作者同年發表的論著加 A、B、C、D 等以示區別。「集釋」正文中直接徵引的論著在「研究文獻」中用【作者名或單位名稱+年份】標識，未直接徵引的論著不加標識。

7、有些論文先單篇發表，後集結爲成本的論著，同篇文章多次、多處發表
時，篇名、內容會有所修訂，這就出現了同篇文章的不同版本。考慮到
發明權問題，集釋中所引用的文章，我們標注其首見時間，但會在「參
考文獻」中注明引用的版本。

8、爲行文方便，本文在引用學者觀點時，一般徑稱學者之名而不加先生等
稱謂，敬祈見諒。另外，對於集釋中的簡稱說明，「復旦大學出土文獻與
古文字研究中心研究生讀書會」文中皆簡稱爲「讀書會」。

01/1504	☑□官中	院垣阹（決）壞	聽間（諫）勿塞	
02/0313	☑田	里中備火	審智（知）民能	
03/1491	☑	毋信毚（讒）言	善度黔首力	
04/1535+1498	□欲不得	苦言樂（藥）也	勞以率之	
05/1540	□食不時	甘言毒也	正以撟之	
06/1542	☑亡者身之保也		反若其身	

【匯釋】

【1】院垣 1504 正貳（01 正貳）

【廖繼紅 2011】

院，院牆，圍牆。《廣雅·釋宮》：「院，垣也。」《玉篇·阜部》：「院，
周垣也。」睡虎地秦墓竹簡《法律答問》：「巷相直爲院，宇相直者不爲院。」
垣，指牆、矮牆。《說文·土部》：「垣，牆也。」段玉裁注：「此云垣者，牆
也，渾言之；『牆』下曰垣蔽也，析言之。……垣自其大言之，牆自其高言之。」
《書·梓材》：「若作室家，既勤垣墉，惟其塗墍茨。」李民等認爲：「垣墉，
牆。」馬融曰：「卑曰垣，曰墉。」《龍崗秦簡》：「禁苑嗇夫、吏數循行，垣
有壞決獸道出，及見獸出在外，亟高縣。」〔註1〕

【按】

依《法律答問》來說，「院」應是一種里與里之間的界牆或圍牆，並且
睡虎地整理小組認爲，估計律文對越院有處罪的規定，所以在此處專門對越
兩里之間的牆是否是越院做了解釋。因此，「院」並非普通的牆，而「垣」
或泛指牆，圍牆。廖釋「院」爲「院牆」非也。《睡虎地秦墓竹簡·法律答

〔註1〕廖繼紅：《〈爲吏治官及黔首〉補釋》，簡帛網 2011 年 2 月 28 日
（http://www.bsm.org.cn/show_article.php 抬 id=1407）。

問》：「越里中之與它里界者，垣為『完』（院）不為？巷相直為『院』；宇相直不為『院』。」整理小組注：「院，《說文》作，云：『周垣也。』即圍牆。」〔註2〕《龍崗秦簡》：「禁苑嗇夫、吏數循行，垣有壞決獸道出，及見獸出在外，亟高縣。」垣，龍崗秦簡整理小組譯為「禁苑牆垣」。〔註3〕《睡虎地秦墓竹簡‧秦律十八種》：「縣葆禁苑、公馬牛苑，興徒以斬（塹）垣離（籬）散及補繕之，輒以徭苑吏，苑吏循之。」〔註4〕這裏院、垣聯稱似乎是泛稱，指所有類別的牆。

【2】陕（決）壞 1504 正貳（01 正貳）

【廖繼紅 2011】

陕，當讀為「缺」，破裂。《集韻‧屑韻》：「缺，破也。亦作決。」《史記‧李斯列傳》：「夫人生居世間也，譬猶騁六驥過決隙也。」

【馬芳、張再興 2011】

該字當讀為「絕」，義為斷也，引申為杜絕，防備義。決與絕義同在文獻中多有例證，《資治通鑑‧漢紀八》：「不肯予決。」胡三省注：決，絕也。《易‧中孚‧象傳》：絕類上也。焦循章句：絕，決也。

【邱亮 2013】

壞、陕同意並舉，皆有潰破意。

【按】

廖、馬、張之說皆不可從。「陕（決）壞」亦見於睡虎地秦簡和龍崗秦簡。《睡虎地秦墓竹簡‧秦律十八種》：「卒歲而或陕（決）壞，過三堵以上，縣葆者補繕之；三堵以下，及雖未盈卒歲而或盜陕（決）道出入，令苑輒自補繕之。」整理小組譯為「缺毀」〔註5〕《龍崗秦簡》：「禁苑嗇夫、吏數循行，垣有壞決獸道出，及見獸出在外，亟高縣。」〔註6〕決，決口、破缺。《史記》書八：「梁楚之地固已數困，而緣河之郡堤塞河，輒決壞，費不可勝計。」〔註7〕決壞，

〔註2〕睡虎地秦墓竹簡整理小組：《睡虎地秦墓竹簡》，文物出版社 1990 年版，第 137 頁。
〔註3〕中國文物研究所、湖北省文物考古研究所編：《龍崗秦簡》，中華書局 2001 年版，第 89 頁。
〔註4〕睡虎地秦墓竹簡整理小組：《睡虎地秦墓竹簡》，文物出版社 1990 年版，第 47 頁。
〔註5〕睡虎地秦墓竹簡整理小組：《睡虎地秦墓竹簡》，文物出版社 1990 年版，第 47 頁。
〔註6〕中國文物研究所、湖北省文物考古研究所編：《龍崗秦簡》，中華書局 2001 年版，第 89 頁。
〔註7〕〔漢〕司馬遷：《史記》，中華書局 2013 年版，第 652 頁。

即斷裂、坍塌、毀壞之意，與「院垣」連讀，全句可解釋爲「牆面斷裂缺損而毀壞」。

【3】聽間（諫）勿塞 1504 正三（01 正三）

【廖繼紅 2011】

聽間（諫）勿塞，《爲吏之道》作「聽間（諫）毋塞」。塞，閉塞。《管子・明法》：「下情求不上通謂之塞。」

【按】

《睡虎地秦墓竹簡・爲吏之道》亦作「聽間（諫）勿塞」。廖氏所言「塞」爲閉塞，此說似乎不準確，應該解釋爲「中止、停止」的意思《管子法法》「賢人不至，謂之蔽。忠臣不用，謂之塞。令而不行，謂之障。」

【4】☑田 0313 正壹（02 正壹）

【整理者 2010】

田，因簡首殘斷，也有可能是其他從田的字，如「蓄」（20/1579 簡），「苗」（16/2178 簡）等。（109 頁）

【按】

此簡殘損嚴重，「田」亦留半字，是否從田待考。

【5】里中備火 0313 正貳（02 正貳）

【整理者 2010】

里中，指同里的人。《史記・張耳陳餘列傳》：「秦詔書購求兩人，兩人亦反用門者以令里中」或指家中。《樂府詩集・相和歌辭十三・孤兒行》：「里中一何譊譊，願欲寄尺書，將與地下父母：兄嫂難與久居。」（109 頁）

【馬芳、張再興 2011】

聯繫文意，取後一意義更確，「里中備火」即「家裏要防備失火（火災）。」

【按】

里中，或可理解爲「里內」，整理者所說「家中」非也。《睡虎地秦墓竹簡・法律答問》：「越里中之與它里界者，垣爲『完』（院）不爲？巷相直爲『院』；宇相直不爲『院』。」整理小組譯「里中」爲「里」。《墨子・號令》：「因城中里爲八部，部各一吏，吏各從四人，以行衝術及里中。」〔註8〕全句或可理解

〔註8〕〔清〕孫詒讓《墨子閒詁》，中華書局 2001 年版，第 590 頁。

爲「里內要防備火災」。《墨子・號令》：「愼無敢失火，失火者斬，其端失火以爲亂事者，車裂。」〔註9〕顯然，這裏所說的「愼無敢失火」說的就是「備火」之意，《墨子》中所規定的可能是戰時的要求，但是依然可以看出對「失火」的處罰極爲嚴苛，因此這也是官吏所必須注意的事項。

【6】審智（知）民能 0313 正三（02 正三）

【廖繼紅 2010】

審智，即審知，確知。《管子・君臣下》：「昔者，聖王本厚民生，審知禍福之所生，是故愼小事。」《後漢書・馮衍傳上》：「永衍審知更始已歿，乃共罷兵，幅巾降於河內。」民能，民眾的才能，能力。《韓非子・八經》：「設法度以齊民，信賞罰以盡民能。」《爲吏之道》：「審民能，以賃（任）吏，非以官祿夬助治。」

【朱紅林 2013】

「度」，度量，衡量。睡虎地秦簡《爲吏之道》作「審智（知）民能，善度民力」，又曰」審民能，以賃（任）吏，非以官祿夬助治」。秦簡的記載說明，秦朝統治者在徵發徭役的同時，也很注意保護民力資源睡虎地秦簡、里耶秦簡和嶽麓秦簡的記載都給人以同樣的印象「審智（知）民能，善度黔首力」，就是要求官吏瞭解和掌握民力資源的分佈及構成特點，這是動用民力的前提條件。

【按】

民能，即民力。《商君書・算地》：「明君愼觀三者，則國治可立，而民能可得。」《韓非子・八經》：「設法度以齊民，信賞罰以盡民能。」王先愼云：「乾道本『盡』下有民字，顧廣圻云：『今本無『民』字，按不當有。』今據刪。」可以比照參證。

【7】毋信巉（讒）言 1491 正貳（03 正貳）

【蕭永明 2009】

此語源自《詩經・小雅・青蠅》：「營營青蠅，止于樊。豈弟君子，無信讒言。」

【廖繼紅 2010】

讒言，指壞話，挑撥離間的話。《書・盤庚下》：「爾無共怒，協比讒言予一人。」

〔註9〕〔清〕孫詒讓：《墨子閒詁》，中華書局 2001 年版，第 593 頁。

【臧磊 2013】

毚，通「讒」。《馬王堆漢墓帛書・老子乙種卷前古佚書・十六經・成法》121 下：「夫是故毚民皆退，賢人減（咸）起，五邪乃逃，年（佞）辯乃止。」鮑照《河清頌》：「毚鼎遷宋，玄圭告成。」「毚鼎」《韓非子・說林下》作「讒鼎」。「毚言」即讒言，壞話，挑撥離間的話。《書・盤庚下》：「爾無共怒，協比讒言予一人。」《漢書・中山靖王劉勝傳》：「今臣雍閼不得聞，讒言之徒蜂生。」

【許道勝 2013】

字殘甚，不可辨，故改釋。（其釋爲□）

【按】

臧氏所言「毚」通「讒」，此說可從。但是對讒言的解釋，筆者有不同的理解，應是小人之言或者陷害別人的話。正如蕭先生所言此語確出於《詩經・青蠅》，在《史記・滑稽列傳》、《漢書列傳三十三》、《論衡・言毒》皆有引述。此語《文子・上仁》中亦有：「君子察實，無信讒言，君過而不諫，非忠臣也，諫而不聽，君不明也。」〔註10〕「無信讒言」即不要聽信、輕信小人之言或者陷害之語。《左傳》文公：「臣免於死，又有讒言，謂臣將逃。」這裏的讒言也就指代後面的「謂臣將逃」之語，所說也是誹謗、陷害之語的不實之言。《孔子家語・屈節》中有「聽讒言」：「孔子弟子有宓子賤者，仕於魯爲單父宰，單音善恐魯君聽讒言，使己不得行其政，於是辭行」。〔註11〕廖、臧之說的挑撥離間的話，似乎不太可信。另，臧磊所引馬王堆帛書《十六經・成法》中的「讒民」應該知道佞臣、亂民而言。《論衡・答佞》：「讒與佞，俱小人也，同道異材，俱以嫉妒爲性，而施行發動之異，讒以口害人，佞以事危人。」〔註12〕「讒」，說壞話的人，或陷害別人的人。「佞」，爲事情作亂的人，做壞事以壞人。在王充看來，「佞」與「讒」皆是同類，都是由於嫉妒而對別人使壞。《詩經・小雅・青蠅》中有「無信讒言」，鄭玄箋云：「興者，蠅之爲蟲，污白使黑，污黑使白，喻佞人變亂善惡也。」〔註13〕佞人即顛倒黑白，陷害他人的人，所以馬王堆帛書中《成法》所云「讒民」即佞臣、亂民而言。

〔註10〕王利器：《文子義疏》，中華書局 2000 年版，第 458 頁。
〔註11〕楊朝明、宋立林：《孔子家語通解》，齊魯書社 2009 年版，第 425 頁。
〔註12〕黃暉：《論衡校釋》，中華書局 1990 年版，第 517-518 頁。
〔註13〕〔清〕王先謙：《詩三家義集疏》，中華書局 1987 年版，第 781 頁。

【8】善度黔首力 1491 正三（03 正三）

【整理者 2010】

善度黔首力，《爲吏之道》作「善度民力」（一六七頁）。（109 頁）

【蕭永明 2009】

根據《史記・秦始皇本紀》載，秦始皇二十六年（前 221 年）統一六國後，「更民曰黔首」。《爲吏》「黔首」之稱，可以視爲實施秦始皇「更名」措施的結果。從《爲吏之道》普遍稱「民」而不稱「黔首」到《爲吏》主要稱「黔首」，可能正好反映了「更名民曰『黔首』」的過程。當然還不能據此確定《爲吏》的書寫時間。因爲據王念孫考證，「黔首」一詞最早使用並不始於秦統一之後。

【廖繼紅 2010】

黔首力，即民力，民眾的人力、物力、財力。《左傳・昭公十三年》：「令尹子期請伐吳，王弗許，曰：『吾未撫民人，未事鬼神，未修守備，未定國家，而用民力，敗不可悔。』」《漢書・五行志上》：「今宮室崇侈，民力雕盡，怨讟並興。」

【按】

度，量度。《左傳》文公十八年：「先君周公制周禮曰：則以觀德，德以處事，事以度功，功以食民。」楊伯峻注云：「度，舊讀入聲，量也。事以度功者，據其效果，評其功勞之有無與大小也。」〔註14〕黔首力，即民力，廖說可從。《管子・乘馬》：「故不均之爲惡也，地利不可竭，民力不可殫。」〔註15〕這裏將「地利」與「民力」等同起來，所說民力應該單指人力而言，非物力、財力。《管子・法法》云：「上注者，紀天時，務民力。下注者，發地利，足財用也。」這裏的民力財用也是分開說的，並非單將民力等同於物力、財力。此句可解爲「善於量度民眾的人力」。

【9】欲不得（04 正壹）

【許道勝 2013】

欲，受縱向纖維脫落影響，字中部縱向缺失。

【臧磊 2013】

適宜，得當。《周禮・考工記・輪人》：「直以指牙，牙得，則墊而固。」

〔註14〕楊伯峻：《春秋左傳注》，中華書局 2009 年版，第 1145 頁。
〔註15〕黎翔鳳：《管子校注》，中華書局 2004 年版，第 92 頁。

鄭玄注：「得謂倨句鑿內相也。」賈公彥疏：「以輔直者以倨，以牙曲者以句，輔牙雖有倨句，至於藝內必正，正則以得，得則若築而牢固也。《禮記・郊特牲》：「陰陽和而萬物得。」鄭玄注：「得，得其所。」

【10】苦言樂（藥）也 1535+1498 正貳（04 正貳）

【整理者 2010】

苦言，靜言，逆耳之言。《史記・商君列傳》：「苦言藥也，甘言疾也。」《晉書・劉頌傳》：「垂聽逆耳，甘納苦言者，濟世之君也。」史籍中有「藥言」之說，意思於此相近，如劉向《說苑・君道》：「藥食先嘗於卑，然後至於貴；藥言現獻於貴，然後聞於卑。」（110 頁）

【廖繼紅 2011C】

《史記・商君列傳》記載：商君曰：「語有之矣，貌言華也，至言實也，苦言藥也，甘言疾也。夫子果肯終日正言鞅之藥也，鞅將事子，子又何辭焉？」由商君曰「語之有矣」，可知這句話早有流傳。

【讀書會 2011】

簡 4 第二欄「苦言樂（藥）也」，「也」上一字當逕釋爲「藥」。

【張軍威 2013】

苦言，指靜言，逆耳之言。《晉書・劉頌傳》：「垂聽逆耳，甘納苦言者，濟世之君也。」史書中有「藥言」之說，意思與此相近。（42 頁）

【按】

苦言，不好聽的話語或者良苦用心之言，即忠言。《越絕書・越絕外傳計倪》云：「古人云：『苦藥利病，苦言利行。』」錢培名認爲：「『苦言利行』，『苦』原一作『忠』。」〔註16〕李步嘉依照錢培名的解釋，並引《韓非子・外儲說左上》認爲這裏的「苦」應改爲「忠」。李步嘉此說不確，《爲吏》中的「苦言藥也」一句便可證明，「苦言」爲古語，這裏將苦言與苦藥相互類比，與《爲吏》中此句可以相互參照，這也可能是上古諺語被收入《爲吏》之中。另《後漢書》卷四二：「願王寶精神，加供養。苦言至戒，望之如渴。」〔註17〕這裏的「苦言」指的就是良苦用心之言，希望主上能夠採納。文獻中亦有忠言，《史記・留侯世家》：「良藥苦口利於病，忠言逆耳利於行。」此句將「忠言」與

〔註16〕李步嘉：《越絕書校釋》，中華書局 2013 年版，第 271、281 頁。
〔註17〕〔南朝宋〕范曄：《後漢書》，中華書局 1965 年版，第 458 頁。

「良藥」相對，而忠言亦逆耳之言，與苦言在性質上是類似的。這句話是由張良引述的，也許是根據諺語改稱的，也可能其來源是《爲吏》這類的文獻，並非單取自《孔子家語》，說明有更早的底本。《孔子家語‧六本》亦有：「孔子曰：『良藥苦於口而利於病，忠言逆於耳而利於行。』」〔註18〕

【11】勞以率之 1535+1498 正三（04 正三）

【劉天奇 1994】

它（《爲吏之道》）非常重視『務民』之策，告誡官吏必須做到「審智（知）民能，善度民力，勞以率之，正以（矯）之。」這就是說，官吏不僅要珍惜民力，以減輕他們的負擔，而且要以自己的「勞」、「正」作表率，加強對民的「教化」，來爭取「民心」的歸附。

【廖繼紅 2010】

勞以率之，《爲吏之道》作「勞以率之」。率，榜樣，表率。《增韻‧質韻》：「率，率先也。」《漢書‧朱博傳》：「臣願盡力，以御史大夫爲百僚率。」

【王中江 2011】

在「勞以率之」、「安而行之，使民望之」、「觀民之作，罔服必固」等話語中，所表現的都歐式儒家式的以身作則的爲政觀。「爲政者」之所以能起表率作用，按照儒家的答案，這是靠他們的修身和道德，而不是靠強制性的東西約束百姓。（486 頁）

【按】

率，總率、率領。循也。《書‧皋陶謨》：「率作興事」《周禮》「率之」指率民力而言，非指表率而言。

【12】□食不時 1540 正三（05 正三）

【方勇 2011A】

「食」字前一字殘泐不全，整理者缺釋。此應爲「歓（飲）」字，「歓（飲）」字形及「歓（飲）食」一片語又見於本篇的二六正簡第二欄「歓（飲）食不節」、三九正第一欄「歓（飲）食用節」等句，可資參照。

【廖繼紅 2011C】

據《漢書‧五行志》「傳曰」可知，這些語句很早就有流傳，是對起居、飲食、出入等養生注意事項的總結。《管子‧形勢》：「起居時，飲食節，寒暑

〔註18〕楊朝明、宋立林：《孔子家語通解》，齊魯書社年版，第 173 頁。

適，則身利而壽命益。起居不時，飲食不節，寒暑不適，則形體累，而壽命損。」《漢書·五行志上》：「傳曰：田獵不宿，飲食不享，出入不節，奪民農時及有奸謀，則木不曲直。」（18頁）

【邱亮2012】

復將《爲吏》「飲食不時」與「飲食不節」參看，二者關係極爲明確。時、節可同義並舉，《國語·晉語》：「夫德廣遠而有時節，是以遠服而邇不遷。」韋昭注：「作之有時，動之有序。」互文、異文在典籍中亦較爲常見，《孔子家語·卷一》：「寢處不時，飲食不節，逸勞過度者，疾共殺之。」《春秋左傳正義》：「《家語》孔子云：「飲食不時，逸勞過度者，病共殺之。」《十三經注疏正字》：「時作節。」二者異文；《後漢書》注：「飲食不時，醉飽不節，寢起早晏無常，玩好器弄無制，此少保之責也。」二者互文。字形方面，此缺字與「歙」結構吻合，結合辭例推勘、連文、互文、異文材料加以推定，亦了無滯礙。故此，此句可補足爲「〔歙〕食不時」，與同批簡文「食不節」相垺，爲飲食不節制，沒有規律之義。（17、18頁）

【按】

或可解爲「飲食不時」，方勇之說可從，此句可能出自《墨子》。下文也有「飲食不節」互可參證，其意思可理解爲不按照規定時間吃飯，《爲吏》中亦有「出入不時」，即沒有按照規定時間出入。這也可能是一項戰時軍隊對卒士、民眾的管理規定。《墨子·號令》：「飲食不時，其罪射。」〔註19〕在《號令》此句之前有這樣的規定：「人自大書版，著之其署中，有司出其所治，則從淫之法，其罪射。」岑仲勉云：「此言戒嚴時期及軍中之禁令……出其所治猶言揭出應行處罰的規條。」〔註20〕「飲食不時」就是此句中所記的「從淫之法」，不按照規定時間吃飯顯然是軍中的大罪、重罪。或可解釋爲「飲食沒有固定的規律」。《墨子·節用》：「與居處不安、飲食不時、作疾病死者。」此句是由於爲政者賦斂無度、戰爭頻仍，造成民眾居無定所、食無求飽、獲得疾病而死的狀態。《孔子家語·五儀》：「夫寢處不時，飲食不節，逸勞過度者，疾共殺之。」可以與《墨子》比照，這裏所說的兩種情況都會有疾病侵襲而身亡。「寢處不時」，《通解》云：「生活起居沒有固定的規律。」〔註21〕

〔註19〕〔清〕孫詒讓：《墨子閒詁》，中華書局2001年版，第618頁。
〔註20〕岑仲勉：《墨子城守諸篇簡注》，中華書局1958年版，第45頁。
〔註21〕楊朝明、宋立林：《孔子家語通解》，齊魯書社2009年版，第70頁。

此處對不時的解釋與「飲食不時」的解釋可以相互參證，解釋爲「節制」似乎有些不妥，與下文中的「飲食不節」重複。

【13】甘言毒也 1540 正貳（05 正貳）

【整理者 2010】

甘言，好聽的話。《史記・商君列傳》：「苦言藥也，甘言疾也。」（110 頁）

【伊強 2011】

「毒」字原字形作「」，與睡虎地秦簡「每」、「毒」二字比較，很明顯當釋爲「每」。如果將其讀如本字的話，文句則捍格難通。整理者已指出此句可與《史記・商君列傳》「苦言藥也，甘言疾也」相參照。作「毒」字解的話，當爲「每」字之訛。《莊子・列禦寇》：「彼所小言，盡人毒也。」馬其昶曰：「謂甘言爲患。」此可看作「每」爲「毒」字之訛的一個旁證。當然，也可以從通假方面作解，「每」與上引《史記》文句中的「疾」相當，「每」似也可讀作「痗」。《爾雅・釋詁下》：「痗，病也。」《詩經・衛風・伯兮》：「願言思伯，使我心痗。」毛傳：「痗，病也。」

【按】

伊強將毒字解爲「每」，釋作「病」。筆者認爲此字不應通轉，整理者釋作「毒」之說可從。《史記・商君列傳》中的「疾」。

【14】正以撟之 1540 正三（05 正三）

【整理者 2010】

正以撟之：《爲吏之道》作「正以撟（矯）之」（一六七頁）撟、矯古通（高亨《古字通假會典》，七九〇頁）。（110 頁）

【按】

撟，亦作「矯」，整理者之說可從。

【15】☑亡者身之保也 1542 正壹（06 正壹）

【讀書會 2011】

簡 6 上欄「☑亡者身之保也」，「也」當釋作「殹」後括注爲「也」。

【按】

此句不應在此處，與簡第一欄文不可通讀，另外此簡性質與其他上下兩簡的欄數不同，形制也不一樣，應單獨排列。

【16】反若其身 1542 正三（06 正三）

【整理者 2010】

反若其身，《爲吏之道》作「反赦其身」（一六七頁）。（111 頁）

【讀書會 2011】

我們先來看 5+85+6 的繫聯。本篇簡 35 至 39 第四欄文字內容與睡虎地秦簡《爲吏之道》簡 19 至 23 第二欄大致相同，此段簡序的排定應當不存在問題。通過觀察原簡的紅外線照片，我們發現簡 36、簡 37 和簡 38 的背面都有反印文，其中簡 37 和簡 38 的背面分別各有兩支相鄰竹簡簡文倒印的痕跡。經過辨認，我們可以確定以上三支簡的反印文分屬簡 5、簡 85 和簡 6，其中簡 5 的文字反印在簡 36 背的右部和簡 37 背的左部，簡 85 的文字反印在簡 37 背的右部和簡 38 背的左部，簡 6 的文字反印在簡 38 背的右部。既然簡 36 至 38 的排序沒有問題，況且還出現了像簡 37 和 38 這樣各有兩支相鄰竹簡的相應部分倒印在一支簡上的證據，那麼簡 5+簡 85+簡 6 的排序也應當是毫無疑問的。但這樣排列會造成一個問題，那就是它們正面的簡文不能連讀。下面我們就對這個問題試作解釋。爲了便於討論，我們先將這三支簡文的內容分欄抄在下面：

簡 5	□食不時	甘言毒也	正以撟之
簡 85	爲人君則惠，爲人臣【則】忠，爲人父則茲（慈），爲人子則孝，爲人上則明，爲人下則聖，爲人友則不爭，能行此，終		
簡 6	☑亡者身之保殹（也）		反若其身

原整理者將簡 5 與簡 6 排在一起，所依據的應當是這兩支簡的第三欄文字。在《爲吏之道》中，「正以撟（矯）之」與「反赦其身」是被抄在一起的，但實際上「正以撟（矯）之」是與上文「勞以衛（率）之」連讀，「反赦其身」是與下文「止欲去顯（願）」連讀的。

【馬芳 2013】

「反若其身」，睡虎地秦簡《爲吏之道》篇中記載爲「反赦其身」。「若」爲日母鐸部字；赦爲書母鐸部字，二字韻母相同，聲母爲舌、齒音相轉，可以相通。《說文》：「赦，置也。」段注曰：「赦與舍音義同。非專謂赦罪也。後舍行而赦廢。赦專爲赦罪矣。」若亦有對付，處置義。該義項在文獻中多有記載。《左傳·僖公十五年》：「寇深矣，若之何？」「反若其身，止欲去願」強調了對官吏的道德教育，即「反赦其身」或「正行修身」，從而使自己「止

欲去願」，「審悉無私」。通過對官吏進行道德教育，使各級官吏注意自身的道德修養，其目的正在於預防官吏的犯罪。

【按】

睡虎地秦簡作「反赦其身」，整理小組注云：「赦，疑似讀爲索，反赦其身即反求於自己」。〔註 22〕若，至。《老子·十三章》：「寵辱若驚，貴大患若身。」王弼注：「人迷失於榮寵，返之於身。」〔註 23〕反若其身，亦可解爲「反至其身」，與睡虎地秦簡意同。

07/0200+0139	敬給縣官事	☑	不居其宇	
08/1521	☑	行者貿（滯）留	流【庸】□☑	
09/1563	智愛有瓯	嗇夫弗行	【士】吏捕盗	
10/0002	擅叚縣官器	部佐行田	棄婦不☑	
11/1581	□死〈列〉（裂）弗補	度稼得租	用兵不濕	
12/1557	臧（藏）蓋聯扇（漏）	奴婢莫之田	盗賊弗得	
13/1539	毋薦毋草	黔首不田作不孝	發弩材官	
14/1558	【卑】苣不賣	小男女渡量	徵迣不數	
15/1556	履絜（絜）麤支（屐）	其能田作	要害弗智（知）	
16/2178	☑□不行	舉苗□不□	☑	
17/1560	當毛繕治	弗治以藍（監）它人	求盗備不具	
18/1582	☑□當尌	數賈（酤）弗言	卒士不肅	
19/1578	彘畜斗數	毋積聚畜産	郭道不治	
20/1579	□□多草	蔬食蓄採（菜）	進退不敷	
21/1561	塗溉（墍）陀（阤）隋（墮）	牛饑車不攻間	亭障不治	
22/1538	苑水歙（飲）不利	發徵不盡不僂	與彘同宮	
23/1537	羸挚弗行	群盗亡人不得	圂泛毋〈搜〉	
24/1564	毋糜費	室屋聯扇（漏）	畏盗亭障	
25/0931	☑	出入不時	春秋肄試	
26/0927	兩毋所依	歙（飲）食不節	謝室毋廉[41]	

〔註 22〕睡虎地秦簡整理小組：《睡虎地秦墓竹簡》，文物出版社 1990 年版，第 168 頁。
〔註 23〕〔魏〕王弼、樓宇烈：《老子道德經注校釋》，中華書局 2008 年版，第 29 頁。

【集釋】

【1】敬給縣官事 07/0200+0139 正壹（07 正壹）

【沈剛 2008】

縣官事，即公事、官府之事。《史記・絳侯世家》：「知其盜買縣官器，怒而上變告子，事連汚條侯。」《索引》曰：縣官，謂天子也。所以謂國家為縣官者，《夏官》王畿內縣即國都也。王者官天下，故曰縣官也。（110 頁）

【游逸飛 2011】

秦漢「縣官」一詞通常不指「郡縣」之縣，而指皇帝、朝廷。唐人司馬貞以為：「『縣官』謂天子也。所以謂國家為『縣官』者，《夏家〔官〕》王畿內縣即國都也。王者官天下。故曰『縣官』也。」但先秦文獻幾無「縣官」一詞。

【臧磊 2013】

字左半部分已殘。敬，恭敬、肅。《說文解字・茍部》：「敬，肅也。」《玉篇・茍部》：「敬，恭也。」《易・坤》：「君子敬以直內。義以方外。」孔穎達疏：「內謂心也，用此恭敬以直內。」賈誼《新書・道術》：「接遇肅正謂之敬。」

供事，服役。《史記・絳侯周勃世家》：「（勃）常為人吹簫給喪事。」《漢書・張湯傳》：「（安世）用善書給事尚書，精力於職，休沐未嘗出。」顏師古注：「於尚書中給事也。給供也。」

【許道勝 2013】

給事，辦理事務。《國語・周語中》：「恭所以給事也，儉所以足用也……以恭給事則於死，以儉足用則遠於。」簡文「給縣官事」，意即為朝廷辦理事務。

【2】行者質（滯）留 1521 正貳（08 正貳）

【廖繼紅 2010】

行者，又稱「行人」，古代通使之官。《左傳・襄公二十九年》：「鄭伯有使公孫黑如楚，辭曰：『楚、鄭方惡，而使余往，是殺余也。』伯有曰：『世行也。』」杜預注：「言女世為行人。」《管子・小匡》：「隰朋為行。」尹知章注：「行，謂行人也。所以通使諸侯。」質，通「滯」。質留，即滯留：停滯；停留。《荀子・王制》：「通流財物粟米，無有滯留，使相歸移也。

【3】智愛有亟 1563 正壹（09 正壹）

【廖繼紅 2010】

智愛，即「知愛」，賞識喜愛。《宋書・謝靈運傳》：「（謝）靈運少好學，博覽群書，文章之美，江左莫逮。從叔琨特知愛之。」亟，通「極」，中，中正的準則。《詩・商頌・殷武》：「商邑翼翼，四方之極。」鄭玄箋：「極，中也。商邑之禮俗翼然可則效，乃四方之中正也。」《墨子・非攻下》：「禹既已克有三苗焉，磿爲山川，別物上下，卿制大極，而神民不違，天下乃靜。」《漢書・兒寬傳》：「唯天子建中和之極，兼總條貫，金聲而玉振之，以順成天慶，垂萬世之基。」（顏）師古曰：「極，正也。」

【臧磊 2013】

助詞，義，作形容詞詞頭。

【許道勝 2013】

知愛，意爲（心裏）知曉（什麼是）愛。有，通「又」。

【4】擅叚縣官器 0002 正壹（10 正壹）

【整理者 2010】

叚，《說文・又部》：「叚，借也。」縣官，朝廷、官府。《史記・孝景本紀》：「令內史郡不得食馬粟，沒入官府。」

【許道勝 2013】

擅叚縣官器，睡虎地秦簡《秦律十八種・工律》：「毋擅叚（假）公器，者（諸）擅叚（假）公器者有罪……」

【按】

縣官，指官府、國家。龍崗秦簡：「牧縣官馬、牛、羊盜□之，弗□□∅。」〔註24〕縣官器，又稱「公器」，即泛指一切國有器物。睡虎地秦簡《工律》：「毋擅叚（假）公器，者（諸）叚（假）公器者有罪，毀傷公器及□者令賞（償）。」〔註25〕擅假即未經許可私自將國家器物借與他人，在睡虎地秦律中將擅自假與的行爲也定爲有罪。另也可將此理解爲，在沒辦理任何文書手續、並被主官吏允許的情況下，而將國有器物私自給予他人使用。這種物品交接的文書，在里耶秦簡中可以找的到。∅【八】年三月庚子朔丙寅，啟守信成敢言之：前

〔註24〕中國文物研究所、湖北省文物考古研究所編：《龍崗秦簡》，中華書局 2001 年版，第 106 頁。

〔註25〕睡虎地秦簡整理小組：《睡虎地秦墓竹簡》，文物出版社 1990 年版，第 45 頁。

日言啓陽丞歐叚（假）啓陽傳車☑乘及具徒【洞庭郡，未智（知）署縣。寫校券一牒，校□□□上，謁□洞庭】8-677 袪手。8-677 背〔註 26〕

【5】部佐行田 0002 正貳（10 正貳）

【整理者 2010】

部佐，睡虎地秦簡《秦律十八種·田律》：「百姓居田舍毋敢酉（酒），田嗇夫、部佐謹禁禦之，有不從令者有罪。」《法律答問》：「部佐匿者（諸）民田」、「部佐爲匿田」。漢代有鄉部、亭部。據《續漢書·百官志》，部佐應即鄉佐一類。行田，賦田、授田。《漢書·溝洫志》：「魏氏之行田也以百畝，鄴獨二百畝，是田惡也。」顏師古注：「賦田之法，一夫百畝也。」

【裘錫圭 1981】

《法律答問》裏有一條問「部佐匿者（諸）民田」應否處罪，注文明確把部佐解釋爲鄉佐（218 頁）。據秦律，倉嗇夫的屬官有設於鄉的倉佐，部佐大概也是甜嗇夫設於鄉的田佐，跟鄉佐恐怕不是一回事。田嗇夫總管全縣田地等事，部佐則分管各鄉田地等事的。（249 頁）

【張金光 1997】

秦鄉吏至少有二員，正職曰嗇夫，副職曰佐。又曰：秦文獻及秦簡無鄉佐之名，然應有此職，兩見於秦簡的「部佐」一職，即爲鄉佐。

【魏德勝 2005】

「部佐」一職不見於其他上古文獻。部，古代行政區域名，《管子·乘馬》：「方六里命之曰暴，五暴命之曰部，五部命之曰聚。」「部」是地方很小的區域。《韓非子》中有「州部」：「故明主之吏，宰相必起於州部，猛將必發於卒伍。」（顯學）也見於《戰國策》：「今僕之不肖，厄於州部，堀穴窮巷，沈鄙俗之日久矣，君獨無意湔拔僕也，使得爲君高鳴屈於梁乎抬」（楚四）陳奇猷《韓非子集釋》：「是州部之吏爲地方小官。考《周禮·地官》之屬有州長，位次於鄉大夫，……先鄭云：『二千五百家爲州。』」佐，一般指副職。所以，《睡簡》的「部佐」是地方小官吏，管理農業生產、農民生活等。裘錫圭（1981）認爲，與倉嗇夫同倉佐的關係一樣，部佐是田嗇夫設於鄉的田佐，跟鄉佐不同。田嗇夫總管全縣田地等事，部佐則分管各鄉田地等事。但《睡簡》稱「部佐」，而不稱「田佐」，是否能與倉佐類比，還有疑問。

〔註 26〕陳偉主編：《里耶秦簡牘校釋（第一卷）》，武漢大學出版社 2012 年版，第 201 頁。

【卜憲群 2006】

雲夢秦簡中有「部佐匿者（諸）民田」的記載，關於此處「部佐」，整理小組釋爲「鄉部之佐」，裘錫圭先生則認爲是田嗇夫的屬下。但從職能角度看，《法律答問》中「部佐」的職能並不是如裘錫圭先生所說的掌管「土地的收授分配」，而是收取賦稅，與《百官志》的記載一致，故將「部佐」釋爲鄉佐而非田嗇夫的下屬可能更爲合理。秦的鄉佐直接影響漢制，江陵鳳凰山漢墓出土簡牘中的「西鄉偃佐」即西鄉的鄉佐，其職能也是掌管算賦之類，與土地管理無關。

【王彥輝 2010】

部佐列於田嗇夫之後，當屬田嗇夫的屬官。按漢代對各級行政機構的稱謂習慣，郡一級稱「府」，縣一級稱「廷」，鄉一級稱「部」，是「部佐」既可以指稱鄉部之佐，即「鄉佐」，亦可以指稱田部之佐，可否稱「田佐」尚無文獻記載的證明。但秦漢印有「泰（太）上浸（寢）田左」印，印中「田左」二字的讀法，羅福頤釋讀爲「左田」，裘錫圭在《嗇夫初探》一文釋讀爲「田左」。田左即田佐，相當於秦律中的「部佐」，是爲田部設田佐之證。另外，懸泉漢簡中有「都田佐」一職，即「都田嗇夫」之佐，亦可印證前引秦律中的「部佐」應指「田佐」。

【按】

可參看《管子·八觀》：「行其田野，視其耕芸，計其農事，而饑飽之國可以知也。」「行其田野」，也就是巡行田野，與「行田」相關。

【6】棄婦不☑0002 正叁（10 正叁）

【馬芳 2013】

該處第四字缺，整理者無注。棄婦，即棄妻。秦代婦女的社會地位相比是比較高的，雲夢睡虎地秦簡《法律答問》有載：「棄妻不書，貲二甲。」即休妻不去官府登記，要割二甲。這條律令無疑增加了離異的難度，與後世一紙休書就被趕出家門的婦女相比，秦代女子的權益無疑是得到了有力的保障。疑「棄婦不「就是「棄妻不書，貲二甲。」律令的記載。（26、27頁）

【按】

「不」後一字，由於簡殘斷無法辨識。睡虎地秦簡《法律答問》：「『棄妻

不書，貲二甲。』其棄妻亦當論不當？貲二甲。」〔註27〕這裏的「棄妻」與「棄婦」相類，馬芳之說可從。

【7】□死〈列〉（裂）弗補 1581 正壹（11 正壹）

【廖繼紅 2010】

□死〈列〉（裂）弗補，113 頁作「□死〈列〉（裂）死弗補」。按，最後一「死」字爲衍文。

【8】度稼得租 1581 正貳（11 正貳）

【彭浩 2010】

在比較秦簡《數》的資料後，我們發現，同一種作物的「程」並不一致。同是高五尺的大枲，其程有「三步半步一束」（簡 0888）、「五步一束」（簡 0788）、「三步一束」（簡 0841）；同是高六尺的大枲，其程有「七步一束」（簡 0835）、「六步一束」（簡 0849）。這種差異或許只能理解爲按作物的實際產量計「程」。產量高的稅田，交租也多。這種按產量計「程」收租的做法，與《商君書·墾令》所記的「訾粟而稅」相似。由於年成不同，估計各塊稅田的「程」不是一個恒數，可能每年都要重新測算。

【朱紅林 2011】

度，就是評價、估量。租，主要指田租。依據秦律記載，因爲芻稾稅一般有統一的定額。睡虎地秦簡《田律》說：「入頃芻稾，以其受田之數，無狠（墾）不狠（墾），頃入芻三石，稾二石。」張家山漢簡《二年律令·田律》也基本上遵循了這一數額，不過在繳納芻的時候，《二年律令》有一個補充說明，「上郡地惡，頃入二石」。度稼得租，就是鄉部官吏對莊稼的生長情況進行評估，然後確定應該繳納的田租。

【9】用兵不濕 1581 正三（11 正三）

【整理者 2010】

濕，遲緩。《呂氏春秋·貴卒》：「力貴突，智貴卒。得之則爲上，勝之則濕爲下。」高誘注：「濕猶遲久也。」陳奇猷校釋：「濕爲遲緩之義者，乃由於幽濕義所引申。」

〔註27〕睡虎地秦簡整理小組：《睡虎地秦墓竹簡》，文物出版社 1990 年版，第 133 頁。

【10】臧（藏）蓋聯扁（漏）1557 正壹（12 正壹）

【整理者 2010】

臧蓋，讀作「藏蓋」，儲藏之意。《史記・平準書》：「自天子不能具鈞駟，而將相或乘牛車，齊民無藏蓋。」

【11】奴婢莫之田 1557 正貳（12 正貳）

【廖繼紅 2010】

奴婢，舊時指喪失自由、爲主人無償服勞役的人。其來源有罪人、俘虜及其家屬，亦有從貧民家購得者。通常男稱奴，女稱婢。後亦用爲男女僕人的泛稱。《史記・汲鄭列傳》：「臣愚以爲陛下得胡人，皆以爲奴婢以賜從軍死事者家。」

【12】盜賊弗得 1557 正三（12 正三）

【廖繼紅 2010】

盜賊，劫奪和偷竊財物的人。《荀子・正論》：「盜不竊，賊不刺。」王先謙曰：「盜賊，通名。分而言之，則私竊謂之盜，劫殺謂之賊。」或是對反叛者的貶稱，亦通。《史記・秦始皇本紀》：「其後公卿希得朝見，盜賊益多，而關中卒發東擊盜者毋已。」得，獲得，捕獲。《玉篇・彳部》：「得，獲也。」《後漢書・班超傳》：「不入虎穴，不得虎子。」

【按】

弗得，不能得到。全句解釋爲「盜賊不能抓到」，可能與官吏職責有關。

【13】毋薦毋草 1539 正壹（13 正壹）

【廖繼紅 2010】

薦，草墊。《說文・草部》：「薦，薦席也。」《廣雅・釋器》：「薦，席也。」《秦律十八種・田律》：「禾、芻稿徹（撤）木、薦，輒上石數朝廷。勿用，復以薦蓋。」整理者注釋曰：「薦，墊在糧草下面的草墊。薦蓋，墊蓋，均動詞。」《秦律雜抄》：「空倉中有薦，薦下有稼一石以上，廷行【事】貲一甲，令史監者一盾。」

【14】黔首不田作不孝 1539 正貳（13 正貳）

【廖繼紅 2010】

田作，耕作。《漢書・趙充國傳》：「邊兵少，民保守，不得田作。」

【朱紅林 2012】

這是對普通百姓的規範，國家把不田作與不孝罪并列，可見對於百姓不田作的處罰是十分嚴厲的。按照睡虎地秦簡的記載，對不孝者往往是處以死刑的。《法律答問》：免老告人以爲不孝，謁殺，當三環之不？不當環，亟執勿失。睡虎地秦簡《封診式》：告子：爰書：某里士五（伍）甲告曰：「甲親子同里士五（丙）丙不孝，謁殺，敢告。」即令令史已往執，令史己爰書：與牢隸臣某往執丙，得某室。丞某訊丙，辭曰：「甲親子，誠不孝甲所，毋（無）它坐罪。」戰國時期，列國對於不積極從事勞作的農民，雖不能像不孝罪那樣處以死刑，但有嚴厲的處罰措施則是一致的。《周禮·地官·載師》：「凡宅不毛者，有里布；凡田不耕者，出屋粟；凡民無職事者，出夫家之征。」《周禮·地官·閭師》：「凡庶民，不畜者祭無牲，不耕者祭無盛，不樹者無槨，不蠶者不帛，不績者不衰。」不積極勞作，不但有經濟處罰，還有倫理孝道上的懲罰，眞可謂是全方位的督促。商鞅變法，秦國對於不田作者的打擊力度進一步加大，「事末利及怠而貧者舉以爲收孥」。

【15】發弩材官 1539 正三（13 正三）

【整理者 2010】

發弩，專司射弩的兵種。睡虎地秦簡《秦律雜抄》：「除士吏、發弩嗇夫不如律，及發弩射不中，尉貲二甲。發弩嗇夫射不中，貲二甲，免，嗇夫任之。」材官，秦漢始設置的一種地方預備兵兵種。《史記·韓長孺列傳》：「當是時，漢伏兵車騎、材官三千餘萬，匿馬邑旁谷中。」也可能指武卒或供差遣的低級武職。《史記·張丞相列傳》：「申屠丞相者，梁人，以材官蹶張從高帝擊項籍，遷爲隊率。」（114 頁）

【裘錫圭 1981】

除士吏、發弩嗇夫不如律，及發弩嗇夫射不中，尉貲二甲。發弩嗇夫射不中，貲二甲，嗇夫任之。（128 頁）整理小組注指出這兩條律文裏指出的尉和嗇夫指的是縣尉和縣嗇夫，所以發弩嗇夫也是縣屬官嗇夫，他是統率專門發弩的士卒的。傳世有闌格秦印和西漢印中都有「發弩」半通印，西漢封泥裏也有「發弩」半通印文。這些都應該是縣的發弩嗇夫印。各印時代似乎都不晚於西漢前期，西漢中期以後是否還設置發弩嗇夫已不可考。（280 頁）

【于豪亮 1985】

戰國後期，弩機在軍隊中廣泛使用。因爲射程遠廠穿透力強，幾成爲重要的武器。《漢書·吾丘壽王傳》：「丞相公孫弘奏言：民不得挾弓弩，十賊弩，百吏不敢前。」這雖然是漢代的情況，但是弩機的殺傷力之強，於此可見林正因爲如此，部隊成立了專門使用弩機的部隊。《秦律雜抄》：「除士吏、發弩嗇夫不如律，及發弩射不中，尉貲二甲。發弩嗇夫射不中，貲二甲，免，嗇夫任之。」使用弩機的部隊，一以及使用弩機的士兵，統稱爲發弩，部隊的負責人則稱爲發弩嗇夫。（105 頁）

【周曉陸、劉瑞、李凱、湯超 2005】

半通。（按：見下圖）《史記·孝文本紀》：「匈奴去，發中尉材官屬衛將軍軍長安。」《史記·韓長孺列傳》：「當是時，漢伏兵車騎材官三十餘萬，……太中大夫李息爲材官將軍。」「衛尉安國爲材官將軍，屯於漁陽。」《史記·大宛列傳》：「乃案言伐宛尤不便者鄧光等，郝囚徒材官。」《史記·張丞相列傳》：「（申屠嘉）以材官蹶張從高帝擊項籍，遷爲隊率。」《史記·衛將軍驃騎列傳》：「（李息）至武帝立八歲，爲材官將軍。」《漢書·高帝紀》：「蕭何發關中老弱未傅者悉詣軍」，如淳曰：「《漢儀注》云民年二十三爲正，一歲爲衛士，一歲爲材官騎士，習射御騎馳戰陳。」「上乃發上郡、北地、隴西車騎，巴蜀材官及中尉卒三萬人爲皇太子衛，軍霸上。」應劭曰：「材官，有材力者。」張晏曰：「材官、騎士習射御騎馳戰陳，常以八月，太守、都尉、令、長、丞會都試，課殿最。水處則習船，邊郡將萬騎後障塞。光武時省。」

【楊振紅 2012】

睡虎地秦簡和張家山漢簡中均有「發弩」一詞。《秦律雜抄·除吏律》：「。」張家山漢簡《奏讞書》簡 1～7 高帝十一年奏讞書提到發弩名九的人……可以看出「發弩」是受「尉」領導和管理的，張家山漢簡中的「尉」應是南郡下屬（相當於縣）的道尉。因此，縣弩應是縣發弩的省稱。

那麼發弩的身份或性質是什麼呢？以往一些學者將秦漢簡牘中的發弩、黃弩等理解為縣尉領導下的材官。這一看法是可取的。從史料來看，材官主要由擅長發射弓弩的射手構成。《漢書·周勃傳》：「勃以織薄為生，常以吹簫給喪事，材官引強」，顏師古注引服虔曰：「能引強弓弩官也。」《漢書·晁錯傳》：「材官騶發，矢道同的，則匈奴之革笥木弗能支也。」此外，《漢官儀》和《漢書·刑法志》等材料還表明，材官騎士等是置於郡國的地方兵。《漢書·刑法志》說材官等郡縣兵要「歲時講肄，修武備」。《二年律令·徭律》簡 414 所說的「春秋射」應就是《刑法志》所說的「歲時講肄」。

【16】小男女渡量 1558 正貳（14 正貳）

【廖繼紅 2010】

渡，通「度」。渡量，即度量：規格；標準。《文子·上義》：「夫法者，天下之準繩也，人主之度量也。」《漢書·谷永傳》：「明度量以程能，考功實以定德。」

【馬芳、張再興 2012】

「小男女」即小男、小女的簡稱。小，年幼者；年幼。睡虎地秦墓竹簡《封診式》10 簡：子小男子某，高六尺五寸；臣某，姜小女子某。小男，泛指未成年的男孩；小女，即為未成年的女孩。「小男女」在不同時代所指一直保持不變，但年齡界限有差別。如漢代以十歲為界，王充《論衡·驗符》：「皖民小男曰陳爵、陳挺，年皆十歲以上，相與釣於湖涯。」唐代戶籍制稱 4 歲至 15 或 17 歲的男子為小男。王國維：「《六典》，凡男女始生為黃，四歲為小，十六為中，二十有一為丁，六十為老。《唐志》，天寶三載，更名十八以上為中……必書此者，以與授田之事相關故也。此下或書寡，或書小男，或書小女、中女，皆放此。

【朱紅林 2013】

這裏的「渡量」就是度量、丈量的意思。廖繼紅把「渡量」解釋為度量，又說是規格、標準，就有點迂曲了。睡虎地秦簡的制度表明，秦國當時的傅籍制度基本是以身高為尺度的，丈量身高是必須的。

【17】徼迣不數 1558 正三（14 正三）

【整理者 2010】

徼，巡視，巡邏。《荀子·富國》：「其候徼支繚，其竟關之政盡察，是亂國已。」楊倞注：「徼，巡也。」《漢書·趙敬肅王劉彭祖列傳》：「常夜從走

卒行徼邯鄲中。」顏師古注：「謂巡查也。」迣，遮攔。《漢書・鮑宣傳》：「部落鼓鳴，男女遮迣。」顏師古注：「言聞鼓之聲以爲有盜賊，皆當遮列而追捕。」數，法制，不數，即不法，不合法度。徼迣不數，大義似乎是說巡查攔截不合法度，沒有按照嚴格規定實行。（114頁）

【馬芳、張再興 2011】

整理者釋徼爲巡視，巡邏；迣爲遮攔；數爲法制。句子大意爲：巡察、攔截不合法度，沒有按照規定嚴格執行。整理者以爲該處應是對吏工作的一種貶斥。該句或可做另一解：此處「徼迣」釋義無疑，此處「數」字不確，或可爲「shuò」，義爲「動詞，不疏」，引申爲偷懶，不盡責，失職。《左傳・文公十六年》：「無日不數於六卿之門」杜預注：數，不疏。《論語・里仁》：「事君數，斯辱矣。朋友數，斯疏矣。」劉寶楠正義：數，與疏對。「徼迣不數」，應是對爲吏之人分管工作的基本要求，句意爲：巡邏，攔截等事務不偷懶、盡責。即做工作要盡職盡責，忠於職守。

【湯志彪 2011】

「數」字在此當讀作「婁」。古文字「數（數）」、「婁」均從「婁（婁）」聲，故兩字可通。《玉篇》：「婁，謹敬也。」《抱朴子・外篇》：「於是以其所不解者爲虛誕，婁誠以爲爾，未必違情以傷物也。」原注：「婁，敬也。」慧琳《一切經音義》卷九十六：「婁婁。」注引《說文》云：「婁，謹敬貌也。」簡文「徼迣不數（婁）」當是指「徼迣」不謹慎、恭敬，將會受到某種懲罰的意思。

【許道勝 2013】

徼，原注釋所訓似不可從。「徼」解作「邊界」、「邊塞」意。睡虎地秦簡《法律答問》：「人臣甲謀遣人妾乙盜主牛，買，把錢偕邦亡，出徼，得。」《漢書・佞倖傳》：「人有告通盜出徼外鑄錢。」顏師古注：「徼猶塞卒北謂之塞西南謂之徼。塞者以障塞爲名，徼者取徼遮之義也。」諸訓似均與簡文不合。疑此「數」通「速」，快速、迅速義。《禮記・曾子問》：「不知其已之遲數，則豈如行哉！」鄭玄注：「數讀爲速。」11（1581）C「用兵不濕」，正可對讀。

【按】

徼，整理者釋爲巡視、巡邏。漢代有遊徼一職，爲鄉吏。《漢書・百官公卿表》：「鄉有三老、有秩、嗇夫、遊徼。三老掌教化。嗇夫職聽訟，收賦稅。遊徼徼循禁賊盜。」〔註28〕此簡文可能與此有關。

〔註28〕〔漢〕班固：《漢書》，中華書局1962年版，第1432頁。

【18】履絜（絑）䯅支（屐）1556 正壹（15 正壹）

【整理者 2010】

絜，讀作「絑」，麻鞋。《說文》：「絑，枲履也。」《急就篇》「屐屩絑䯅嬴寠貧」。顏師古注云：「絜，圓頭上之履也。」《廣韻》：「絜，小兒皮履。」䯅，草鞋、麻鞋之類。漢王褒《僮約》：「織履作䯅。」《釋名・釋衣服》：「履：荊州人曰䯅，絲麻韋草皆同名也。」《急就篇》「屐屩絑䯅嬴寠貧」。顏師古注云：「䯅者，麻枲雜履之名也，南楚江淮之間通謂之䯅。」支，讀作「屐」，木製的鞋，底大多有二齒，以行泥地。《晉書・五行志上》：「初作屐者，婦人圓頭，男子頭方，圓者順之義，所以別男女也。至太康初，婦人屐乃方頭，與男無別。」玄應《一切經音義》卷十四引南朝宋劉敬叔《異苑》：「介之推枹樹燒死，晉文公伐以製屐。」（115 頁）

【按】

簡文中所述爲草類、粗麻類、木製類的鞋。睡虎地秦簡《法律答問》中規定，「『毋敢履錦履。』『履錦履』之狀可（何）如？律所謂者，以絲雜織履，履有文，乃爲『錦履』，以錦緱履不爲，然而行事比焉」。〔註 29〕也就是說，普通人是不允許穿著絲織類鞋的。緱，即鞋幫。如果用絲錦製作鞋幫，就不算錦履。顯然，這對於普通官吏而言，是需要極爲注意的。

【19】要害弗智（知）1556 正三（15 正三）

【整理者 2010】

要害，軍事要地。賈誼《過秦論上》：「良將勁弩，守要害之處。」（115 頁）

【張軍威 2013】

要害，軍事要塞。《史記・陳涉世家》：「孝公既沒，惠文王、武王、昭王蒙故業，因遺策，南取漢中，西舉巴蜀，東割膏腴之地，收要害之郡。」《漢書・馮奉世傳》：「上書言羌虜依深山，多徑道，不得不多分部遮要害，須得後發營士，足以決事，部署已定，勢不可復置大將。聞之。」（50 頁）

【按】

要害，險要之地。《墨子》：「諸外道可要塞以難寇，其甚害者爲築三亭。」《尉繚子》：「爲六日熟食，使爲戰備，分卒據要害。」《鹽鐵論・地廣》：「故割

〔註 29〕睡虎地秦簡整理小組：《睡虎地秦墓竹簡》，文物出版社 1991 年版，第 131 頁。

斗辟之縣，棄造陽之地以與胡，省曲塞，據河險，守要害，以寬繇役，保士民。」全句可解爲，「對險要之地不瞭解」，並非單指要塞而言，廖、張之說不可從。

【20】舉苗□不□2178 正貳（16 正貳）

【整理者 2010】

「不」前後二字，左半均殘，僅存右半台字，或可釋爲「治」。（115 頁）

【讀書會 2011】

或說可從。睡虎地秦簡《秦律十八種·司空律》也有「治苗」之語。整理者缺而不釋，似乎是過于謹愼了。故依本書體例，此句可寫作「舉苗【治】不【治】」。

【21】當毛繕治 1560 正壹（17 正壹）

【整理者 2010】

繕治，整理、修補。《漢書·高帝紀上》：「繕治河上塞。」顏師古注：「繕，補也。」（116 頁）

【22】弗治以藍（監）它人 1560 正貳（17 正貳）

【廖繼紅 2010】

藍，整理者以爲通「監」。按，簡 1534 第 3 欄有「當監者」，簡 1584 第 3 欄有「監視毋（偷）」，簡 1536 第 3 欄有「積（索）求監」，均直接書寫爲「監」。故這裏的「藍」似不當讀作「監」，而疑讀作「濫」，不加節制。《大戴禮記·文王官人》：「淹之以利，以觀其不貪；藍之以樂，以觀其不寧。」盧辯注：「藍猶濫也。」

【馬芳 2013】

故這裏的「藍」似不當讀作「監」，而疑讀作「濫」，不加節制。種釋義可信。《大戴禮記文王官人》：「掩之以利，以觀其不貪；藍之以樂，以觀其不寧。」盧辯注：「藍猶濫也。」「弗治以藍（監）它人」應斷句爲「弗治，以藍（監）它人」，兩個分句爲並列關係。

【23】求盜備不具 1560 正三（17 正三）

【廖繼紅 2010】

求盜，追捕盜賊的亭卒。《漢書·高帝紀》注引應劭云：「求盜者，亭卒。舊時亭有兩卒，一爲亭父，掌開閉掃除；一爲求盜，掌逐捕盜賊。」《法律答

問》：「求盜盜，當刑為城旦，問罪當駕（加）如害盜不當？當。」備，措施，辦法。《韓非子・五蠹》：「夫古今異俗，新故異備，如欲以寬緩之政，治急世之民，猶無轡策而御悍馬。」《漢書・食貨志》：「故堯、禹有九年之水，湯有七年之旱，而國亡捐瘠者，以畜積多而備先具也。」不具，不齊備；不完備。《墨子・七患》：「此皆備不具之罪也。」

【許道勝 2013】

「備」有裝備、軍備義。《國語・吳語》：「備則可以戰乎？」韋昭注：「備，守禦之備。」《鹽鐵論・備胡》：「今匈奴未臣，雖事，欲釋備，如之何？」睡虎地秦簡《封診式》「群盜」章關於求盜乙、丙「縛詣男子丁」、「以劍伐」、「斬首」的記錄，可作上述理解的注腳。

【24】數酤鹽（酤）弗言 1582 正貳（18 正貳）

【整理者 2010】

言，告知、告訴。《史記・酈生陸賈列傳》：「酈生瞋目案劍叱使者曰：『走！復入言沛公，吾高陽酒徒也，非儒人也。』」（116 頁）

【朱紅林 2012】

言，報告。數酤酤弗言，可能是說百姓屢次買（賣）酒，有關管理不舉報查辦。睡虎地秦簡中有禁止百姓酤酒的記載。《田律》：「百姓居田舍者毋敢醢（酤）酉（酒），田嗇夫、部佐謹禁禦之，有不從令者有罪。」整理小組注：「田舍，農村中的房舍。酤酒，賣酒。《韓非子・外儲說右上》有宋人酤酒的故事。《漢書・景帝紀》：『夏旱，禁酤酒。』注：『酤，謂賣酒也。』」

【馬芳 2013】

春秋戰國時，買賣酒已很普遍。秦代實行的是「重本抑末」的基本國策，為了有效管理商業，秦制定了相應的法律，這些法律主要內容是極力限制非法的商業活動，酒作為消費品，自然在限制之中。雲夢睡虎地秦簡《秦律田律》記載：「百姓居田舍者毋敢醢（酤）酉（酒），田嗇夫、部佐謹禁禦之，有不從令者有罪。」即農民沽酒是犯法的行為，田嗇夫及部佐應嚴加禁止，違反法令的有罪。這既是對官吏的職責要求，也反映了秦國的酒政。對於限制酒的消費方面，睡虎地秦簡亦有文獻記載，秦簡《傳食律》載官府驛站對四級爵的官吏提供的伙食標準，主食和菜品有詳細的量的記載，亦無酒肉，秦官吏由政府賞賜的酒肉見於《廄苑律》的有：「卒歲，以正月大課之，最，

賜田裔夫壺酉（酒）束脯。」管理最好的「田畜夫」官員一年才有一壺酒一束千肉的獎賞。」（34、35頁）

【按】

貰，賒。《史記・高祖本紀》：「好酒及色。常從王媼，武負貰酒。」書昭云：「貰，賒也」《索隱》云：「鄒誕貰，音世，爲《字林》聲韵并同。又音音時夜反。」《廣雅》云：「貰，賒也。」《漢書・汲黯傳》：「諸賈人末作貰貸買賣，居邑貯積諸物。」顏師古注云：「貰，賒也。貸，假與也。」，酤，賣。全句可解爲「發現數次賒買東西而不報告」。此條也可能與賒買酒水有關。睡虎地秦簡《田律》：「百姓居田舍毋敢酤（酤）酉（酒），田嗇夫、部佐謹禁禦之，有不從令者有罪。」整理小組注云：「酤酒，賣酒。《韓非子・外儲說右上》有宋人酒的故事。」朱紅林之說可從。

【25】卒士不肅 1582 正三（18 正三）

【整理者 2010】

卒士，戰士。《管子・重令》：「將帥不嚴威，民心不專一，陳士不死制，卒士不輕敵，而求兵之必勝，不可得也。」不肅，不恭敬。《漢書・五行志中》：「傳曰：貌之不恭，是謂不肅。」（116頁）

【按】

卒士，普通士兵。《呂氏春秋・精諭》：「劉康公乃儆戎車卒士以待之。」肅，整理者解釋爲「不恭敬」，筆者認爲此字應解釋爲「嚴肅」全句可解爲「士兵不嚴肅」，這可能與戰爭中要求的軍事紀律有關。

【26】毚畜斗數 1578 正壹（19 正壹）

【馬芳、張再興 2011】

斗，比喻事物的微小。文獻中多有用例：《論語・子路》：斗筲之人，何足算也。」南朝梁簡文帝《七勵》：「牽鉤壯氣，斗膽豪心。」現代漢語中仍有此用法：斗筲之器，比喻器量狹小，才識淺薄；斗祿，微薄的俸祿；斗船，小船。此處「斗」字也應爲此義。「毚畜斗數」即「餵養豬、狗等家畜數量不要太多。」此句應是對秦時牲畜餵養的規定，睡虎地秦簡《秦律十八種・倉律》亦有記載：畜離倉。用犬者，畜犬期足。之息子不用者，買（賣）之，別計其錢。該條律令大意爲：養雞應離開糧倉；用狗的，所養的狗以夠用爲度。小豬、小雞不需用的應賣掉，單獨記帳。爲了減少糧食的消耗，秦代律

令是限制牲畜的養殖的，此處「斗數」即是秦律該條的反映，即：牲畜飼養不要太多，要依度而養。

【27】毋積聚畜產 1578 正貳（19 正貳）

【廖繼紅 2010】

積聚，猶積蓄。《史記・貨殖列傳》：「其俗剽輕，易發怒，地薄，寡於積聚。」畜產，謂所飼養之牛、馬、雞、犬。《史記・秦本紀》：「繆公曰：『君子不以畜產害人，吾聞食善馬肉，不飲酒傷人。』」按：「毋積聚畜產」只是對官吏的要求，百姓可以積聚畜產。《秦律雜抄》：「可（何）爲『家罪』？父子同居，殺傷父臣妾、畜產及盜之，父以死，或告，毋聽，是冑（謂）『家罪』。」

【馬芳 2013】

畜產：謂所飼養之牛、馬、鶴、犬。《史記・秦本紀》：「綴公曰：『君子不以畜產害，吾聞食善馬肉，不飲酒傷人。』」按：「毋積聚畜產」只是對官吏的要求，百姓可以積聚畜產。《秦律雜抄》：「可何）爲家罪』？父子同居，殺傷父臣妾、畜產及盜之，父以死，或告，毋聽，是冑（謂）『家罪』。」與上欄「歲畜斗數」即「餓養豬、狗等家畜數量不要太多。」內容相承。

【按】

積聚，《管子・八觀》：「民偷處而不事積聚，則困倉空虛，如是而君不爲變。」《禮記・月令》：「乃命有司。趣民收斂。務畜菜。多積聚。乃勸種麥。毋或失時。其有失時。行罪無疑。」《呂氏春秋・懷寵》：「至於國邑之郊，不虐五穀，不掘墳墓，不伐樹木，不燒積聚，不焚室屋，不取六畜。」

【28】郭道不治 1578 正三（19 正三）

【讀書會 2011】

「道」上一字當釋作「障」後括注爲「郭」。

【張新俊 2011】

我們認爲讀書會把「障」釋作「障」是正確的，但是從整理者的意見讀作「郭」則有可商之處。睡虎地秦簡中的「郭」字，寫作：𩫖。戰國時期秦璽印文字中的「郭」字，多爲從「享」從「邑」這種寫法。此外，《秦印文字彙編》收錄了不少用作姓氏的「郭」字，也都是從「享」從「邑」，可以參看。馬王堆帛書中也出現不少用作「城郭」的「郭」字，其形體與秦完全相同。由此可見，戰國時期秦文字中的「郭」字，均從「享」從「邑」，而非從「阜」

從「享」。我們認爲從當時的書寫習慣來看，「郭」字的寫法已經基本固定下來，「障」字顯然不應該讀作「郭」。嶽麓簡《占夢》簡 27 下欄「夢死者復起，更爲官（棺）郭（槨）」，同樣可以證明把障讀作「郭」是不正確的。程鵬萬先生看過本文初稿後認爲，嶽麓簡 19 中的「障道」也可以理解爲「障、道」二事，結合青川木牘和張家山漢簡「修陂堤，利津梁。雖非除道之時」等文字來看，我認爲他的意見是很有道理的。可見，對於秦代一個普通地方政府官吏來說，每年在法律規定的時間內修築、完繕陂堤、道路，是必須履行的職責。如果把簡文中的「障」解釋爲「郭」，文獻中不見「郭道」一詞，更沒有官吏要履行治郭道這樣的記載，這條簡文也得不到合理的解釋。

【張新俊 2013】

嶽麓簡《爲吏治官及黔首》簡 19 的「障道」，按照我的理解，當爲堤上的道路。按照當時國家的律令，堤需要按期進行修治，否則汛期到來時，一旦決堤，交通乃至安全便無法得以保障。文獻中有不少關於朝廷官員每年要按時修堤的記載，如《禮記・月令》季春之月。

【29】蔬食蓄採（菜）1579 正貳（20 正貳）

【整理者 2010】

蓄採（菜），乾菜。《呂氏春秋・仲秋》：「乃命有司趣民收斂，務蓄菜，多積聚。」高誘注：「蓄菜，乾苴之屬也。」（117 頁）

【廖繼紅 2010】

蔬食，粗糲的飯食，糙米飯。《論語・述而》：「飯蔬食飲水，曲肱而枕之，樂亦在其中矣。」《禮記・喪大記》：「君之喪……士蔬食水飲，食之無筭。」孔穎達疏：「疏，粗也；食，飯也。士賤病輕，故蔬食。粗米爲飯，亦水爲飲。」《漢書・王崇傳》：「去位家居，亦布衣蔬食。」

【30】進退不觳 1579 正三（20 正三）

【整理者 2010】

觳，讀作「擊」，出擊、進攻、攻打。《易・益》：「上九：莫益之，或擊之。立心勿恒。凶。」《史記・白起王翦列傳》：「王翦果代李信擊荆。」不擊，即不進攻、不出擊。《史記・淮陰侯列傳》：「今如此避而不擊，後有大者，何以加之。」或可觳爲繫，拴縛。《禮記・禮器》：「三月繫，七日戒，三日宿，慎之至也。」（117 頁）

【讀書會 2011】

　　《爲吏》簡 20 第三欄「進退不敼」，「不」上一字依原簡圖版當釋作「遏」。但「遏」字的意思在這裏不好講通，此處應當就是用爲「退」的。秦漢文字中「曷」與「艮」往往相混，比如見於傳世古書的人名「謁居」，在漢印中或被寫作「詪居」；而複姓「諸葛」之「葛」，所從的「曷」也有寫作與「艮」無別的。這兩個形體在當時人的筆下應當並沒有對錯之別。因此此處可以將其釋爲「遏」後括注爲「退」。

【何有祖 2011】

　　簡文作■，字與「退」字不類。馬王堆帛書有從「曷」諸字，復旦讀書會所釋當是。復旦讀書會把「遏」看作「退」，在與「進」反義並列時比較順暢。從上下文看，其餘三者都是不大好的現象，此處作「進退不擊」，如指進退都不攻擊，不守律令也太過甚，似與事理不大合。我們曾懷疑讀作「竭」。進竭，猶言盡心竭力。進，通「盡」。《漢語大詞典》引《藝文類聚》卷四四引晉夏侯淳《笙賦》：「開明爽亮，足使慢惰者進竭。」不過「盡竭」文例較晚，在上下文中也不大好解釋。我們懷疑「遏」當如字讀。至於「進」則有可能用作「雍」。《二年律令》249 號簡「進堤水泉」，其中「進」即寫作「雍」，可以爲證。「進」字在秦漢會用作「雍」字，當如復旦讀書會所認爲的「在當時人的筆下應當並沒有對錯之別」。雍遏，阻塞，壅塞。《淮南子‧主術訓》：「棄公勞而用朋黨，則奇材佻長而干次，守官者雍遏而不進。」又作「擁遏」，《史記‧龜策列傳》：「桀紂之時，與天爭功，擁遏鬼神，使不得通。」《鹽鐵論‧襃賢》：「道擁遏不得行。自孔子以至於茲，而秦復重禁之。」雍遏，在簡文中與「卒士」並列，疑代指雍遏（卒士等）仕途之人，與《淮南子‧主術訓》所提及的「守官者」形跡近似。 敼，疑讀作繫，《漢書‧陳勝傳》「勝乃遣使者賀趙，而徙繫武臣等家屬宮中。」顏師古注：「徙居宮中，示優禮也。拘而不遣，故謂之繫。」張金光先生指出，秦簡中凡言「繫」，除指繩索之外，尚含臨時附繫的意思……凡言「繫城旦舂」者或「繫作」者，皆爲本非城旦舂或應作，而是由於某種原因，臨時附繫拘作於城旦之列或他役。」繫，可與「治」連言，如《二年律令》118 號簡「毋敢以投書者言敼（繫）治人。不從律者，以鞫獄故不直論。」嶽麓秦簡 20 號簡「不繫」，與上下文如 19、21 號簡「不治」並言，就是可以理解的了。雍遏不繫，指雍遏他人仕途之人沒有得到繫治。

【31】塗溉（塈）陀（阤）隋（墮）1561 正壹（21 正壹）

【整理者 2010】

陀，塌落。《淮南子・繆稱訓》：「城峭者必崩，岸崝者必陀。」高誘注：「陀，落也。」劉文典《集解》：「陀即阤字，《說文》阤下云：『小崩也。』小崩亦落意。」（118 頁）

【32】牛飢車不攻閒 1561 正貳（21 正貳）

【整理者 2010】

攻閒，修繕。睡虎地秦簡《秦律十八種・司空》：「不攻閒車」、「攻閒大車一輛（兩）」。（118 頁）

【讀書會 2011】

「饑」字當改作「飢」。

【馬芳、張再興 2011】

饑，復旦讀書會改隸「饑」字爲「飢」。對「饑」字隸定我們遵從復旦讀書會意見，隸定爲「飢」，該句中，「牛飢」應爲使動用法，即「讓牛飢、使牛吃不飽」，「車不攻閒」應是賓語前置結構，正常語序爲「不攻閒車」，即「不修繕牛車」，本處描述兩種情況：（使）牛飢；不攻閒車。義爲「讓牛飢餓，不修理車」，這兩種情況都是對官吏工作瀆職的一種具體描述。牛饑必訾（觜），不攻閒車車必毀。此句睡虎地秦簡秦律中有相應的描述，《秦律十八種・徭律》：司空官府（假）公車牛者□□□（假）人所。或私用公車牛，及（假）人食牛不善，牛訾（觜）；不攻閒車，車空失，大車（軸）（轐）；及不芥（介）車，車蕃（藩）蓋強折列（裂），其主車牛者及吏、官長皆有罪。大意爲，私自使用國有的牛車的，以及借用國有牛車的人不好好餵牛，使牛瘦瘠了；不修繕車，使車翻倒，大車的輨扭曲了，以及不把車蓋好，草圍和車傘生生斷裂了，主管牛車的人和領用牛車的吏和官長都有罪。

【許道勝 2011】

睡虎地秦簡《秦律十八種・司空》記有「不攻閒車」、「攻閒大車一輛（兩）」、「攻閒其扁解」。「車不攻閒」當源自此類律文。

【劉孝霞 2013】

原簡隸作「饑」，根據圖版當改作「飢」。

【33】亭障不治 1561 正三（21 正三）

【整理者 2010】

亭障，亦作「亭鄣」。古代邊塞要地設置的堡壘。《史記・大宛列傳》：「於是酒泉列亭障至玉門關矣。」（118 頁）

【按】

亭障，依據圖版障似爲「亭鄣」，原釋文應改爲「亭鄣（障）不治」。

【34】苑水歍（飲）不利 1538 正壹（22 正壹）

【整理者 2010】

苑，積聚、鬱聚。《禮記・禮運》：「故事大積焉而不苑。」鄭玄注：「苑，積也。」陸德明釋文：「苑，於粉反，積也。」苑水，疑指不流動的死水。（118 頁）

【臧磊 2013】

苑：通「蘊」，積聚，鬱結。朱駿聲《說文通訓定聲・幹部》：「苑，叚叚借爲鬱、爲蕰（蘊）。」《詩・小雅・都人士》：「我不見兮，我心苑結。」鄭玄箋：「苑，猶屈也，積也。」《禮記・禮運》：「故事大積焉而不苑。」陸德明釋文：「苑，於粉反。積也。」孔穎達疏：「雖復萬機輻湊而應之有次序，不使苑積也。」

【35】發徵不盡不僂 1538 正貳（22 正貳）

【廖繼紅 2011】

僂，迅速；立刻。《荀子・儒效》：「彼寶也者，衣之不可衣也，食之不可食也，賣之不可僂售也。」《爲吏之道》：「吏有五失……四曰受令不僂。」不僂，不迅速。

【朱紅林 2013】

僂，廖繼紅解釋爲迅速、立刻。睡虎地秦簡《爲吏之道》及嶽麓簡《爲吏治官及黔首》都有「受令不僂」，整理小組均把「僂」解釋爲恭敬，就是說徵發力役執行的不好，沒有做到指標所要求的足額徵發。這種情況在實踐中經常會出現。「不僂」就是不恭敬。徵發任務完成得不徹底，當然就是對上級指示的不恭敬了。嶽麓簡 0200+0139 正七日「敬給縣官事」，簡 1577 有「勿易官事」，也都是要求百姓或官吏對國家任務要認眞執行，一絲不苟。吳福助、廖繼紅都把「不僂」解釋爲「不迅速」，也無不可，因爲對上級的命令不認眞執行，懶散怠慢，當然就不迅速了。

【按】

睡虎地秦簡《徭律》：「御中徵發，乏弗行，貲二甲。」睡虎地秦簡整理小組注：「御中徵發，指地方官吏爲朝廷徵用徭役。」也就是說，徵發徭役時要迅速進行，如果拖延便會受到相應處罰，這一定是官員需要注意的事項。不盡，即有所遺漏。在徵發的過程中，沒有將符合徵發條件人員全部徵集。《管子·問》中也有對徵發徭役狀況的詢問。張家山漢簡《奏讞書》「毋憂去亡案」中，毋憂沒有按照文書規定，在指定時間到達徵發地點，並被按照逃役罪論處，即乏徭。

【36】羸羍弗行 1537 正壹（23 正壹）

【整理者 2011】

羍，《說文》：「羍，羊名。」《爲吏之道》：「苑囿園池，畜產肥羍」。（119頁）

【讀書會 2011】

整理者以「羊名」釋「羍」，在文意上很難講通。這裏的「羍」實當讀爲「觢」。睡虎地秦簡《秦律十八種·司空律》簡 126「或私用公車牛，及叚（假）人食牛不善，牛觢（觢）」，整理小組注釋說：「觢，《漢書·婁敬傳》注：『讀曰瘠，瘠瘦也。』」此外，《秦律雜抄》「膚吏乘馬篤、羍」、《爲吏之道》「畜產肥羍」中的「羍」字，整理者都是直接括注爲「觢」的。「觢」爲「瘠瘦」之意，「羸觢」同義連文。這句話的意思大概是說「不要讓羸瘦的牲畜從事勞動」。

【廖繼紅 2011】

羸，衰病、瘦弱、困憊。《國語·魯語上》：「飢饉薦降，民羸幾卒。」韋昭注：「羸，病也。」《漢書·鄒陽傳》：「今夫天下布衣窮居之士，身在貧羸。」顏師古注：「衣食不充，故羸瘦也。」羍，整理者注：《說文》：羍，羊名。《爲吏之道》：「苑囿園池，畜產肥羍」。羍，似不當解爲「羊名」，而當讀同「觢」，通「瘠」，瘦。《集韻·昔韻》：「膌，瘦也，或作觢。」《漢書·婁敬傳》：「今臣往，徒見羸觢老弱，此必欲見短，伏奇兵以爭利。」顏師古注：「觢讀曰瘠。瘠，瘦也。」《史記·劉敬叔孫通列傳》：「上使劉敬復往使匈奴，還報曰：『兩國相擊，此宜誇矜見所長。今臣往，徒見羸瘠老弱，此必欲見短，伏奇兵以爭利。』」這裏作「羸瘠」。《後漢書·彭城靖王恭傳》：「和性至孝，太夫人薨，行喪陵次，毀觢過禮。」王先謙《集解》引顧炎武曰：「觢是瘠字。古觢字皆

有作瘠者。」《秦律雜抄》：「廄吏乘馬篤、辇（觟），及不會廄期，貲各一盾。」《秦律十八種・司空》：「或私用公車牛，及叚（假）人食牛不善，牛（觟）。」《爲吏之道》「苑囿園池，畜產肥（觟）」是指「畜產」有的「肥」，有的「（觟）」。行，巡狩；巡視。《禮記・樂記》：「釋箕子之囚，使之行商容而復其位。」鄭玄注：「行，猶視也。」《呂氏春秋・季夏紀》：「是月也，樹木方盛，乃命虞人入山行木，無或斬伐。」高誘注：「行，察也。視山木，禁民不得斬伐。」或解爲傳遞文書的人，亦可通。《秦律十八種・田律》：「近縣令輕足行其書，遠縣令郵行之。」陳松長《嶽麓書院藏秦簡中的行書律令初論》：「1377：・行書律曰：毋敢令年未盈十四歲者行縣官恒書，不從令者，貲一甲。1387：・行書律曰：有令女子、小童行制書者，貲二甲。能捕犯令者，爲除半歲繇，其不當繇者，得以除四。1388：□繇。1162：負以疾走。」張家山漢簡：「郵人行書，一日一夜行二百里。」《秦律十八種・行書律》：「隸臣妾老弱及不可誠仁者毋令。」

【馬芳、張再興 2011】

辇，整理者引《說文》釋義，釋爲「羊名」。復旦書讀書會以爲整理者以「羊名」釋「辇」，在文意上很難講通，這裏的「辇」實當讀爲「觟」，爲「瘠瘦」之意，「羸觟」同義連文。這句話的意思大概是說「不要讓羸瘦的牲畜從事勞動。」廖繼紅對該句進行了補釋：羸，衰病；瘦弱；困憊。辇，當讀同「觟」，通「瘠」，瘦。行，巡狩、巡視。或解爲傳遞文書的人。《說文》：羸，瘦也。段玉裁注：按，本訓當爲瘦羊，轉而言人耳。此處羸，我們以爲應是同義連用，指人，指瘦弱、體力弱的人。句子大意爲：孱弱的人不要他擔任傳遞文書的任務。睡虎地秦簡《秦律十八種・行書》：行傳書、受書，必書其起及到日月夙莫（暮），以輒相報也。書有亡者，亟告官。隸臣妾老弱及不可誠仁者勿令。書廷闢有日報，宜到不來者，追之。大意爲：傳送或收到文書，必須登記發文或收文的月日朝夕，以便及時回覆。文書如有遺失，應立即報告官府。隸臣妾年老體弱及不足信賴的，不要派去送遞文書。徵召文書上寫明須急到的，該人已應來到而沒有到達，應加追查。「羸」所指應就是「老弱……勿令」中的「老弱」。

【37】群盜 1537 正貳（23 正貳）

【張家山漢簡整理小組 2006】

群盜，《漢書・袁盎傳》「其父楚人也，故爲群盜」注：「群盜者，群聚相隨而爲盜也。」

【朱紅林 2005】

《睡虎地秦墓竹簡‧法律答問》有：「害盜別徼而盜，駕（加）罪之。」可（何）謂「駕（加）罪」？五人盜，臧（贓）一錢以上，斬左止，有（又）黥以爲城旦；不盈五人，盜過六百六十錢，黥劓（劓）以爲城旦，不盈六百六十到二百廿錢，黥爲城旦；不盈二百廿以下到一錢，罷（遷）之。求盜比此。夫、妻、子五人共盜，皆當刑城旦，今中（甲）盡捕告之，問甲當購○幾可（何）？人購二兩。案「五人爲盜」可能是秦漢時期量刑的一個重要尺度。共同盜竊者在五人以上者，法律往往從重處罰。秦簡所載的這兩個案例都強調了共盜者的人數爲五人，可見秦律對於五人及五人以上的「攻盜」行爲是從重處罰的。漢承秦律，對這種五人以上的群體攻盜行爲，處罰也是十分嚴厲的。《晉書‧刑法志》載：「三人之謂群，取其物之謂盜。」案，張家山漢簡整理小組的注釋有些模糊，可能據《晉書‧刑法志》而來。但很明顯漢律此處的「群盜」是一個專有名詞，只有人數盜賊在五人及五人以上者方可稱爲「群盜」。《睡虎地秦墓竹簡‧法律答問》：

「可（何）謂『贖鬼薪鋈足』？可（何）謂『贖宮』？臣邦眞戎君長，爵當上造以上，有罪當贖者，其爲群盜，令贖鬼薪鋈足；其有府（腐）罪，【贖】宮。其它罪比群盜者亦如此」、「『將司人而亡，能自捕及親所智（知）爲捕，除毋（無）罪；以刑者處隱官。』可（何）罪得『處隱官』？群盜赦爲庶人，將盜戒（械）囚刑罪以上，亡，以故罪論，斬左止爲城旦，後自捕所亡，是謂『處隱官』。它罪比群盜者皆如此。《睡虎地秦墓竹簡‧封診式》還有：「群盜：爰書：某亭校長甲、求盜才（在）某里曰乙、丙縛詣男子丁，斬首一，具弩二、尸廿，告曰：『丁與此首人強攻群盜人，自晝甲將乙等徼循到某山，見丁與此首人而捕之。此弩矢丁及首人弩矢殹（也）。首人以此弩矢□□□□□乙，而以劍伐收其首，山儉（險）不能出身山中。』【訊】丁，辭曰：『士五（伍），居某里。此首某里士五（伍）戊殹（也），與丁以某時與某里士五（伍）己、庚、辛，強攻群盜某里公士某室，盜錢萬，去亡。己等已前得。丁與戊去亡，流行毋（無）所主舍。自晝居某山，甲等而捕丁、戊，戊射乙，而伐殺收首。皆毋（無）它坐罪。』診首毋診身可殹（也）秦簡所提到的「群盜」都是對都是對特定犯罪行爲的稱謂，其人數都應在五人或者五人以上，可與漢律互相補充。

【武大釋本 2007】

秦簡有「五人盜」、「群盜」，後者超過五人，論罪加重。可參考《睡虎地秦墓竹簡・法律答問》一～二號簡：「害盜別徼而盜，駕（加）罪之。」可（何）謂「駕（加）罪」？五人盜，臧（贓）一錢以上，斬左止，有（又）黥以爲城旦；不盈五人，盜過六百六十錢，黥劓（劓）以爲城旦，不盈六百六十到二百廿錢，黥爲城旦；不盈二百廿以下到一錢，罨（遷）之。求盜比此。」（114頁）

【廖繼紅 2011】

群盜，合夥行盜，《二年律令》：「盜五人以上相與功（攻）盜，爲群盜。」《漢書・袁盎傳》：「其父楚人也，故爲群盜」（顏）師古曰：「群盜者，群眾相隨也」。

【38】亡人 1537 正貳（23 正貳）

【整理者 2010】

亡人，逃亡者、流亡者。（119頁）

【張金光 2004】

在秦凡屬非正常出走皆謂之「亡」，「亡」的原因與類型不一。亡而逃役，謂之「逋事」、「乏徭」。亡而未逃役，則謂之「亡」。非必盡脫名數也。睡虎地秦簡《封診式》「亡自出」條云：「一亡五月十日。」「覆」條云：「亡及逋事各幾可（何）日。」「亡」以日計，總不能說「亡名」若干日。可見，「亡」並不全等於「亡名」也。凡屬非正常離土出走，皆謂之「亡」。（262頁）

【朱紅林 2005】

《睡虎地秦墓竹簡・法律答問》：「甲取（娶）人亡妻以爲妻，不智（知）亡，有子焉，今得，問安置其子？當畀。或入公，入公異是。」張家山漢簡《奏讞書》30～31簡：「律：取（娶）亡人爲妻，黥爲城旦，弗智（知），非有減也。」《唐律・戶婚律》「娶逃亡婦女」條：「諸娶逃亡婦女爲妻妾，知情者與同罪，至死者減一等。離之。即無夫，會恩免罪者，不離。」《疏議》曰：「婦女犯罪逃亡，有人娶爲妻妾，若知其逃亡而娶，流罪以下，並與同科；唯婦人本犯死罪而娶者，流三千里。仍離之。即逃亡婦女無夫，又會恩赦得免罪者，不合從離。其不知情而娶，律準無罪，若無夫，即聽不離。」案，關於與「亡人」爲婚姻之法律，秦已有之，漢律因之，唐律則淵源於秦漢律。

【39】圂泛毋槮〈搜〉1537 正三（23 正三）

【整理者 2010】

圂，豬圈。《漢書·五行志中之下》：「燕王宮永巷豕出圂，壞都灶。」顏師古注：「圂者，養豕之牢也。」泛，污穢，不潔之物。《漢書·王襃傳》：「水斷蛟龍，陸剸犀革，忽若彗泛畫塗。」王念孫《讀書雜志·漢書十一》：「彗者，埽也；泛者，污也。謂如以帚埽穢。」槮，當是搜之形誤。（119頁）

【廖繼紅 2011】

搜，整理者釋作「槮」。釋「槮」誤，當釋「搜」。搜，通「埽」，清除，消除。朱駿聲《說文通訓定聲·孚部》：「搜，假借爲埽。」

【劉孝霞 2013】

原簡認爲此乃「槮」之誤，爲「搜」。在秦簡中，木旁和手旁常混同。

【40】毋靡費 1564 正壹（24 正壹）

【整理者 2010】

靡費，浪費、耗費過度。《荀子·君道》：「故天子諸侯無靡費之用，士大夫無流淫之行。」（119頁）

【臧磊 2013】

也作「糜費」，浪費，耗費過度。《荀子·君道》：「故天子諸侯 靡費之用，士大夫流淫之行。」《漢魏六朝百三家集·魏高允集·綺頹俗疏》：「苟靡費有益於亡者，古之人奚獨不然？」

【41】畏盜亭障 1564 正三（24 正三）

【整理者 2010】

畏，害怕、恐懼。《詩·大雅·烝民》：「不侮矜寡，不畏強禦。」《韓詩外傳》卷九：「吾聞忠不畔上，勇不畏死。」《史記·秦始皇本紀》：「天下畏罪持祿，莫敢盡忠。」「後群臣皆畏高。」（119頁）

【張家山漢簡整理小組 2006】

亭障，漢代要塞駐軍處。《後漢書·光武紀下》「築亭候，修烽燧」注：「亭候，伺候望敵之所。」《漢書·武帝紀》：太初三年秋，匈奴入定襄、雲中，「行壞光祿諸亭障」，師古曰：「漢制，每塞要處別築爲城，置人鎮守，謂之候城，此即障也。」城比障要大。《文選·北徵賦》注引《倉頡》曰：「障，小城也。」

【許道勝 2004】

亭障亦作「亭鄣」，如《史記・張儀列傳》：「梁南與楚境，西與韓境，北與趙境，東與齊境，卒戍四方，守亭鄣者不下十萬。」又《匈奴列傳》：「其秋，匈奴大入定襄、雲中，殺略數千人，敗數二千石而去，行破壞光祿所築城列亭鄣。」又《大宛列傳》、《漢書・張騫李廣利傳》：「酒泉列亭鄣至玉門矣。」《漢書・嚴朱吾丘主父徐嚴終王賈傳》：「當此之時，寇賊並起，軍旅數發，父戰死於前，子鬥傷於後，女子乘亭鄣，孤兒號於道，老母寡婦飲泣巷哭，遙設虛祭，想魂乎萬里之外。」《漢書・匈奴傳上》：「其明年，匈奴三千餘騎入五原，略殺數千人，後數萬騎南旁塞獵，行攻塞外亭鄣，略取吏民去。」

又云，攻盜，攻擊、搶奪。《漢書・匈奴傳上》：「人民死者什三，畜產什五，匈奴大虛弱，諸國羈屬者皆瓦解，攻盜不能理。」《後漢書・陳寵傳》：「強盜不斷，則爲攻盜。攻盜成群，必生大奸。」

【水間大輔 2002】

「攻盜」是比「強盜」更惡劣的兇狠盜賊，很可能是指掠奪財物爲生業，不惜殺害生命的武裝犯罪集團；作爲法律用語的「攻盜」，亦當指這種集團性犯罪行爲。

【朱紅林 2005】

「攻盜」一詞更強調攻擊性搶奪。「攻盜」亦見於《二年律令・盜律》：「盜五人以上相與功（攻）盜，爲群盜。」張家山漢簡整理小組注：「功，讀如『攻』。」《漢書・郭解傳》『臧命作奸剽攻』注：『攻謂穿窬而盜也。』」

【42】出入不時 0931 正貳（25 正貳）

【廖繼紅 2010】

出入，勞逸、作息。《左傳・昭公元年》：「若君身，則亦出入、飲食、哀樂之事也。」孔穎達疏：「出入，即逸勞也。」《後漢書・張霸傳》：「〔張霸〕年數歲而知孝讓，雖出入飲食，自然合禮，鄉人號爲『張曾子』。」不時，隨時，不遵法度。晁錯《論貴粟疏》：「〔農夫〕勤苦如此，尚復被水旱之災，急政暴賦，賦斂不時。」

【朱紅林 2013】

這是對百姓的日常管理而言的。先秦兩漢時期，村落之中，百姓的日常起居及生產生活活動，都受到村社組織的規範和管理。《漢書・食貨志》記載

先秦時制：「春，將出民，里胥平旦坐於右塾，鄰長坐於左塾，畢出，然後歸，夕亦如之。入者必持薪樵，輕重相分，班白不提挈。冬，民既入，婦人同巷，相從夜績，女工一月得四十五日。必相從者，所以省費燎火，同巧拙而合習俗也。」

張家山漢簡《二年律令·戶律》：「自五大夫以下，比地爲伍，以辨券爲信，居處相察，出入相司，有爲盜賊及亡者，輒謁吏、典、田典更挾里門籥（鑰），以時開；伏閉門，止行及作田者，其獻酒及乘置乘傳，以節使，救水火，追盜賊，皆得行，不從律，罰金二兩。」村落之中百姓的日常活動也受到鄉規民約的約束，所謂「出入不時」，應當是要求地方官吏對於不按時作息的百姓要注意進行約束，從而保證社會治安。

【43】春秋肄試 0931 正三（25 正三）

【整理者 2010】

肄，學習、聯繫、演習。《禮記·曲禮下》：「君命，大夫與士肄。」鄭玄注：「肄，習也。」《史記·劉敬叔孫通列傳》：「上既觀，使行禮，曰『吾能爲此。』乃令群臣習肄，會十月。」司馬貞《索引》：「肄亦習也。」《漢書·刑法志》：「外有樓船，皆歲時講肄，修武備云。」顏師古注曰：「肄，習也」。試，比試、考較。《管子·七法》：「春秋角試以練，精銳爲右。」肄試，演習比試。（120 頁）

【44】歓（飲）食不節 0927 正貳（26 正貳）

【廖繼紅 2010】

不節，不遵法度、無節制。《管子·形勢》：「起居時，飲食節，寒暑適，則身利而壽命益。起居不時，飲食不節，寒暑不適，則形體累，而壽命損。」《漢書·五行志上》：「傳曰：田獵不宿，飲食不享，出入不節，奪民農時及有奸謀，則木不曲直。」

【45】謝室毋廡 0927 正三（26 正三）

【整理者 2010】

謝，通「榭」。《公羊傳·宣公十六年》：「宮有榭者何？宣宮之謝也。」何休注：「室有東西廂曰廟，無東西廂，有室曰寢，無室曰謝。」《荀子·王霸》：「臺榭甚高」。楊倞注：「謝與『榭』同。」榭，指無室的廳堂。多用作講軍習武或藏器之所。《春秋·宣公十六年》：「夏，成周宣榭火。」杜預注：「宣榭，

講武屋……《爾雅》曰：『無室曰榭，謂屋歇前。』」《國語‧楚語上》：「故先王之爲臺榭也，榭不過講軍實，臺不過望氛祥。」《漢書‧五行志上》：「榭者所以藏樂器。」《漢書‧五行志上》：「榭者講武之坐屋。」王國維《觀堂集林‧明堂廟寢通考》：「且古之宮殿，未有有堂而無室者；有之，則惟習射之榭爲然。」

又榭室，或爲待罪之室。賈誼《新書‧耳痺》：「事濟功成。范蠡負石而蹈五湖，大夫種絜領榭室，渠如處車裂回泉。」盧文弨謂「謝室」即「請室」。又《階級》：「造請室而請其罪耳」，應劭：「請室，待罪之室。」廡，堂下周圍的走廊、廊室。《後漢書‧靈帝紀》：「公府駐駕廡自壞。」李賢注：「廡，廊屋也。」（120 頁）

【張軍威 2013】

疑爲荒蕪之意。

【臧磊 2013】

廡，通「蕪」，豐茂。

【許道勝 2013】

原注釋前說似可取。訓荒蕪近是。59（2176+1501）B「船隧毋廡」注。

27/1543	言毋作色	毋非（誹）旁（謗）人	吏有五善	
28/ 殘 4-1-1 +0928	☑富毋驕	安樂之所必戒	一日忠信敬上	
29/1573	☑智必問	好言塞責	二日精廉無旁（謗）	
30/1577	毋傷官事	上交不勝樂	三日舉吏審當	
31/1580	多傷多患	下交不勝憂	四日喜爲善行	
32/1575	毋多貰貣	安徐審祭（察）之	五日龔（恭）敬多瓖（讓）	
33/1574	多言多過	擇人與交	五者畢至必有天當	
34/0310	☑	擇言出之	吏有五失	
35/1497	勿言可復	醜言出惡	一日視黔首渠驁	
36/1544	疾言不可悔	勝人者力	二日不安其朝	
37/1545	【受】令唯若	自勝者強	三日居官善取	
38/1546	用時	智（知）人者智	四日受令不僂	
39/1547	（飲）食用節	自智（知）者明	五日安其家忘官府	

40/1569	【衣】服舁身	瘱（厭）忿止欲	五者畢至是胃（謂）過主	
41/1572	戒之慎之	唯怒必顧	吏有五過	
42/1576	人請（情）難智（知）	遇上毋恐	一曰誇而夫	
43/1571	非親毋親	謹敬侍之	二曰貴而企	
44/1570	多所智	精絜（潔）正直	三曰亶（擅）折割	
45/1516	☐	慎謹擎（堅）固	四曰犯上不智（知）其害	
46/1548	莫（？）親於身	審悉毋私	五曰間（賤）士貴貨貝	
47/1549	毋勞心	徵（微）密咸祭（察）	吏有五則	
48/1550	毋棄親鐵（賢）	安倩（靜）毋苛	一曰不祭（察）所親則韋（違）數至	
49/1551	【恭】敬毋亡（忘）	審當賞罰	二曰不智（知）所使則以（權）索利	
50/1565	毋喜細說	（嚴）剛毋暴	三曰舉事不當則黔首指	
51/1568	毋犯大事	廉而毋佮（？）	四曰喜言隋（惰）行則黔首毋所比	
52/1567	（恭）敬讓禮	復悔其（期）勝	五曰善非其上則身及於死	
53/1566	敬長茲（慈）少	毋忿怒以夬（決）	吏有六殆不審所親	
54/1552	絕甘分少	寬俗（裕）忠信	不祭（察）所使親人不固	
55/1553	讓大受小	禾（和）平毋怨	同某（謀）相去	
56/1554	合同禾（和）平	悔過勿重	起居不指	
57/1562	毋行可悔	茲（慈）下勿淩（陵）	扁（漏）表不審	
58/1555	行（？）難之所	敬士〈上〉勿犯	（徵）蝕（識）不齊	

【匯釋】

【1】言毋作色 1543 正壹（27 正壹）

【廖繼紅 2010】

作色，生氣貌。《左傳・昭公十九年》：「諺所謂室於怒，市於色者。」杜預注：「猶人忿於室家而作色於市人。」

【2】毋非（誹）旁（謗）人 1543 正貳（27 正貳）

【廖繼紅 2010】

誹謗，以不實之辭毀人。《韓非子·難言》：「大王若以此不信，則小者以爲毀訾誹謗，大者患禍災害死亡及其身。」《史記·秦始皇本紀》：「群臣諫者以爲誹謗，大吏持祿取容，黔首振恐。」

【3】富毋驕殘 4-1-1+0928 正壹（28 正壹）

【王子今 2008】

《史記·魏公子列傳》：「不敢以其富貴驕士，士以此方數千里爭往歸之。」《史記·太史公自序》：「能以富貴下貧賤，賢能詘於不肖，唯信陵君爲能行之。」《漢書·外戚傳上·孝文竇皇后》：「爲退讓君子，不敢以富貴驕人。」《後漢書·朱穆傳》李賢注引邑論略：「彼貞士者，貧賤不待夫富貴，富貴不驕乎貧賤，故可貴也。」富貴不驕，是「君子」「貞士」的道德標準，然而卻是難以達到的。正如《後漢書·崔駰傳》：「傳曰：『生而富者驕，生而貴者傲。』生富貴而能不驕傲者，未之有也。」

【廖繼紅 2010】

驕，怠慢；輕視。《國語·越語下》：「天道盈而不溢，盛而不驕，勞而不矜其功。」韋昭注：「不驕，不自縱弛。」《禮記·少儀》：「頌而無讇，諫而無驕。」鄭玄注：「驕謂恃知而慢也。」按，富驕，《論語·學而》：「子貢曰：『貧而無諂，富而無驕，何如？』子曰：『可也。未若貧而樂，富而好禮者也。』」後以「富驕」指因富有而驕傲。《後漢書·列女傳·鮑宣妻》：「宣嘗就少君父學，父奇其清苦，故以女妻之，裝送資賄甚盛。宣不悅，謂妻曰：『少君生富驕，習美飾，而吾實貧賤，不敢當禮。』」

【王輝 2014】

《老子》第 9 章「富貴而驕，自遺其咎」，《管子·霸言》「富而驕肆者復貧」，《說苑·敬慎》「凡司其身必慎五本……三曰富而貴毋敢以驕人」，均謂富而勿驕。疑所缺之字爲「惟（雖）」。

【4】安樂之所必戒殘 4-1-1+0928 正貳（28 正貳）

【魏啓鵬 2000】

《大戴禮記·武王踐阼》載周武王聞尚父所授丹書，退而爲戒，書於席之四端爲名，「席前左端之銘曰：安樂必戒，前右端之銘文曰：無行可悔。」

乃簡文所本。《說苑・敬慎》所載周太廟金人銘：「安樂必戒，無行所悔。」「誠」
與「敬」二詞，古義可通，《說文》：「戒，警也。」《釋名》：「敬，警也，恒
之肅敬也。」是其證。故《毛詩・大雅・常武》云：「既敬既戒」，二字互文。
《逸周書・諡法》：「夙夜警戒曰敬。」

【廖繼紅 2010】

安樂之所必戒，《爲吏之道》作「安樂必戒」。

【王中江 2011】

「安樂必戒，毋行可悔」的說法。根據《孔子家語觀周》、《爲吏之道》
和《說苑談叢》、《大戴禮記武王踐阼》記載的「安樂必敬」的「敬」，當作「戒」，
可能係誤抄；根據《爲吏之道》、《說苑敬慎》和《大戴禮記武王踐阼》，《孔
子家語觀周》的「無行所悔」的「所」，疑是「可」的誤抄。另根據《孔子家
語觀周》和《說苑談叢》，這句話當時出自傳說中的黃帝六銘之一的「金人銘」。
（495 頁）

【按】

可參看文後所附文獻比照表。

【5】一曰忠信敬上殘 4-1-1+0928 正貳（28 正貳）

【楊宗兵 2012】

忠信，屢見於儒家典籍。《論語・衛靈公》：「言忠信，行篤敬。」《孔
子家語・五儀解》：「所謂君子者，言必忠信。」《孔子家語・儒行解》：「言
必誠信，行必忠正。」《論語・八佾》云：「君使臣以禮，臣事君以忠。」《論
語・子路》云：「言必行，行必果。」《論語・爲政》云：「千乘之國，敬事
而信。」

【6】好言塞責 1573 正貳（29 正貳）

【整理者 2010】

好言，好話。《詩・小雅・正月》：「好言自口，莠言自口。」（121 頁）

【按】

塞責，推辭、搪塞。《韓詩外傳》：「介子推割股，天下莫不聞，臣之爲賊
亦大矣，罪至十族，未足塞責。」〔註30〕好言塞責，即用好話搪塞別人。

〔註30〕許維遹：《韓詩外傳集釋》，中華書局 1980 年版，第 338 頁。

【7】二曰清廉無旁（謗）1573 正三（29 正三）

【整理者 2010】

清廉無旁（謗），《爲吏之道》作「精（清）毋謗」。（一六八頁）清廉，清介廉潔。《莊子・說劍》：「諸侯之劍，以知勇士爲鋒，以清廉士爲鍔。」《東觀漢記・周澤傳》：「拜太常，果敢直言，數有諍言，朝廷嘉其清廉。」或解爲精明。（121 頁）

【陳偉 2009】

「精廉」在戰國秦漢文獻中屢見。《藝文類聚》卷六十錄《莊子》云：「諸侯之劍，以智勇士爲鋒，以精廉士爲鍔，以賢良士爲脊，以忠聖士爲鐔，以豪傑爲鋏。」《史記・李斯列傳》記二世稱趙高說：「趙君爲人精廉強力，下知人情，上能適朕，君其勿疑。」《韓非子・難三》：「百官精克於上」，舊注：「精廉克己。」尤其值得注意的是，《說苑・談叢》云：「恭敬遜讓，精廉無謗，慈仁愛人，必受其賞。」與《爲吏》這幾句近似，也是作「精廉」。雖然「精廉」、「清廉」可以通假，傳世本《莊子・說劍》篇記莊子論劍語即作「清廉」，但「精廉」爲另一詞的可能性並不能排除。或許「精廉」指精明，與「清廉」指廉潔有異。

【王中江 2011】

「謗」原釋文解釋爲「怨恨」。「精（清）廉毋謗」，意爲官吏保持清廉，百姓就沒有怨言。《爲吏之道》還用了同「清廉」相近的一個詞「清潔」，說官吏「必清潔正直」。「清潔」原文釋作「精潔」，並說西漢鏡銘「清白而事君」、《鹽鐵論・頌賢》的「精白」，意思與此一樣，都是指「清白」。這樣的話，「精」當讀爲「清」，這正和其中的「精廉」讀「清廉」一樣。在爲政之中，影響政府清廉的最主要因素是官吏容易受到利益和財富的誘惑，《爲吏之道》的「清廉」、「清潔」政之倫理，正是規勸官吏避免受到財富的誘惑。（486～487 頁）

【8】毋傷官事 1577 正壹（30 正壹）

【讀書會 2009】

釋讀爲「毋傷官事」。

【陳偉 2009】

傷，復旦大學出土文獻與古文字研究中心讀書會釋。雲夢睡虎地秦簡《法律答問》202 號簡「貿易」之「易」正如此作。《說文》：傷，「輕也。」段注

云：「《蒼頡篇》曰：『傷，慢也。』《廣韻》曰：『傷，相輕慢也。』自『易』專行而『傷』廢矣。《禮記》『易慢之心入之矣』注：『易，輕易也。』《國語》『貴貨而易土』注：『易，輕也。』《國策》注、《呂覽》注、《漢書》注皆同。凡皆傷之假借字也。」易官事，即輕忽公務。

【整理者 2010】

傷，讀作「蕩」，輕慢。《說文解字》「傷，輕也。」段玉裁注：「此依小徐。侮傷相屬。《倉頡篇》曰『傷，慢也。』《廣韻》曰『傷，相輕慢也。』自易傳（引者按：當作「專」）行而傷廢矣。《禮記》『易慢之心入之矣。』注：『易，輕易也。』《國語》『貴貨而易士（引者按：當作「土」）。』注：『易，輕也。』《國策》注、《呂覽》注、《漢書》注皆同。凡皆傷之假借字也。」（122 頁）

【讀書會 2011】

此段注釋中所引《說文》及段注中的「傷」全部都是「傷」的誤抄。整理者以所注之字爲「輕慢」之意，大致正確，但將其讀爲「蕩」卻毫無道理。秦漢簡帛文字中「易」與「易」二形往往混用無別，簡文中的的「傷」沒有問題是用作「傷」的。原注釋者顯然沒有意識到這一點，而誤以「傷」爲從「易」得聲而改讀作「蕩」，又將其解釋爲「輕慢」，這在訓詁上也是沒有根據的。同篇簡 31「多傷多患」中的「傷」字也應理解爲是用作「傷」的。「傷」爲「輕慢、慢易」之意，可參看本節第 5 條。陳偉先生將這兩處的「傷」讀爲「易」，亦可。

【9】上交不勝樂 1577 正貳（30 正貳）

【整理者 2010】

上交，地位低的人與地位高的人結交。《易·繫辭下》：「君子上交不諂，下交不瀆。」揚雄《法言·修身》：「上交不諂，下交不驕，則可以有爲矣。」劉向《說苑·雜言》：「上交者不失其祿，下交者不離於患，是以君子擇人以交，農人選田而田。」（122 頁）

【10】三曰舉吏審當 1577 正三（30 正三）

【整理者 2010】

舉吏審當，《爲吏之道》作「舉事審當」。（一六八頁）舉吏，薦舉官吏。（122 頁）

【連劭名 2008】

戰國時代，中國政治發生激烈變化，統治者迫於形勢的需要，任命官吏時注意選拔有才能的人，《管子・權修》云：「法者，將用民能者也。將用民能者，則授官不可不審也。授官不審，則民閒其治，民閒其治，則理不上通，理不上通，則下怨其上，下怨其上，則令不行矣。《管子・立政》論「治國三本」：君之所審者三，一曰德不當其位，二曰功不當其祿，三曰能不當其官。此三本者，治亂之原也。故國有德義未明於朝者，則不可加於尊位，功力未見於國者，則不可授以重祿，臨事不信於民者，則不可使任大官。商鞅認爲有才能的人有時會出現弊端，《商君書・農戰》云：「今上論材能知慧而任之，則知慧之人希主好惡，使官制物，以適主心，是以官無常，國亂而不一。」韓非反對授官時僅憑軍功，認爲應當選用專業人才。《韓非子・定法》云：「今有法曰：斬首者，令爲醫匠，則屋不成而病不已。夫匠者，手巧也，而醫者，劑藥也，而以斬首之功爲之，則不當其能。今治官者，智慧也，今斬首者，勇也。以勇之所知，而治智慧之官，是以斬首之功爲醫匠也。」

【廖繼紅 2010】

舉吏，薦舉官吏。《爲吏之道》「舉事審當」疑爲「舉吏審當」。首先，「舉吏」與「舉事」的意義不同，舉吏是薦舉官吏的意思；舉事是行事、辦事的意思。從《爲吏》來看，當時的抄手在抄寫這兩個意義不同的詞時是分別書寫的，簡 35/1577 有「舉吏審當」，簡 55/1565 有「舉事不當則黔首指」。「舉吏」和「舉事」出現在同一篇文獻當中，表明這兩個詞絕無混淆的可能。其次，在《爲吏之道》中，「事」和「吏」在簡文中的字形相同，隸定爲「事」還是「吏」是整理者根據文意來確定。也就是說，純粹從字形上來看的話，隸定爲「舉事」、「舉吏」皆可。最後，把《爲吏之道》的「舉事審當」與《爲吏》的「舉吏審當」出現的位置及其意義進行對比，我們認爲把《爲吏之道》「舉事審當」改爲「舉吏審當」或許更加合適。

【11】多傷多患 1580 正壹（31 正壹）

【讀書會 2009】

釋讀爲「多傷多患」。

【陳偉 2009】

「多易」，是戰國、秦漢人習語。《史記・魏其武安侯列傳》記孝景帝曰：

「太后豈以爲臣有愛，不相魏其？魏其者，沾沾自喜耳，多易。」《集解》引張晏曰：「多易，多輕易之行也。」郭店竹書《老子》甲組 14 號簡（王弼本 63 章）說「多易必多難」，《說苑・談叢》說：「多易多敗」，均是與「多易多患」類似說法。《說苑・談叢》云：「多易多敗，多言多失。」在文本上與《爲吏》關係猶密。

【王輝 2014】

易、傷義同，《說文・人部》「傷」王筠《句讀》曰：「經典多以易代。」馬王堆帛書《易傳・二三子問》載孔子語「小人多言多過」，《孔子家語・觀周》金人銘「無多言，多言多敗」（又見於《說苑・敬愼》），可資參照。

【按】

「毋傷官事，多傷多患，毋多貰貪，多言多過，☒，勿言可復，疾言不可悔」這一句。此句是根據整理者給出的意見作出的排序，大致可以分爲三個部分。「毋傷官事，多傷多患」整理者認爲「傷」爲輕慢之意，並將「傷」，讀作「蕩」，引用《說文解字》云：「傷，輕也」。〔註31〕陳偉先生則指出「傷」爲「易」的假借之字，雲夢睡虎地秦簡《法律答問》202 號簡「貿易」之「易」正如此作，也將「傷」解釋爲輕慢之意。〔註32〕但是，陳先生所說《法律答問》中的「易」應是交換、更換的意思，與輕慢之意差距頗大，此例似乎不確。睡虎地秦簡《吏道》中也有「傷」、「易」通用的例子，「道傷（易）車利」。睡虎地秦簡整理小組注云：「易，《淮南子・兵略》注：『平地也。』道易，道路平坦。」〔註33〕睡虎地秦簡中的用法顯然與《爲吏》的用法不合，從「毋傷官事」句的文意來看，應解釋爲輕慢、懈怠是十分正確的，不過筆者認爲「傷」應與「蕩」字通用，應爲「遊放、懈怠」之意。《法言・淵騫》：「魯仲連傷而不制，藺相如制而不傷」。司馬光云：「宋、吳本『』作『傷』，『制』作『』。介甫曰：『古蕩字，古制字。』」汪榮寶《義疏》云：「《說文》：『惕，放也。』古書多假『蕩』爲之。、傷皆『惕』之俗。《玉篇》：『傷，他莽切，

〔註31〕朱漢民、陳松長主編：《嶽麓書院藏秦簡（壹）》，上海辭書出版社 2010 年版，第 122 頁。
〔註32〕陳偉：《嶽麓秦簡校讀》，《簡帛（第五輯）》，上海古籍出版社 2010 年版，第 11～16 頁。
〔註33〕睡虎地秦簡整理小組：《睡虎地秦墓竹簡》，文物出版社 1990 年版，第 173 頁。睡虎地秦簡小組將「傷」、「易」通用的解釋是正確的，但是「傷」字亦有直之意，《玉篇・人部》：「傷，直也」

直也。』非此文之意。」〔註34〕「蕩」爲「放」之意亦可在《漢書》中找的例證，《丙吉傳》云：「吉馭吏嗜酒，數逋蕩。」顏師古注云：「逋，亡也。蕩，放也。謂亡其所供之職而遊放也。」〔註35〕由此，《爲吏》中的這一句意大致可以解釋爲，「不要擅離職守和懈怠官府的事務和工作，越多放蕩、懈怠就會有越多的禍患積存」。

【12】下交不勝憂 1580 正貳（31 正貳）

【整理者 2010】

下交，地位高的人與地位低的人交往。《史記‧魏公子列傳》：「然信陵君之接岩穴隱者，不恥下交，有以也。」（122 頁）

【13】毋多貰貳 1575 正壹（32 正壹）

【讀書會 2009】

釋讀爲「貳（貸）」。

【陳偉 2009】

貰貳，復旦讀書會讀作「貰貸」，與「多言」無涉。疑「貰」讀爲「喋」。《史記‧匈奴列傳》：「磽土室之人，顧無多辭，令喋喋而占占，冠固何當？」集解：「喋，利口也。」《類篇‧口部》：「喋，多言。」「貰貳」或猶「喋喋」。

【整理者 2010】

貰貳，借貸，賒欠。《漢書‧酷吏傳‧寧成》：「乃貰貸田千餘頃，假貧民，役使千家。」顏師古注：「貰貸，假取之也。」（123 頁）

【許道勝 2013】

【按】

整理者所言「借貸」意義與《爲吏》句意不符合。「毋多貰貳，多言多過」，整理者注云：「貰貳，借貸，賒欠」，並引用《寧成傳》中的內容來將其解釋爲「假借」、「借貸」的意思，從《爲吏》此句的意思來看，「假借」似乎不太符合文意，與下句「多言多過」無法銜接。陳偉先生則將「貰」釋讀爲「喋」，「貰貳」或猶「喋喋」。〔註36〕筆者認爲整理者的觀點有待於商榷，陳先生解釋爲「喋」從其文意上可以解釋清楚，並引用了《匈奴列傳》中的內容來說

〔註34〕汪榮寶：《法言義疏》，中華書局 1987 年版，第 420～421 頁。
〔註35〕〔漢〕班固：《漢書》，中華書局 1964 年版，第 3146 頁。
〔註36〕陳偉：《嶽麓書院秦簡考校》，《考古》2009 年第 10 期。

明，裴駰的《集解》云「喋喋，利口也」顯然說的是伶俐之口而言，這與「多言」聯繫十分密切。「㗔」亦作「諜」，意爲多言，陳先生之說可以從之。《史記・張釋之列傳》云：「豈此嗇夫諜諜利口捷給哉！」《索隱》云：「音牒，《漢書》作『喋喋』，口多言。」〔註37〕《中論・核辯》：「給足以應切問，難足以斷俗疑，然而好說而不倦，諜諜如也。」孫啓治云：「諜，字亦作『喋』。『如』爲狀事之詞。《經傳釋詞》：『如，猶然也。』」〔註38〕「諜諜然也」說的就是說話喋喋不休、滔滔不絕的樣子。

【14】安徐審祭（察）之 1575 正貳（32 正貳）

【整理者 2010】

安徐，安詳從容。《管子・勢》：「故賢者安徐正靜，柔節先定。」《國語・越語下》：「宜爲主人，安徐而重固。」（123 頁）

【廖繼紅 2010】

審察，明察；仔細考察。《管子・版法解》：「是故明君審察事理，愼觀始終。」

【15】多言多過 1574 正壹（33 正壹）

【廖明春 1993】

其釋坤卦六四爻辭說：「此言箴小人之口也，小人多言多過，多事多患……」這與《小象》的「愼不害也」、《文言》的「蓋言謹也」說同，而《荀子・非相》以此爻辭形容「腐儒」，其意正相反，這一段話，據《說苑・敬愼》、《孔子家語・觀周》、《太公・金》記載，係孔子觀周所見到的太廟前金人之銘，定縣八角廊四十號漢墓所出竹簡《儒家者言》中也有「之爲人多言多過多事多患也」之句。

【鄔可晶 2011】

嶽麓書院藏秦簡《爲吏治官及黔首》簡 33 正第一欄：「多言多過」。金人銘「無多言，多言多敗」與此最近。（93 頁）

【16】擇人與交 1574 正壹（33 正壹）

【廖繼紅 2011C】

〔註37〕　〔漢〕司馬遷：《史記》，中華書局 2013 年版，第 2752 頁。
〔註38〕　〔魏〕徐幹、孫啓治解詁：《中論解詁》，中華書局 2014 年版，第 139～140頁。

《春秋別典》和《說苑》記載一樣，均爲越石父所說。《春秋別典》：越石父曰：君子擇人與交。《說苑·雜言》：越石父曰：君子擇人與交。（16 頁）

【17】五者畢至必有天當 1574 正三（33 正三）

【整理者 2010】

《爲吏之道》作「五者畢至，必有大賞」。（一六八頁）天當，馬王堆帛書《經法·四度》：「外內皆順，命曰天當，功成而不廢，後不奉（逢）央（殃）。」又，劉向《說苑·談叢》「恭敬遜讓，精廉無謗，慈仁愛人，必受其賞。」或可與簡文相參。（123 頁）

【18】擇言出之 0310 正貳（34 正貳）

【整理者 2010】

劉向《說苑·政理》：「孔子曰：『言之善者，有所得而所傷也；言人之惡者，無所得而有所傷也。故君子慎言語矣，毋先己而後人，擇言出之，令口如耳。』」（124 頁）

【廖繼紅 2011】

「擇言出之」出自孔子語，在多部文獻中有記載，但內容基本一致。《說苑·政理》：孔子曰：「言之善者，有所得而無所傷也；言人之惡者，無所得而有所傷也。故君子慎言語矣，毋先己而後人，擇言出之，令口如耳。」《春秋別典》：「言人之善者，有所得而無所傷也；言人之惡者，無所得而有所傷也。故君子慎言語矣，毋先己而後人，擇言出之，令口如耳。」（16 頁）

【鄔可晶 2011】

第三條是說爲官不可「匿人之善」、」揚人之惡」、「不內相教而外相謗」又說要「言人之善」要慎言，從文義看仍不統一，似還可自「言人之善者「以下再分出一條。這一條中「擇言出之」一句，又見於嶽麓書院藏秦簡《爲吏治官及黔首》簡 34 正第二欄，大概是當時的流行語。

【王輝 2014】

該句見於《說苑·政理》「擇言出之，令口如耳」，又《韓詩外傳》卷 10 載孔子曰：「終身無患難，其擇言而出之也。」《管子·形勢解》曰：「聖人擇可言而後言。」意思相當。

【19】勿言可復 1497 正壹（35 正壹）

【廖繼紅 2010】

勿，語助詞，無義。《詩・小雅・節南山》：「弗問弗士，勿罔君子。」王引之《經傳釋詞》卷十：「勿罔，罔也。言弗問而察之，則下民欺罔其上矣。」《左傳・僖公十五年》：「史蘇是占，勿從何益。」王引之《經義述聞・通說下・語詞誤解以實義》：「勿從，從也，言雖從何益也。解者云『不從史蘇』則失之矣。」復，實踐諾言，履行承諾。《論語・學而》：「有子曰：『信近於義，言可復也。』」朱熹集注：「復，踐言也。」勿言可復，即「言可復」：要說可以實踐，履行的話；做出的承諾一定要履行。

【王輝 2014】

「勿」的助詞用法古籍雖有但罕見，此處不必非得理解爲助詞。「復」與《論語》「言可復」不同，是返還、收回等義。《黃石公三略・上略》「將無還令」，《吏道》「令數□環（還），百姓搖貳乃難請」，「還令」、「復言」意思相近。「勿言可復」大意是不要說可以收回即反悔的話。

【按】

此語出自《論語・學而》，廖說不可從。

【20】醜言出惡 1497 正貳（35 正貳）

【整理者 2010】

醜言，惡語、難聽的話。嵇康《與呂長悌絕交書》：「古人絕交不出醜言，從此別矣！」又，「丑」或當讀爲「愧」。《荀子・樂論》：「故君子耳不聽淫聲，目不視邪色，口不出惡言，此三者，君子愼之。」（124 頁）

【21】一曰視黔首渠驁 1497 正三（35 正三）

【整理者 2010】

視黔首渠驁，《爲吏之道》作「見民（倨）敖（傲）」。（一六九頁）渠驁，讀爲「倨傲」。（124 頁）

【廖繼紅 2010】

渠驁，讀爲「倨傲」。按：倨敖，古書亦作「倨傲」、「倨驁」、「倨慠」，傲慢不恭。《管子・四稱》：「無道之臣……倨敖不恭，不友善士。」《莊子・漁父》：「夫子猶有倨傲之容。」《漢書・匈奴傳上》：「中行說令單于以尺二寸牘，及印封皆令廣長大，倨驁其辭曰『天地所生日月所置匈奴大單于敬問漢皇帝無恙。』」顏師古注：「倨，慢也。驁與傲同。」《漢書・尹翁歸傳》：「功

曹以爲此吏倨敖不遜。」《後漢書・黃憲傳》：「同郡戴良才高倨傲，而見憲未嘗不正容。」

【22】疾言不可悔 1544 正壹（36 正壹）

【整理者 2010】

疾言，輕率的話。《韓非子・說疑》：「是以群臣居則修身，動則任力，非上之令，不敢擅作疾言誣事，此聖王之所以牧臣下也。」（125 頁）

【按】

睡虎地秦簡《語書》中亦出現有「疾言」。

【23】【受】令唯若 1545 正壹（37 正壹）

【廖繼紅 2010】

若，順；順從。《爾雅・釋言》：「若，順也。」《穀梁傳・莊公元年》：「不若於道者，天絕之也。」范甯注：「若，順。」

【邱亮 2012】

「唯若」疑讀爲「唯諾」，爲應承之義。《禮記・曲禮上》：「毋踐屨，毋踏席，摳衣趨隅，必愼唯諾。」注：「趨隅升席，必由下也。愼唯諾者，不先舉見，問乃應。」二者析言則有別，渾言則無異，集說：「諾者應之緩，唯者應之速。以道則唯諾無以殊，以禮則緩速有所辨。」唯、諾有遲速之別，連舉則並爲「應承」之義，又作「唯唯諾諾」，《韓非子・八奸》：「此人主未命而唯唯，未使而諾諾，先意承旨，觀貌察色以先主心者也。」受命唯諾，即受命而應承之義。（11 頁）

【按】

邱亮之說可從。

【24】自勝者強 1545 正貳（37 正貳）

【蕭永明 2009】

這些文字出自《老子》第三十三章。今本《老子》中作「知人者智，自知者明。勝人者有力，自勝者強。」二者文字基本一致，僅語句順序略有不同。

【整理者 2010】

自勝者強：《老子》：「勝人者有力，自勝者強。」（125 頁）

【按】

《文子‧下德》亦有：「老子曰：『勝人者有力，自勝者強。』」《馬王堆帛書‧老子甲本》作「勝人者，有力也。自勝者，強也。」語出自《老子》第三十三章，可參看文後內容比照表。

【25】三曰居官善取 1545 正三（37 正三）

【廖繼紅 2010】

居官，擔任官職。《儀禮‧士相見禮》：「與眾言，言忠信慈祥；與居官者言，言忠信。」《史記‧汲鄭列傳》：「使黯任職居官，無以逾人。」取，收受；索取。《史記‧魯仲連鄒陽列傳》：「所貴於天下之士者，爲人排患釋難解紛亂而無取也。」

【26】四曰受令不僂 1546 正三（38 正三）

【整理者 2010】

僂，鞠躬，表示恭敬。《左傳》昭公七年：「一命而僂。」（169 頁注〔六〕）（125 頁）

【劉海年 2006】

把「受令不僂」作爲「失」，就是強調執行法令，否則，要依法制裁。同時出土的秦律有這樣一條規定：「爲（僞）聽命書，廢弗行，耐爲侯，不避席立，貲二甲，廢。」「侯」是刑徒的一種，凡不執行命書者，判爲侯並附加耐刑；不尊重命書（即「不避席立」）者，罰繳二副鎧甲的罰金。其所以如此，如商鞅所說：「法令者民之命也，爲治之本也。」「故有明主忠臣產於今世，而能領其國者，不可須臾忘於法。」韓非也說：「明主之道，一法而不求智，固術而不慕信；故法不敗群，官無奸詐矣。」商鞅還提出：「爲法令置官也，置吏也，爲天下師」，要求官吏知法、執法，並答覆人民對於法律的詰問。（370～371 頁）

【按】

僂，也可與「發徵不盡不僂」意思相同，即立刻、迅速。

【27】五曰安其家忘官府 1547 正三（39 正三）

【整理者 2010】

安其家忘官府，《爲吏之道》作「安家室忘官府」。（169 頁）

【28】【衣】服再身 1569 正壹（40 正壹）

【整理者 2010】

　　再，讀作「稱」。符合、相當之意。《孟子‧公孫丑下》：「古者棺槨無度，中古棺七寸，槨稱之。」再身，合身，衣著合體。（127 頁）

【29】瘱（厭）忿止欲 1569 正貳（40 正貳）

【整理者 2010】

　　《為吏之道》有「止欲去願」。（一六七頁）瘱，壓制、抑制。《漢書‧馮奉世傳》：「奉世圖難忘死，信命殊俗，威功白著，為世使表，獨抑厭而不揚，非聖主所以塞疑厲節之意也。」（126 頁）

【王輝 2014】

　　「厭」有棄義，《論語‧述而》曰：「予所否者，天厭之。」邢昺疏：「厭，棄也。」《左傳‧隱公十一年》曰：「天而既厭周德矣。」楊伯峻注：「厭，厭棄也。」字又作「猒」，《上博（一）‧孔子》簡 23「終乎不猒人」，《上博（二）‧從政》乙篇簡 16 有「君子無所猒人」，「猒」亦厭棄之義。《關尹子‧九藥》載「捐忿塞欲」，「捐」即棄；《吏道》簡 23.1 有「止欲去願」，「止」、「去」對舉正同「止」、「厭」對舉。《易‧損》象傳曰：「君子以懲忿窒欲。」孔穎達曰：「以懲止忿怒，窒塞情慾。」止忿猶「厭忿」。《上博（九）‧舉治王天下》簡 35 有「怒而不寡（顧），不愛其……」，當為脖失之類。

【30】五者畢至是胃（謂）過主 1569 正三（40 正三）

【整理者 2010】

　　過，讀為「禍」。《墨子‧魯問》：「故大國之攻小國也，是交相賊也，禍必反於國。」于省吾《諸子新證》：「過應讀為禍。」（126 頁）

【31】唯怒必顧 1572 正貳（41 正貳）

【廖繼紅 2011】

　　顧，反省。《書‧康誥》：「用康乃心，顧乃德。」李民等認為：「顧，念，有回顧、反省的意思。」

【32】一曰誇而夬 1576 正三（42 正三）

【整理者 2010】

　　誇而夬，《為吏之道》作「誇以泄」。（一六九頁）誇，華而不實。《逸周

書‧謚法》：「華言無實曰誇。」「夬」當讀爲「快」，意爲放肆。又，此字或爲「史」字之誤，史有虛飾、浮誇之意。《論語‧雍也》：「質勝文則野，文勝質則史。」《韓非子‧難言》：「捷敏辯給，繁於文采，則見以爲史。」（127頁）

【陳偉 2011】

整理者所引或說，當更爲近實。秦至漢初史、夬二字或易混淆，但一般有所區別。趙平安先生曾指出：秦漢簡帛文字史和夬有明顯的區別，史的上半部分作▱，夬的上半部分作▱。我們所討論的簡文作▱，屬於「史」字比較標準的寫法。史有偏重文辭的涵義。除了整理者已述兩條文獻外，尚有《儀禮‧聘禮》云：「辭多則史，少則不達。」郭店竹書《老子》甲組 1～2 號簡云：「三言以爲史不足，或令之，或乎屬。」傳世本與馬王堆帛書本《老子》與簡文對應的字皆作「文」，是一個新的例證。睡虎地秦簡《爲吏之道》對應之字作「迣」，疑讀爲「詍」，多言義。《荀子‧解蔽》：「辯利非以言是，則謂之詍。」楊倞注：「詍，多言也。」《說文》：「詍，多言也。」

【方勇 2011A】

「而」上一字當釋作「誇」，假借爲「誇」，這一點復旦大學出土文獻與古文字研究中心研究生讀書會已經指明。需要說明一點的是，整理者在解釋「夬」字時，指出其也可能爲「史」字誤字。我們認爲此舉屬於添足之筆。此形「夬」字還見於本篇五三正第二欄的「毋忿怒以夬（決）」一句中。所以釋「誇（誇）而夬」的「夬」是對的。

【劉孝霞 2013】

此字整理者釋爲「誇」，當隸爲「誇」。

【按】

「誇而夬」，《吏道》中作「誇以迣」。嶽麓秦簡整理小組注云：「誇，華而不實。《逸周書‧謚法》：『華言無實曰誇。』『夬』當讀爲『快』，意爲放肆。又，此字或爲『史』字之誤，史有虛飾、浮誇之意。」〔註39〕方勇、陳偉先生均認爲，「夬」應爲「史」字，意同「迣」。〔註40〕「誇而夬」即

〔註39〕朱漢民、陳松長：《嶽麓書院藏秦簡（壹）》，上海辭書出版社 2010 年版，第127 頁。

〔註40〕方勇：《秦簡礼記四則》，《長春師範學院學報（社科版）》2009 年第 5 期。
陳偉：《嶽麓書院藏秦簡考校》，《文物》2009 年第 10 期。

爲言語浮誇、虛飾彌彰，正是《語書》中所說的那些「盱詢疾言」欺世之
徒。誇，亦有誇大、誇耀之意。《鶡冠子・著希》：「言仁則以爲誣，發於義
則以爲誇。」

【33】謹敬侍之 1571 正貳（43 正貳）

【廖繼紅 2011】

謹敬，謹慎誠敬。《韓非子・內儲說下》：「無極教宛曰：『令尹甚傲而好
兵，子必謹敬，先亟陳兵堂下及門庭。』」

【按】

敕身齊戒，施教申申。應劭曰：「敕，謹敬之貌。」師古曰：「齊，讀曰
齋。」《新語》道莫大於無爲，行莫大于謹敬。何以言之？

【34】二曰貴而企 1571 正三（43 正三）

【整理者 2010】

《爲吏之道》作「貴以大（泰）」。（一六九頁）《老子》：「企者不立，跨
者不行。」企，本指踮起腳，簡文中有趾高氣揚的意思。又「企」或可讀爲
「侈」，意爲奢侈、浪費。《韓非子・解老》：「多費之謂侈。」班固《西都賦》：
「歷十二之延祚，故窮泰而極侈。」或者意爲過分，超過限度。《管子・正世》：
「故聖人設厚賞，非侈也；立重禁，非戾也。」《管子・立政》：「考憲而有不
合於太府之籍者，侈曰專制，不足曰虧令。」（128 頁）

【方勇 2011A】

又四三正第三欄有「二曰貴而企」一句，其中「企」字，整理者認爲本
指踮起腳，簡文中有趾高氣揚的意思。又可通假爲「侈」，意爲奢侈、浪費。
我們認爲，整理者的意見有些迂曲。其實，睡虎地秦簡相應的內容正作「貴
以大（泰）」，這說明嶽簡的「貴而企」之「企」應是「大」字誤字。由此，
我們把嶽簡四二正第三欄至四六正第三欄的內容歸納如下：一曰誇（誇）而
夬；二曰貴而企〈大（泰）〉；三曰亶（擅）折割；四曰犯上不智（知）其害；
五曰閒（賤）士貴貨貝。不難發現，以上簡文爲韻文。其中「夬」、「大（泰）」、
「割」、「害」、「貝」古音均屬月部，這可進一步證明釋「夬」字及「企」爲
「大（泰）」誤字是沒有問題的。

【劉雲 2012】

企，讀爲「盈」，訓爲驕縱自滿。

【凡國棟 2012】

改釋作「立」，讀爲「矜」。「矜」有驕傲、自誇義。這樣適與《爲吏之道》「貴以大（泰）」意義相近。

【按】

貴，貴勢，指地位高。《孟子·萬章下》：「不挾長，不挾貴，不挾兄弟而友。」趙岐注：「貴，貴勢。」〔註41〕「不挾貴」指的是不以地位高而自居。企，本意是指舉踵的意思。《說文·人部》：「舉踵也，從人，止聲。」段注云：「者，跟也。企或作跂。《衛風》曰：『跂予望之。』《檀弓》曰：『先王之制，禮也。過之者，俯而就之。不至焉者，跂而及之。』」〔註42〕所以「企」與「跂」二字相通，《老子》：「企者不立，跨者不行。」王弼注云：「物尚進則失安。」樓宇烈校釋：「『企』，同『跂』，進也。此句意爲物尚進於榮利則失安，所以說尚進者不得久立。」〔註43〕《荀子·非十二子》：「離縱而跂訾者也。」楊倞注：「跂訾，亦謂跂足自高而訾毀於人。」郝懿行云：「跂訾者，謂望有所思量而示人意遠也。」〔註44〕「跂訾」指的是自恃清高，脫離世俗觀念，並詆毀其他人的意思。《爲吏》將此句與「吏有五過」並列，顯然是官吏不好的品行。我們將「貴」和「企」連在一起可以發現，「貴而企」指的是兩種品行，一是自恃地位較高而頤指氣使、目中無人，二是脫離世俗觀念、跂足自高、趾高氣揚聽不進任何意見。而《吏道》中此句爲「貴而大（泰）」，睡虎地整理小組釋爲「驕傲」，這與「企」的解釋是十分相近的，凡氏之說，將「企」改釋爲「矜」似乎意義偏頗，不可從。而且《爲吏》中的「企」字並非爲「泰」的誤字，從文意的表達上來看「企」的表達更爲明確，可解釋爲「跂足自高」，「泰」則無有此意，文意也可與其下第三「擅折割」一句，即獨斷專行，可以相互聯繫。另，整理者所說「企」與「侈」相通，並解釋爲「奢侈、浪費」，此意與下句意義相去甚遠，並且對「貴」的意思理解也有錯誤。「吏有五過」說的應與官吏處事原則有關，而第五便有「賤士而貴貨貝」一語，若解釋爲奢侈有重複之嫌，整理者之意顯然是不可從的。

〔註41〕　〔清〕焦循：《孟子正義》，中華書局 1987 年版，第 690 頁。
〔註42〕　〔清〕段玉裁：《說文解字注》，上海古籍出版社 1988 年版，第 365 頁。
〔註43〕　〔魏〕王弼、樓宇烈：《老子道德經校注》，中華書局 2008 年版，第 61 頁。
〔註44〕　〔清〕王先慎：《荀子集解》，中華書局年版，第 101 頁。

－169－

【35】多所智 1570 正壹（44 正壹）

【廖繼紅 2011】

所智，即「所知」，相識的人，要好的人。《儀禮‧既夕禮》：「所知，則賻而不奠。」

【按】

《大戴禮記‧哀公問五義》：孔子對曰：「所謂士者，雖不能盡道術，必有所由焉；雖不能盡善盡美，必有所處焉。是故知不務多，而務審其所知；行不務多，而務審其所由；言不務多，而務審其所謂；知既知之，行既由之，言既順之，若夫性命肌膚之不可易也，富貴不足以益，貧賤不足以損。若此，則可謂士矣。

【36】精絜（潔）正直 1570 正貳（44 正貳）

【魏啟鵬 2000】

《國語‧周語上》：「國之將興，其君主明、中正、精潔、惠和。」又云「除其心、精也；考中度衷，忠也。」韋昭注：「精，潔也。」中正精潔原本是對國君作爲宗教領袖兼政治領袖提出的要求，處於權力巔峰的君主是否英明，則體現爲各級官吏是否賢能，在某種意義上看，吏道也是君道的具體而微，故後來對爲吏之道也提出精潔正直的要求，促使其反己修身，保持忠信。參看《賈子‧大政下》：「君明而吏賢矣；故君功見於選吏，吏功見於治民；故觀之其上者，由其下而上睹矣，此道之謂也。」

《文子‧精誠》云：「推其誠心，施之天下而已。故賞善罰暴者，政令也；其所以能行者，精誠也。令雖明不能獨行，必得精誠，故總道以被民而敏弗從者，精誠弗至也。」《周語》謂修「精潔中正」之德，則有「神而民聽」之功，「民神無怨，故神降焉，觀其政德而均布福焉」，文子思想發揮斯義，提升概括爲「精誠」，謂「精誠形乎內，而外諭於心，此不傳之道也」，「極自然至精之感，弗召而來，不去而往，窈窈冥冥，不知所爲而功自成；待言而使命，其於爲治難矣。皋陶瘖而爲大理，天下無虐刑，何貴乎言者也；師曠瞽而爲太宰，晉國無亂政，何貴乎賤者也。」文子學派以道家無爲無私學說，發揮了「精潔」古意，對先秦秦漢的君道、吏道思想都有重要影響。參看《韓非子‧孤憤》「人臣之欲得官者，其修士且以精潔固身。」亦見三晉道、法家對「精潔」觀念之重視。漢人「精潔」或作精白、清白，西漢鏡銘曰「潔精白而事君」，《鹽鐵論‧訟賢》謂徇公奉法之臣能「懷精白之心，

行中正之道」。

【連劭名 2008】

「清潔正直」近於古代心性論的精一之說，《尙書・大禹漠》云：「人心惟危，道心惟微，惟精惟一，允執其中」精一之說同於中正之道，《荀子・解蔽》云：「心枝則無知，傾則不精。二則疑惑，心贊稽之，萬物可兼知也。」心不能如樹木，旁引枝條，多生歧念。心有傾向則不專精，不專精則多疑惑。

【廖繼紅 2011】

精絜（潔）正直，《爲吏之道》作「必精絜（潔）正直」。

【37】三曰亶（擅）折割 1570 正三（44 正三）

【整理者 2010】

《爲吏之道》作「擅袭割」。袭割，裁斷、決定。（一六九頁）（128 頁）

【方勇 2011B】

「折」字作▨形，整理者之所以把此字形釋爲「折」，是因爲在睡虎地秦簡相應簡文內容作「擅袭割」，即「折」可讀爲「袭」。但是細審該字形，我們會發現其與秦簡的「歹（朽）」字形同。但是，「歹（朽）」字意義在簡文中又很難講通，所以，我們懷疑其有可能爲「列」字誤字。又「列」古音爲來母月部，「袭（制）」古音爲章母月部，二者同屬舌音，韻部相同，所以通假無問題。「列」本「裂」的古字，有分割、分解之義。《說文》曰：「列，分解也。」段注：「列之本義爲分解。故其字從刀。」所以，後來漢語也就出現了諸如「斷裂」這樣的詞匯。睡虎地秦簡整理小組解釋「袭（制）」義爲「斷」，「袭割」爲「裁斷、決定」義。可見，「列」、「袭（制）」二者不僅音近，義也近。

【許道勝 2013】

字從復旦大學出土文獻與古文字研究中心研究生讀書會改釋，訓釋從方氏說。

【劉孝霞 2013】

原簡隸定作「折」。此字釋作「折」當誤，從字形看，此字與《嶽麓一・爲 71》釋作「（朽）」的字形同，改釋作「（朽）」。

【筆者按】

字從形而論確不是「折」字，方氏之說可從。

【38】五曰間（賤）士貴貨貝 1548 正三（46 正三）

【江慶柏 1983】

《爲吏之道》說：「吏有五失……五日賤士而貴貨貝。」今本《墨子》有《親士》篇，特別強調士的重要性，「入國而不存其士，則亡國矣」，先秦諸子中似還沒有這樣提法的。《尚賢中》說：「故先王言日：貪於政者，不能分人以事，厚於貨者，不能分人以祿。」這也就是簡書所謂「賤士而貴貨貝」的意思。

【整理者 2010】

《爲吏之道》作「賤士而貴貨貝」。（一六九頁）（129 頁）

【陳松長 2009】

【讀書會 2011】

簡 1 第三欄「聽間（諫）毋塞」、簡 46 第三欄「五日間（賤）士貴貨貝」，「間」字據圖版都應改作「閒」。

【張軍威 2013】

貨貝，指代財物。《禮記・少儀》：「君將適他，臣如致金玉貨貝於君，則日致馬資於有司。」

【按】

此語亦見於睡虎地秦簡《爲吏之道》。貨貝，指代貨幣、財務。睡虎地秦簡《日書甲種》：「爲羊牢馬廄，亦弗居；以用垣宇，閉貨貝。」

【39】徵（微）密咸祭（察）1549 正貳（47 正貳）

【魏啟鵬 2000】

《文子・下德》日：「衡之於左右，無私輕重，故可以爲平；繩之於內外，無私曲直，故可以爲政」。

【整理者 2010】

《爲吏之道》作「微密鐵（纖）察」。（一六八頁注〔二〕）（129 頁）

【40】吏有五則 1549 正三（47 正三）

【陳偉 2011】

「五則」與「五過」、「五失」「六殆」並列，具體內容爲：「一日不祭（察）所親則韋（違）數至，（48/1550）二日不智所使則以襩（權）索利，（49/1551）三日舉事不當則黔首讙指，（50/1565）四日喜言隋（惰）行則黔首無所比，

（51/1568），五曰善非其上則身及於死。（52/1567）」則，疑當讀爲「賊」。《淮
南子・說林》：「山生金，反自刻。木生蠹，反自食。人生事，反自賊。」高
誘注：「賊，敗也，害也。」

【41】毋棄親戚（賢）1550 正壹（48 正壹）

【整理者 2010】

戚字或作「戚」。（130 頁）

【42】安倩（靜）毋苛 1550 正貳（48 正貳）

【魏啟鵬 2000】

《文子・精誠》曰：「政苛者民亂，上多欲即下多詐，上煩擾即下不定，
上多求即下交爭」同書《微明》：「苛峭傷德。大正不險，故民易導，至治優
遊，故下不賊，至忠復素，故民無僞匿。」皆「安靜毋苛」論之所本。

【整理者 2010】

《爲吏之道》作「安靜毋苛」。倩，通「靜」。（130 頁）

【按】

苛，有煩擾、繁瑣之意。睡虎地秦簡整理小組注云：「苛，煩苛。」〔註45〕
《國語・周語上》：「民神怨痛，無所依懷，故神亦往焉，觀其苛慝而降其禍。」
韋昭注云：「苛，煩也。慝，惡也。」〔註46〕《文子・上仁》：「喜不以賞賜，
怒不以罪誅，法令察而不苛，耳目通而不闇。」〔註47〕《淮南子・主術訓》
與《文子》同文。高誘注云：「察，明也。苛，煩也。」也就是說，政令需要
明晰而不繁瑣，這裏的苛即繁瑣之意。《文子・上仁》亦有：「靜即下不擾，
下不擾即民不怨。下擾即政亂，民怨即德薄。」〔註48〕所謂的「安靜」就是
不隨便擾亂民眾的生活，不擾亂民眾生活則民眾不會有怨言，如果隨便擾亂
民眾的生活，政治就會有所動盪，民眾如果生怨統治者就喪失了民心，此句
便詳細解釋了「安靜毋苛」的眞諦，較魏氏之說更爲接近。

【43】一曰不祭（察）所親則韋（違）數至 1550 正三（48 正三）

【整理者 2010】

〔註45〕睡虎地秦簡整理小組注：《睡虎地秦墓竹簡》，文物出版社 1990 年版，第 168 頁。
〔註46〕〔吳〕韋昭注：《國語》，上海古籍出版社年版，第 238 頁。
〔註47〕王利器：《文子疏義》，中華書局年版，第 431 頁。
〔註48〕王利器：《文子疏義》，中華書局年版，第 430 頁。

韋（違）數至，《爲吏之道》作「怨數至」。（一六九頁）違，過失、錯誤。《後漢書・朱祐景王杜等傳論》：「故光武鑒前事之違，存矯枉之志。」（130頁）

【讀書會 2011】

整理者將「韋」讀爲「違」可從，但解釋爲「過失，錯誤」則是不妥當的。我們認爲這裏的「違」應當和《爲吏之道》中的「怨」一樣，都是「怨恨」的意思。《尚書・無逸》「民否則厥心違怨」，「違怨」同義連文。這個意思的「違」字也寫作「愇」。《廣雅・釋詁》「怨、愇，恨也」，可證。

【44】【恭】敬毋亡（忘） 1551 正壹（49 正壹）

【廖繼紅 2011】

亡，整理者讀作「忘」。按：似當讀作「妄」，不法，非分。《左傳・哀公二十五年》：「彼好專利而妄。」杜預注：「妄，不法。」袁宏《後漢紀》：「況乎天子之貴，四海之富，神明之祚，可得而妄處哉！」「恭敬」與「毋妄」成對應關係。

【按】

《管子・君臣上》：「然則上之畜下不妄，而下之事上不虛矣。上之畜下不妄，則所出法制度明也。下之事上不虛，則循義從令審也。上明下審，上下同德，代相序也。」〔註49〕其中「下不妄」就與「毋妄」的說法相類似，《荀子・君臣》：「恭敬而遜，聽從而敏，不敢有以私決擇也，不敢有以私取與也，以順上爲志，是事聖君之義也。」王先謙注：「但稟命而已。」〔註50〕所引文後半句顯然有「毋妄」之意，應從廖先生解釋。

【45】二曰不智（知）所使則以（權）索利 1551 正三（49 正三）

【整理者 2010】

以權索利，《爲吏之道》作「以權衡求利」。（一六九頁）（130頁）

【46】毋喜細說 1565 正壹（50 正壹）

【整理者 2010】

細說，小人之言、讒言。《史記・項羽本紀》：「勞苦而功高如此，未有封侯之賞，而聽細說，欲誅有功之人。」（131頁）

〔註49〕黎翔鳳：《管子校注》，中華書局 2009 年版，第 657 頁。
〔註50〕王先謙：《荀子集解》，中華書局 1988 年版，第 252 頁。

【47】（嚴）剛毋暴 1565 正貳（50 正貳）

【魏啟鵬 2000】

《文子・自然》：「『功成不有』，不即強固，強固而不以暴人，道深即德深，德深而功名遂成。」

【廖繼紅 2011】

嚴，嚴厲。《易・遯》：「君子以遠小人，不惡而嚴。」《韓非子・難四》：「知微之謂明，無救赦之謂嚴。」暴，兇殘，暴虐。《正字通・日部》：「暴，横也。」《易・繫辭上》：「上慢下暴，盜思伐之矣。」孔穎達疏：「小人居上位必驕慢，而在下必暴虐。」曰：「爲人應持謙虛態度，才能接受別人。」

【按】

可參看。《意林》：「人之性，有山峙淵渟者，患在不通；嚴剛貶絕者，患在傷士」

【48】三曰舉事不當則黔首傷指 1565 正三（50 正三）

【整理者 2010】

《爲吏之道》作「興事不當則民傷指」。（一六九頁）按，「嚳」疑爲「罵」之誤，罵、指，均有斥責、指斥之意。劉向《說苑・談叢》「舉事不當，爲百姓謗」。或可與簡文相參。（131 頁）

【讀書會 2011】

整理者釋「指」上一字爲「嚳」，並以爲是「罵」之誤寫，其說甚爲牽強。從原簡圖版上看，所謂「嚳」字上部所從是什麼構件還很難講，但此字下部從「高」應當沒有問題。我們認爲此字當讀作「憍」，和《爲吏之道》中的「傷」一樣，都是「輕慢、慢易」的意思。《廣雅・釋詁》「憍，傷也」王念孫《疏證》：「憍古通作驕。傷古通作易。」

【49】廉而毋㑄（？）1588 正貳（51 正貳）

【整理者 2010】

《爲吏之道》作「廉而毋刖」。廉本義爲棱角，「刖」本義爲割斷。廉而毋刖，行事正直而不傷人，與《老子》等古書常見的「廉而不劌」同義。（一六七頁、一六八頁注〔四〕）（131 頁）

【陳偉 2011】

最後一字上部所從似是「伐」，其中「戈」的下面一筆寫得有些移位。這個

從伐從巾的字大概仍應讀爲「伐」或者從伐取義，有斬殺之意，與「刜」義通。

【魏啟鵬 2000】

此爲古熟語，亦見《老子》58 章，刜借爲劌，二字古音隸月部，其聲母同爲喉音見組字，故得通借，且皆有割斷之義。《文子・道德》：「『方而不割，廉而不劌』，無矜無伐。御之以道則民附，養之以德則民服，無示以賢則民足，無加以力則民樸。」《說苑・雜言》：「玉有六美，君子貴之……廉而不劌者，義也」孔穎達疏：「言玉雖廉棱而不傷割於物，人有義者亦能割斷而不傷物，故云義也。」

【俞志慧 2007】

「刜」，《說文・刀部》：「刜，絕也，從刀，月聲。」「廉而毋刜」，文獻中多書作「廉而不劌」，《說文・刀部》：「劌，利傷也，從刀，歲聲。」可知「劌」、「刜」義近。

【按】

廉，直。《國語・晉語二》：「弒君以爲廉」，韋昭引虞御史云：「廉，直也，讀若斗廉之廉。」

【50】四曰喜言隋（惰）行則黔首毋所比 1588 正三（51 正三）

【整理者 2010】

《爲吏之道》作「善言隋（惰）行，則士毋所比」。比，親附。（一六九頁）

【51】復悔其（期）勝 1567 正貳（52 正貳）

【整理者 2010】

《爲吏之道》作「毋復其勝」。（一六七頁）其，讀作「期」。「期勝」是一種小人性惡德行爲，君子不爲。《荀子・性惡》：「不恤是非，不論曲直，以期勝人爲意，是役夫之知也。」「不恤是非，然不然之情，以期勝人爲意，是下勇也。」（132 頁）

【白於藍 2010】

（睡虎地秦簡）整理者蓋是將「期」字理解爲期望之義，故而將之翻譯爲「想」。但這一解釋是有問題的。郭店簡《尊德義》簡 1 有一段話，整理者釋文如下：「月忿，改乘力（勝），爲人上者之（務）也。」可以看出，《尊德義》之「忿」是與本簡之「忿怒」相當，「乘力（勝）」則與本簡之「期勝」

相當。

【俞志慧 2007】

（睡虎地秦簡）整理者釋爲：「不要一味想壓過別人」，「復」字未釋。觀上文，於此無其本義「重複」、「一再」或「往復」之意，與「期勝」、「刞」二詞合參，知「復」當係「愎」之通假。「愎」從「復」得聲，《韓非子·十過》引段規評智伯之爲人曰：「好利而鷙愎」，《戰國策·趙策一》同一內容正作：「好利而鷙復」，是其證。

【52】五曰善非其上則身及於死 1567 正三（52 正三）

【整理者 2010】

《爲吏之道》作「非上，身及於死」。

【筆者按】

睡虎地秦簡《法律答問》：「贖罪不直，史不與嗇夫和，問史可（何）論？當貲一盾。」說明下級要與上級的意見達成一致，如果沒有服從上級意見需要受到相應的處罰。這與《爲吏》中的「非上則耳及於死」的情況相一致。

【53】毋忿怒以夬（決）1566 正貳（53 正貳）

【整理者 2010】

《爲吏之道》作「毋以忿怒決」。（一六七頁）（132 頁）

【魏啟鵬 2000】

《文子·上仁》：「喜不以賞賜，怒不以誅罪，法令察而不苛。」

【54】吏有六殆不審所親 1566 正三（53 正三）

【整理者 2010】

《爲吏之道》作「不察所親」。（一六九頁）審、察義近。

【按】

以下是整理小組所作的釋文：

　　　吏有六殆不審所親/不祭（察）所使親人不固/同某（謀）相去/

　起居不指/屬（漏）表不審/（徵）蝕（識）不齊〔註51〕

對上述整理小組所做釋文進行研讀發現，「吏有六殆」以下的內容雖然並列，

〔註51〕選取內容的簡的編號依次爲：1566、1552、1553、1554、1562、1555 簡的第三欄。（朱漢民、陳松長：《嶽麓書院藏秦簡（壹）》，上海辭書出版社 2011 年版。）

但是抄手也並未將此內容分條書寫，而「五善」、「五失」等都是分條書寫的。對於內容而言，「五過」、「五失」都是有關官吏道德上的缺失而言的，「六殆」從字面意思理解與「五過」、「五失」並未有本質上的區別，抄手爲什麼卻將其區別對待，而且《爲吏治官及黔首》本身就是官吏的行爲準則，即是讓官吏明確什麼是對的，什麼錯的，這才能達到教育官吏的目的。所以，簡文中的「吏有六殆」和「不審所親」之間斷開是否正確就值得懷疑了。並且簡文中的第二條「不祭（察）所使親人不固」明顯就是兩個方面的內容，即「不祭（察）所使」和「親人不固」，所以按照原有簡的分欄進行斷句，就會發現有所不妥。

筆者比對嶽麓秦簡的圖版發現，1566 號簡中的「吏有」和「六殆」兩組字之間有較大的空隙。下面筆者找到了字與字之間有空隙的部分簡，進行對比，發現 1566 號簡的空隙是比較大的，如下表：

1566 號簡	1543 號簡	1549 號簡	1572 號簡	0310 號簡〔註52〕

另外，在其空隙處筆者也未發現有刮痕，其簡的表面平滑與其他簡的表面是相似的，而且在「吏有」的文字上方發現有殘留的編繩，也就是說此處的空白也並非是編繩所致。所以，筆者認爲有可能是抄手有意將此兩組字進行分離的，也就是說這是斷句的標誌。據此，筆者認爲釋文應該斷句如下：

　　　　吏有，六殆不審，所親不祭（察），所使親人不固，同某（謀）

　　　相去，起居不指，屬（漏）表不審，（徵）蝕（識）不齊。

上述簡文進行如此斷句，這裏還有幾點需要說明：一是「所親不祭（察）」一條，在睡虎地秦簡中有相似的簡文，即「不察所親」。此條與睡虎地秦簡《爲吏之道》中的簡文，就是在詞條的順序上發生了顛倒，而嶽麓秦簡的整理小組卻認爲，簡文中的「不審所親」和「不察所親」應該是相似的，「審」、「察」

〔註52〕圖版均選自，朱漢民、陳松長：《嶽麓書院藏秦簡（壹）》，上海辭書出版社 2011 年版（簡的編號也係編者加）。

二字的字義也是相近的。這一點從上述的斷句可以發現「所親不察」的斷句
更爲合理。二是對於「六殆」的理解。「殆」，《說文》中云：「危也，從歹，
臺聲。」〔註53〕結合具體簡文，也就是說，「六殆」指的應該是六種不好的品
行，這些不好的品格對仕途的影響是十分巨大的，也就是達到了「危害」仕
途的程度。「六殆」的說法在數量上也與《周禮》中的「六計」相吻合。《周
禮・天官・小宰》：「以聽官府之治。一曰廉善，二曰廉能，三曰廉敬，四曰
廉正，五曰廉法，六曰廉辯。」〔註54〕比較《爲吏治官及黔首》中的「五善」，
即「吏有五善/一曰忠信敬上/二曰精廉無旁（謗）/三曰舉吏審當/四曰喜爲
善行/五曰龔（恭）敬多讓/五者畢至必有天當」〔註55〕，發現五善中不僅包
含了「善」的內容，而且還包含了「廉」、「正」的內容，也就是說對於「良吏」
的認定標準就是這「六條」基本準則。因此，「六殆」疑爲官吏品行不符合上
計標準的內容。根據上述簡文的斷句方法，我們雖然沒有發現有關「六殆」的
內容。但是，這並不影響採用此種斷句方法的正確性，因爲在《爲吏治官及黔
首》的簡文中還發現有上計的內容，「它官課有式，令能最。欲毋殿，欲毋罪，
皆不可得。欲最之道把此」〔註56〕。簡文中所說的「最」、「殿」都是上計中的
等級，而且在簡文中也有「官課」一詞。所以結合上述，「六殆」有可能是與
官計中的標準有關。「六殆不審」，即爲對這些違反官計標準的內容沒有審明，
這與後面的內容應該是並列的關係。三是，「所使親人不固」一條，「所使」和
「所親」的性質是相同的，這裏的「所使」和「親人」應該是並列的關係。四
是，從全句的內容而言，都是講了一些爲吏的惡習。這些內容都具有一定的警
示作用，在其他簡文中也有此種警示作用的語句，像「求盜備不具」、「卒士不
肅」、「郭道不治」、「進退不殼」、「亭障不治」〔註57〕等等。文中用這種語句旨
在告誡官吏，讓官吏加深對這些情況的印象，以達到教育官吏的目的。

〔註53〕 許慎：《說文解字》，中華書局 1963 年版，第 85 頁。

〔註54〕 〔清〕孫詒讓：《周禮正義》，中華書局 1987 年版，第 167 頁。

〔註55〕 所選簡文所在簡的編號依次爲：1543、殘 4-1-1+0928、1573、1577、1580、
1575、1574 簡的第三欄。（朱漢民、陳松長：《嶽麓書院藏秦簡（壹）》，上海
辭書出版社 2011 年版）

〔註56〕 所選簡文所在簡的編號爲：1531 簡。（朱漢民、陳松長：《嶽麓書院藏秦簡
（壹）》，上海辭書出版社 2011 年版）

〔註57〕 所選簡文所在簡的編號依次爲：1560、1582、1578、1579、1561 簡的第三欄。
（朱漢民、陳松長：《嶽麓書院藏秦簡（壹）》，上海辭書出版社 2011 年版）

【55】絕甘分少 1552 正壹（54 正壹）

【整理者 2010】

絕甘分少，《漢書・司馬遷傳》：「以爲李陵素與士大夫絕甘分少，能得人之死力，雖古名將不過也。」顏師古注：「自絕旨甘，而與眾人分之，共同其少多也。」（133 頁）

【按】

「絕甘」一詞亦見於《莊子・盜跖》：「無足曰：『必持其名，苦體絕甘，約養以持生，則亦久病長厄而不死者也。』」必固將欲修進名譽，苦其形體，絕其甘美，窮約攝養，矜持其生者，亦何異乎久病固疾，長厄不死，雖生之日，猶死之年。〔註58〕

【56】寬俗（裕）忠信 1552 正貳（54 正貳）

【整理者 2010】

俗，讀爲「容」。或讀爲「裕」。寬俗忠信，《爲吏之道》作「寬俗（容）忠信」，是以「俗」假爲「容」。劉釗指出：「俗」、「容」兩字雖音上可通，但在早期典籍中少見「寬容」一詞。「俗」在此應讀作「裕」，「俗」皆從「谷」聲，故可相通。「寬裕」是儒家提倡的臣子所應具備的一種美德。《禮記・內則》：「異爲孺子室於宮中，擇於諸母與可者，必求其寬裕慈惠，溫良恭敬，慎而寡言者……」《禮記・中庸》：「寬裕溫柔，是以有容也。」《禮記・儒行》：「溫良者，仁之本也；敬慎者，仁之地也；寬裕者，仁之作也。」又《禮記・儒行》：「儒有博學而不窮，篤行而不倦，幽居而不淫，上通而不困，禮之以和爲貴，貴信之美，優遊之法，舉賢而容眾，毀方而瓦舍，其寬裕有如此者。」句中前言「忠信」，後述「寬裕」，與簡文中「寬俗（裕）忠信」正相合，秦簡「爲吏之道」是爲初學者提供的以識字課本爲形式的行爲規範，這與《禮記・儒行》篇歷述儒者行爲的內容很接近。參見劉釗《讀秦簡字詞札記》，載氏著《出土簡帛文字叢考》，臺灣古籍出版公司二〇〇四年。（133 頁）

【余宗發 1993】

「寬俗」句中的「俗」字，它的偏旁和「裕」字都是從「谷」，所以「寬俗」即爲「寬裕」的意思。認爲身爲官吏之人，必須先具備這種道德修養與胸襟，而後才能夠做到「和平毋怨」，犯了錯誤時才能知過能改，並進而做到

〔註58〕〔清〕陳慶藩：《莊子集釋》，中華書局 2013 年版，第 1451 頁。

不貳過的行爲。有了這些品德與胸襟之後，才能中肆外的對人民寬大而有愛心，使人民在受到自己的人格感化之後而能和睦相處，以減少彼此間怨尤事件的發生。又云：「寬裕」的思想是儒家學說中一種重要的基本觀念，所以周成王平定管叔、蔡叔。

至於「忠信」二字，更是儒家學說的德目所在。所以在儒家經典中，論及「忠信」的文字，更是隨處可見，如《論語・學而》篇說：「曾子曰：『吾日三省吾身，爲人謀而不忠乎？與朋友交而不信乎？傳不習乎？』」根據曾子的意思，所謂「忠」，就是「替人做事要盡心盡力而爲」，所謂「信」，就是「誠實不欺」，乃是就爲人處事方面來說，它是屬於個人的道德行爲問題。在《論語・顏淵》篇裏，孔子說：「主忠信，徙義，崇德也。」在此「信」和「義」都是指德行而言，而「主」與「徙」則是指工夫而說；「崇德」就像是築屋砌牆一般，不但要求基礎要築的厚實，而且還能夠有間斷，否則就不能累積成爲崇高的道德爲了。因此當子張問「行」的時候，孔子便說：「言忠信，行篤敬，雖蠻貊之邦行矣；言不忠信，行不篤敬，雖州里行手哉？立，則見其參於前也；在輿，則見其倚於衡也；夫然後行。」可知「忠信」的工夫是時刻不能離身的，必須是「造次必於是，顛沛必於是。」方能成就此修爲的。在《論語・述而》篇裏，更說「子以四教：文、行、忠、信。」「忠」與「信」不但是一種修養好德目，還是孔子教育學生的四大綱領呢！所以不論「寬裕」或「忠信」，都是儒家學說所強調的內涵，絕不是發家學說的產物。（33～35頁）

【吳福助 1994】

所謂「寬」是寬容，「惠」是慈愛之意。這和孔子所謂「寬則得眾」、「惠則足以使人」，又說子產「其養民也惠」，意思全然相同。（頁）

【魏啟鵬 2000】

漢簡本《文子》：「於爲下〔則守節，循道寬緩，窮〕」（0582）。《文子・上仁》：「非寬大無以並覆。」《文子・精誠》：「養民以公，威厲不試，法省不繁，教化如神，法寬刑緩，囹圄空虛，天下一俗，莫懷奸心，此聖人之恩也。」「同言而信，信在言前也；同令而行，誠在令外也。……信，君子之言；忠，君子之意；忠信形於內，感動應乎外。」

【史黨社 2002】

忠信，在「爲吏之道」，正是對吏的要求之一，如下文「吏有五善：一日中（忠）信敬上……。」《號令》：「守之所親，舉吏貞廉忠信無害可任者。」

「謹擇吏之忠信者，無害可任者。」「發侯，必使鄉邑忠信善重士。」

【按】

寬裕，寬仁，睡虎地秦簡《吏道》有此語，但睡虎地秦簡整理小組將「裕」釋爲「容」，此說似乎不確，與嶽麓簡比較來看，應釋爲「寬裕」。《荀子・致士》：「臨事接民，而以義變應，寬裕而多容，恭敬以先之，政之始也。」〔註59〕

【57】禾（和）平毋惌 1553 正貳（55 正貳）

【整理者 2010】

禾，讀作「和」。惌，即「怨」。《爲吏之道》作「和平毋怨」。（一六七頁）（133 頁）

【魏啟鵬 2000】

古訓「和，平也。」見《戰國策・秦策》「與荊人和」注。「和平」，謂和也，見《國語・晉語》「盍密和」韋注。「和」，謂剛柔得適，不剛不柔，見《周禮大司徒》「知、仁、聖、義、忠、和」注。此句言剛柔適，喜怒和，則怨不生。參看《文子・道德》：「無德即下怨，無仁則下爭，無義即下暴，無禮即下亂，四經不立，謂之無道。」同書《下德》：「聖人審動靜之變，適授與之度，理好憎之情，和息怒之節。……和喜怒即怨不犯矣。」

【58】合同禾（和）平 1554 正壹（56 正壹）

【廖繼紅 2011】

合同，和合齊同、齊心協力。《史記・李斯列傳》：（趙）高曰「上下合同，可以長久；中外若一，事無表裏。」《鹽鐵論・險固》：「王者博愛遠施，外內合同。」

【按】

《商君書・賞刑》：「是父兄、昆弟、知識、帳淵、合同者，皆曰：『務之所加，存戰而已矣。』」可以參看。

【59】悔過毋重 1554 正貳（56 正貳）

【廖繼紅 2011】

悔過毋重，《爲吏之道》作「悔過勿重」。悔過，悔改過錯。《孟子・萬章上》：「太甲悔過，自怨自艾。」《後漢書・馮魴傳》：「汝知悔過伏罪，今一切相赦，聽各反農桑，爲令作耳目。」重，副詞。表示動作行爲的重複，相當

〔註59〕〔清〕王先謙：《荀子集解》，中華書局 1988 年版，第 262 頁。

於「再次」、「又」。《爾雅・釋言》：「重，再也。」《廣韻・用韻》：「重，更爲也。」《左傳・昭公十年》：「叔向辭之曰：『……孤斬焉在衰絰之中，其以嘉服見，則喪禮未畢，其以喪服見，是重受弔也。大夫將若之何？』」

【60】起居不指 1554 正三（56 正三）

【整理者 2010】

指，通「稽」，考核。《荀子・正名》：「故知者爲之分別制名以指實。」（134 頁）

【湯志彪 2011】

其中的「指」字，在此當讀作「稽」。古文字「指」、「稽」均從「旨」聲，故兩字自可通。「稽」，在此訓作「當」。《史記・三王世家》：「維稽古」，司馬貞《索隱》引褚先生解云：「稽，當也。」《廣雅・釋詁三》：「稽，當也。」《廣韻・齊韻》：「稽，當也。」可見，「起居不指（稽）」就是指「起居不當」，與今天所言的「生活不檢點」相類。

【61】毋行可悔 1562 正貳（57 正貳）

【王中江 2011】

「安樂必戒，毋行可悔」的說法，在《孔子家語・觀周》中作「安樂必戒，無行所悔」。《大戴禮記・武王踐阼》記載：「席前左端之銘曰：『安樂必敬。』前右端之銘曰：『無行可悔。』」《說苑・敬愼》是作爲周太廟的「金人銘」引用「安樂必戒，無行可悔」這句話。根據《孔子家語・觀周》、《爲吏之道》和《說苑・談叢》，《大戴禮記・武王踐阼》記載的「安樂必敬」的「敬」，當作「戒」，可能係誤抄；根據《爲吏之道》、《說苑・談叢》和《大戴禮記・武王踐阼》，《孔子家語・觀周》的「無行所悔」的「所」，疑是「可」的誤抄。另根據《孔子家語》

【按】

睡虎地秦簡《爲吏之道》作：「安樂必戒，毋行可悔」，亦作「無行可悔」。《大戴禮記・武王踐阼》：「席前左端之銘曰：『安樂必敬』；前右端之銘曰：『無行可悔』。」〔註60〕《說苑・敬愼》載周太廟金人銘曰：「安樂必戒，無行所悔。」可參看文後所附文獻比照表。

〔註60〕〔清〕王聘珍：《大戴禮記解詁》，中華書局 1983 年版，第 105 頁。

【62】扁（漏）表不審 1562 正三（57 正三）

【整理者 2010】

漏，計時器，即漏壺。《史記·司馬穰苴列傳》：「穰苴先馳至軍，立下表漏待賈。」表，計時工具，用以測量日影的長度。荀悅《漢紀·高后紀》：「夏至，日至東井，去極近，故晷短，立八尺之表，而晷長一尺五寸八分。」（134 頁）

【方勇 2011B】

簡文所謂的「表」字，其作形，整理者認爲：「表，計時工具，用以測量日影的長度。」我們認爲，整理者的釋字有問題。字所從「衣」旁中間的形上部筆劃不出頭，中間一筆和「毛」字中間一筆走向相反，所以，不可能爲「表」字。字中間的字形很明顯當爲「於」，進而我們將字隸定爲「衧」。該字見於《說文》，《說文》曰：「衧，諸衧也。從衣於聲。」「衧」即從「於」得聲的形聲字。又「於」古音爲匣母魚部，我們懷疑其應通假爲「壺」字，因「壺」字古音也是匣母魚部，且在古籍中有從「於」得聲「瓠」字和「壺」字通假的例子，故「衧」、「壺」通假沒有問題。再看簡文「扁（漏）衧（壺）不審」，整理者解釋「漏」爲計時器，即漏壺。我們認爲整理者的意見可從。《說文》云「漏，以銅受水，刻節，晝夜百刻。」《周禮·夏官》有挈壺氏，即掌漏刻之官。而「壺」，《禮記·喪大記》云：「狄人出壺」。鄭玄注：「漏水之器也。」可見，簡文中「漏」、「壺」並舉聯用，都是在說計時之器。

【63】敬士〈上〉勿犯 1555 正貳（58 正貳）

【吳福助 1994】

《爲吏之道》多處提到『恭敬』。它把『龔（恭）敬多讓』列爲官吏『五善』之一。並說對上級要『敬上勿犯』，對待百姓要『敬而起之』、『敬自賴之』。至於官吏個人的道德修養則應『出則敬』，認爲『君子敬如始』，君子的恭敬是和開始一樣，始終如一。又說『悔過勿重』，『安樂必戒，毋行可悔』，『愼前慮後』。所謂『恭敬』，是指官吏待人接物端莊嚴肅、認眞負責的態度。這和《論語》一書中的『其行己也恭，其事上也敬』，『君子敬而無失，與人恭而有禮』，『居處恭，執事敬，與人忠』，正相符合。（193 頁）

【按】

《管子·治國》：「民富則安鄉重家，安鄉重家，則敬上畏罪；敬上畏罪，則易治也。」《韓非子·詭使》：「敬上畏罪，則謂之怯。」可以比照。

【64】繺（徽）蝕（識）不齊 1555 正三（58 正三）

【整理者 2010】

繺蝕，讀作「徽識」，古代朝廷或軍中用以識別的標誌。《周禮・春官・司常》「司常掌九旗之物名，各有其屬以待國事」。鄭玄注：「屬謂徽識也。《大傳》謂之徽號。今城門僕射所被及亭長著衣，皆其舊象。」賈公彥疏：「『屬謂徽識也』者，謂在朝在軍中所用小旗，故以屬言之。」《左傳・昭公二十一年》「揚徽者」孔穎達疏：「徽識，制如旌旗，書其所任之官與姓名於上，被之於背，以備其死，知道是誰屍也。」（135 頁）

【馬芳、張再興 2011】

蝕，整理者認爲當讀爲徽識，釋爲徽識，指古代朝廷或軍中用以識別的標誌，制如旗幟義。《說文》：徽，形聲。從系（mì），表示與線絲有關，微省聲。本義，三糾繩。徵，會意。從微省、壬。行於微而聞達。本義，徵召。《爾雅・釋詁下》：徽，止也。郝懿行義疏：徽，通作徵。徵徽並字異而義同矣。此處徵字無需改讀。《說文》對「徵」字的解釋存在問題，該字應爲形聲字，從壬，微省聲。

59/2176+1501	水瀆不通	船隧毋廉	路賦稍（鞘）賦毋鈷（鈷）	臨財見利不取笱（苟）富
60/0854	毋池其（？）所	深楫（？）不具	家室多夏居田（？）	臨難見死不取笱（苟）免
61/1528	門戶難開	船人不敬（警）	賈市魚（獵）	正而行修而身
62/1529	關龠不利	治奴苑如縣官苑	它縣毋傳	禍與富（福）鄰
63/1534	衣聯弗補	五穀禾稼	當監者	欲人敬之必先敬人
64/1496	不洗沐浴	吏弗論治	毋獨出	欲人愛之必先愛人
65/1584	丈量斗甬（桶）	興繇毋擅	監視毋（偷）	親錢（賢）不机（泛）不欲外交
66/0311	☑		勿敢度	事無多（終）始不欲多業
67/1505	升（鑰）不正	主吏留難	實官出入	舉事而不意不欲多聞
68/1536	畜馬牛羊	租稅輕重弗審	積（索）求監	（禍）所道來毋云

				莫智（知）之
69/1533	資責（債）不收	狠（墾）田少員	補褆治家	繒織（弋）者百智之長也
70/殘 1-1+殘/1-3	☑			須臾者百事之祖也
71/1532	（朽）敗狠（墾）靡	案戶定數	紡織載（裁）（縫）	可=傷=（可傷可傷）過之貴也
72/1530	臧（藏）盍（蓋）不法	移徙上椯（端）	女子之作	刃=之=（刃之刃之）福之基也
73/ 殘 4-1-2	☑			□□□□不可畏
74/1590	官中多草	橋陷弗爲	行繇奴繇=役	敓=之=（敓之敓之）某（謀）不可行
75/0924	內直（置）縶	城門不密（閉）	老病孤寡	愼=之=（愼之愼之）言不可追
76/1588	塗漑（塈）騷（掃）除	難開不利	（乏）絕當巢（陳？）	謹=之=（謹之謹之）某（謀）不可遺
77/1587	棧歷（櫪）濬除	術尌（樹）毋有	貸種食弗請	慕=之=（慕之慕之）食不可賞
78/1589	□不灑除	田道衝術不除	寒者毋衣弗請	術（怵）狄（惕）之心不可長
79/0925	毋朵不年別	田徑不除	楊（煬）風必謹	故曰道無近弗行不到
80/0033	☑		縣官宇不居	望之不往者萬世不到
81/1583	官贏不備	封畔不正	工用必審	事無細弗爲不成
82/0926	□□□□	□□□□	庫臧（藏）羽革	盧（慮）之弗爲與已鈞（均）也
83/1586	亡器齊（齎）賞（償）	草田不舉	臧（藏）盍（蓋）必法	故君子曰有茲=（茲-孜孜）之志
84/1585	衡石權贏（累）	孤寡（癏）病當巢（陳？）	封閉毋墮	以去其（偷）也

【1】水瀆不通 2176+1501 正壹（59 正壹）

【廖繼紅 2011】

瀆，通「竇」。洞穴。《左傳・襄公三十年》：「（鄭伯有）晨，自墓門之瀆

入。」杜預注：「墓門，鄭城門。」楊伯峻注：「瀆借爲竇，出水穴。」《荀子·正論》：「今人或入其央瀆，竊其豬彘。」安小蘭注釋：「瀆，通「竇」，洞穴，窟窿。」水竇，水道，水之出入孔道。

【黎明釗 2011】

雲夢秦簡《爲吏之道》則說：「瀆」、「竇」，按《說文·水部》：「瀆」是「溝也」，而「溝」是「水瀆，廣四尺、深四尺」。

【陳劍 2011】

【方勇 2012】

嶽爲五九正壹：「水潦不通。」其中「潦」字，整理者釋爲「瀆」。陳劍懷疑爲「潦」字寫訛。陳劍觀點可從，其形與本表中睡虎地秦簡的「潦」字形近。

【許道勝 2013】

該字右半雖殘缺，但字形確與睡虎地秦簡的「潦」字相近，陳、方二氏的意見可從。水潦，大雨、大水。《禮記·曲禮上》：「水降，不獻魚鱉。」《荀子·王制》：「修隄梁，通溝滄，行水潦，安水藏。」《淮南子·天文訓》：「天受日月星辰，地受水潦塵埃。」

【按】

字從整理者釋。龍崗秦簡中有「竇出入及毋（母）符傳而闌入門者，斬其男子左趾，□女【子】」。整理者注：「竇，孔。此處可能用爲動詞。」〔註61〕《禮記·禮運》：「故禮義也者，……所以達天道，順人情之大竇也。」《注》：「竇，孔穴也。」〔註62〕

【2】路賦稍（䂗）賦毋鈷（缿）2176+1501 正三（59 正三）

【廖繼紅 2011】

鈷，整理者認爲同「缿」。按，缿，古代的儲錢器，陶製或竹製，小口，可入而不可取出，類似後來的撲滿或錢筒。《說文·缶部》：「缿，受錢器也。從缶，後聲。古以瓦，今以竹。」段玉裁注：「易入難出器也。缿即以瓦者，筒即以竹者，許云『今以竹』，則許時用竹者多也。」《秦律十八種·關市》：「爲作務及官府市，受錢必輒入其錢缿中，令市者見其入，不從令者貲一甲。」

〔註61〕中國文物研究所、湖北省考古文物研究所：《龍崗秦簡》，中華書局 2001 年版，第 69 頁。
〔註62〕〔清〕孫希旦：《禮記集解》，中華書局，第 1457 頁。

【陳偉 2012】

嶽麓書院秦簡《為吏治官及黔首》2176、1501 簡記有「路賦稍賦毋詬」。稍賦，可能是「稍入錢」的另一種說法。《廣雅·釋詁二》稱「賦，稅也」。《呂氏春秋·孟冬》記有「收水泉池澤之賦」，高誘注云「賦，稅也」。稍入而以「賦」為稱，也是「它稍入錢」與其前所列事項有關的一個證據。

【按】

這與 61 簡中的「賈市」相合，即「賈市」賦稅沒有放入特定容器的意思。另外，上引《金布律》中有「稍入錢」。于豪亮先生認為，「稍入，官吏祿稟之所入也。」〔註 63〕實際上說的就是《周禮》中的「稍食」。不過，陳松長先生則認為，「稍入」是「漸入」的意思，「質它稍入錢」或就是典押其他漸入之錢的意思。不過，結合上引學者觀點來看，59 簡中的「稍賦」或可能與「稍入錢」有關，但是整理者卻將此誤認為「艄賦」。陳偉先生也認為，2176、1501 簡所記的「路賦、稍賦毋詬」中的「稍賦」是「稍入錢」的另一種說法。〔註 64〕

【3】臨財見利不取笱（苟）富 2176+1501 正肆（59 正肆）

【魏啟鵬 2000】

《禮記·曲禮上》：「賢者狎之，畏而愛之。愛而知其惡，憎而知其善。積而能散，安安而能遷。臨財毋苟得，臨難毋苟免。」鄭玄謂此篇五禮之事，孔穎達謂：「以其屈曲行事則曰典禮」所論乃偏寫禮論之修養，而與為吏之道相去頗遠。而在《文子·上禮》論述禮義與行法的相互關係，有任賢之說，謂「智過萬人謂之英，千人謂之雋，百人謂之傑，十人謂之豪。」「守職不廢，處義不比，見難不苟免，見利不苟得，人豪也」。

【蕭永明 2009】

在《為吏之道》中也有相同的表達。此語基本意思與《禮記·曲禮上》「臨財毋苟得，臨難毋苟免」相同。

【王中江 2011】

《禮記·曲禮上》有「臨財毋苟得，臨死毋苟免」，兩者意思一致。按照儒家的政治倫理，在利益面前，一個人先要考慮的是獲得這一利益是否合乎

〔註 63〕于豪亮：《居延漢簡甲編〈補釋〉》，《于豪亮學術文存》，中華書局 1985 年版，第 238 頁。
〔註 64〕陳偉：《關於秦與漢初「入錢詬中」律的幾個問題》，《考古》2012 年第 8 期。

「義」。《爲吏之道》說的「苟富」，即是不合乎義的富，因此不能擁有這樣的財富。在現實政治生活中，官吏掌握著公共資源，他們要經受住利益和財富的誘惑是不容易的，這需要他們有很強的道德「自律性」。也許這是認識到這一點，《爲官之道》規勸官吏務必警惕自己的行爲，避免利用職權不正當地佔有利益和財富。（487頁）

【廖繼紅 2011】

《爲吏之道》作「臨材（財）見利，不取句（苟）富；臨難見死，不取句（苟）免。」

【鄔可晶 2011】

按照《儒行解》的行文，「儒有委之以貨財而不貪，淹之以樂好而不淫」，即「見利不虧其義」的具體表現，「劫之以聚而不，阻之以兵而不攝」即「見死不更其守」的具體表現，彼此的行文邏輯也不盡相同。頁下注云：睡虎地秦簡《爲吏之道》簡50第一欄～第51第1欄：「臨材（財）見利，不取句（苟）富；臨難見死，不取句（苟）免」（相同的話又見於嶽麓秦簡《爲吏治官及黔首》簡62正第四欄～簡63正第四欄）與「見利不虧其義，見死不更其守」義近。（204頁）

【4】毋池其（？）所 0854 正壹（60 正壹）

【整理者 2010】

池，通「徹」，治理。《詩·大雅·崧高》：「王命召伯，徹申伯士田。」毛傳：「徹，治也。」（136頁）

【黎明釗 2011】

「池」爲池塘，積水爲池，《方言》謂：「池」郭璞注謂「皆池也」。錢繹的箋疏說：「池，濁水不流也。」

【許道勝 2013】

池，通「徹」可從，而訓「治理」、「墾治」似皆不合文意。徹，通、貫通義。《墨子·備穴》：「爲鐵鉤矩長四尺者，財自足，穴徹，以鉤客穴者。」孫詒讓《閒詁》：「蘇云：『徹，通也。』」簡中「徹」可解爲「疏通」，與上注引《荀子·王制》「行水潦」之「行」同義。疑60（0854）A「水【潦不】通」與本簡「【毋】池其（？）所」相關，意思可能是：因大雨、大水致道路等不通卻不加以疏通（結果不好）。

【5】深楫（？）不具 0854 正貳（60 正貳）

【按】

「深楫（？）不具」、「船人不敬（警）」這兩條卻是兩種反面情況，可以連讀。「楫」，船槳，《商君書・弱民》：「背法而治，此任重道遠而無馬牛，濟大川而無舡楫也」。〔註65〕「深楫」應該是一種較長的船槳。「不敬（警）」中的「敬」應該是警備的涵義。

【6】門戶難開 1528 正壹（61 正壹）

【許道勝 2013】

門戶難開，看紅外錢版，右上半殘片拼錯位（略下移），並缺一小段。彩色版不缺，亦錯位。門戶，門扇。《管子・八觀》：「宮牆毀，不閉，外內交通。」可能這裏的「門戶」有所指，具體待考。（40 頁）

【7】船人不敬（警）1528 正貳（61 正貳）

【許道勝 2004】

船人，船夫。《史記・陳丞相世家》：「渡河，船人見其美丈夫獨行，疑其亡將，要中當有金玉寶器，目之，欲殺平。」《後漢書・方術傳下》：「又嘗臨水求度，船人不和之。」

【陳偉 2009】

敬，應讀爲「警」。睡虎地秦簡《編年記》今十九年「南郡備警」的「警」即寫作「敬」。《韓非子・外儲說左上》：「楚厲王有警，爲鼓以與百姓爲戍。」陳奇猷注：「凡危急之消息曰警。」「警」在古書中也有寫作「儌」的。《後漢書・郭伋傳》：「是時朝廷多舉伋可爲大司空，帝以并部尚有盧芳之儌，且匈奴未安，欲使久於其事，故不召。」李賢注：「儌，急也。」

【8】正而行修而身 1528 正肆（61 正肆）

【整理者 2010】

《爲吏之道》作「正行修身」（一六八頁）（136 頁）

【劉天奇 1994】

講究「修身」是黃老思想所一貫強調的。《呂氏春秋・先己》：「昔者先聖王，成其身而天下成，治其身而天下治……故反其道而身善矣；行義則人善

〔註65〕蔣禮鴻：《商君書錐指》，中華書局 1986 年版，第 126 頁。

矣；樂備君道而百官治矣。」這樣，『治其身』既是「君道」的基礎，那自然也成爲「吏道」的基本原則了。反之，「不治其身」，不能「正行修身」。

【劉天奇 1995】

修身是先秦儒家特別重要的政治道德論原則的基礎。據研究，修身最早源於古禮之傳統，當時側重於一種外在的修飾。老子有「修之於身，其德乃眞」的說法。孔子較早的提出「修己以敬」的命題，《論語》：「子路問君子。子曰：修己以敬。曰：如斯而己乎？曰：修己以安人。曰：如斯而己乎？曰：修己以安百姓，堯舜其病猶諸？」可知修身觀念並非憑空而起，而是建立政治秩序爲其終極目的，所以強調一種內在的道德實踐，其目的和效用在於拯救亂世，重建政治社會秩序。

【魏啟鵬 2000】

《文子·微明》：「修之身，然後可以治民，居家裏，然後可移動居於官長，故曰：『修之身，其德乃眞，修之家，其德乃餘，修之國，其德乃豐。』」同書《上仁》：「君子之道，靜以修身，儉以養生，靜則不擾，儉則民不怨。下擾則政亂，民怨則德薄。」韓非子《解老》釋《老子》此 54 章，謂「修身者以此別君子小人，治鄉治邦蒞天下者以此科適觀息耗，則萬不失一。」皆得文字所開晉學師老解老之義。

【按】

整理者認爲這兩句應爲「正而行修而身，禍與畐（福）鄰」，但是這就產生了疑問，抄寫者爲什麼講「正行修身」四字增改爲六字呢，難道眞的是抄寫者抄錯了？實際上，從語句上來看，這種修改是爲了誦讀的需要，正如簡 86 中所說「諷誦爲首」，所以抄寫者也就加字，順接在「禍與畐（福）鄰」之後。可參看文後所附文獻比照表。

【9】關龠不利 1529 正壹（62 正壹）

【整理者 2010】

關龠，讀作「關鑰」，鑰匙。《墨子·備城門》：「五十步一方，方尚必爲關鑰守之。」孫詒讓《閒詁》引蘇時學曰「關鑰即管鑰。」（137 頁）

【許道勝 2013】

管、關古通、關輸即管龠，簡中應指本意，訓鎖匙可從。利，《荀子·王制》「尚完利」楊驚注：「利，謂便於用。若車之利轉之類也。」疑 61（1528）A「門戶難開」與本簡「關龠不利」關聯，很可能兩者是因果關係，即前者是

果，後者是因；也可能兩者是並列關係。

【按】

由整理者所引《墨子》觀之，「關龠」應作「關鑰」，《呂氏春秋·孟冬紀》亦有「戒門閭，修楗閉，愼關鑰，固封璽」。〔註66〕關鑰，亦作「管鑰」、「管鍵」，《禮記·月令》：「戒門閭，修鍵閉，愼管鑰，固封疆」。〔註67〕《周禮·地官·司門》：「司門掌授管鍵，以啓閉國門。」鄭司農云：「管謂鑰也。鍵謂牡。」〔註68〕比較《墨子》、《呂氏春秋》我們發現，「關鑰」、「管鑰」似爲同物，「關」、「管」相通，鄭司農的理解是錯誤的。李人鑒先生指出，「關鑰」和「管鑰」指城郭的啓閉工具，也指內室和府庫的啓閉工具。〔註69〕「管鑰」應是鑰匙一類的東西或者是開門用的工具，「不利」即「不便」。

【10】治奴苑如縣官苑 1529 正貳（62 正貳）

【整理者2010】

水停滯不流動。《水經注·滱水》：「處奴城內西北隅，有水淵而不流，南北百餘步，水色正黑，俗名曰黑水池。或云水黑曰盧，不流曰奴，故此城藉水以取名矣。」參張家山漢簡《徭律》「塹奴苑」注（《張家山漢墓竹簡〔二四七號墓〕徭律》（釋文修訂本），文物出版社，二〇〇六年五月，六五頁）。按，關於「奴苑」，劉釗曾指出：張家山漢簡《二年律令》413 簡：「除道橋，穿池，治溝渠，塹奴苑。」注釋云：「奴《水經注·滱水》云『不流曰奴』」此釋較迂曲，按之簡文亦不通。簡文乃排比句，道橋、溝渠、奴苑皆相對爲文，奴字顯然也應是類似苑的官署場所。疑「奴」字應爲「帑」。帑本指錢帛，後又指藏錢帛的府庫，漢代稱爲帑藏。《漢書·王莽傳下》：「長樂御府，中御府及都內，平準帑藏錢帛珠玉財物甚眾。」（參見劉釗《〈張家山漢墓竹簡〉釋文注釋商榷》，戴氏著《出土簡帛文字叢考》，臺灣古籍出版有限公司二〇〇四年）帑，《說文》：「帑者，金布所藏之府也。」《漢書·匈奴傳下》：「上由是難之，以問公卿，亦以爲虛廢府帑。」顏師古注：「府，物所聚也。帑，藏金帛之所也，音它莽反，又音奴。」（137頁）

〔註66〕陳奇猷：《呂氏春秋新校釋》，上海古籍出版社2002年版，第523頁。

〔註67〕〔清〕孫希旦：《禮記集解》，中華書局1989年版，第488頁。

〔註68〕〔清〕孫詒讓：《周禮正義》，中華書局1987年版，第1101頁。

〔註69〕李人鑒：《釋「鍵閉」「關鍵」「關龠」「管鍵」「管籥」等》，《揚州師範大學學報（社會科學版）》，1984年第4期

【陳偉 2011】

注釋所引劉釗先生對張家山漢簡整理者注釋的質疑切中要害。奴與苑的關係應與邑院、道橋、陂池、溝渠類似，實爲一事（邑院）或者是密切相關的二事（道橋、陂池、溝渠）。奴，疑當讀爲堧（壖）。《龍崗秦簡》27 號簡云：「諸禁苑爲奥（壖），去苑卅里。禁毋敢取奥（壖）中獸，取者其罪與盜禁中〔同〕……」28 號簡又云：「諸禁苑有奥（壖）者，□去奥（壖）廿里毋敢每殺……」胡平生注云：「爲，設置，建造。奥，通『堧』，亦作『暎』、『壖』。壖，本指城邊或河邊的空地，後特指宮殿、宗廟、禁苑等皇家禁地的牆垣外專設的一片空地，作爲一條『隔離地帶』，壖地邊緣，或建有牆垣。」奥（堧、壖）與苑的這種關係，與《爲吏治官及黔首》、《二年律令·徭律》中「奴苑」連稱可相匹配。

【11】禍與畐（福）鄰 1529 正肆（62 正肆）

【整理者 2010】

禍與畐（福）鄰，《爲吏之道》作「過（禍）去福存」。（一六八頁）（138頁）

【蕭永明 2009】

此語言出自《荀子·大略》。

【按】

出自《老子·五十八章》：「禍兮福之所倚，福兮禍所伏。」〔註 70〕《說苑·敬愼》：「人爲善者，天報以福；人不爲善，天報以禍也。故曰：『禍兮福之所倚，福兮禍所伏。』」〔註 71〕顯然，此句源於《老子》，是對其語言的總結，蕭說不可從。可參看文章後所附文獻比照表。

【12】五穀禾稼 1534 正貳（63 正貳）

【廖繼紅 2011】

五穀，五種穀物。所指不一。《周禮·天官·疾醫》：「以五味、五穀、五藥養其病。」鄭玄注：「五穀，麻、黍、稷、麥、豆也。」《孟子·滕文公上》：「五穀不登。」朱熹注：「五穀：稻、黍、稷、麥、菽也。」《楚辭·大招》：「五穀六仞。」王逸注：「五穀，稻、稷、麥、豆、麻也。」後以五穀爲穀物

〔註 70〕〔魏〕王弼、樓宇烈：《老子道德經注校釋》，中華書局年版，第 151 頁。
〔註 71〕向宗魯：《說苑校證》，中華書局 1987 年版，第 156 頁。

的通稱，不一定限於五種。禾稼，穀類作物的統稱。《墨子・非攻下》：「刈其禾稼，斬其樹木。」

【13】當監者 1534 正三（63 正三）

【按】

嶽麓簡《質日》中發現了對於「監」的解釋：一是「監府」，出現在 0619 號簡上，整理小組注云：「秦有監郡御史，此監府或爲御史的辦公處」。二是「監公」，出現在 0704 號簡上，整理小組注云：「監公，當爲監郡御史的尊稱」。這裏所說的的「當監」者，或許會與監郡御史有關，而在 0704 號簡上還出現了「辛巳監公亡」一語。這裏的「亡」較爲發人深省，因爲「當監者」的後一條就是「毋獨出」。根據上述材料，是否可以這樣理解，監公的「亡」，是以「獨出」爲標準的。但是，這裏也並沒有材料證明此點，「亡」的標準是什麼，從簡文來說並未可知。卻有一點可以斷定，《爲吏治官及黔首》的主人謄抄此條內容，大致與 0704 號簡出現的事件有關。

【14】不洗沐浴 1496 正壹（64 正壹）

【整理者 2010】

洗，洗腳。王充《論衡・譏日》：「洗，去足垢；盥，去手垢。」（138 頁）

【高大倫 1995】
沐，洗頭髮。《說文・水部》：「沐，滌髮也。」《史記・魯周公世家》：「然我一沐三捉頭，一飯三吐哺，起以待士，猶恐失天下之賢人。」浴，洗澡。《說文・水部》：「浴，灑身也。」（94 頁）

【廖繼紅 2011】
「不洗沐浴」爲不洗（洗腳）、不沐（洗頭）、不浴（洗澡）三種情況。

【許道勝 2013】
淅川縣徐家嶺 11 號墓所出徐釐尹譬鼎有「丩（？）洗沐浴」，可參看。（41 頁）

【按】

可參看《論語・憲問》：「陳成子弒簡公。孔子沐浴而朝，告於哀公曰：『陳恒弒其君，請討之。』」這裏沐浴指洗頭和洗澡，廖說可從。

【15】吏弗論治 1496 正貳（64 正貳）

【廖繼紅 2011】
論，定罪。《魯恭傳》：「七年，坐事下獄司寇淪。」注：「決罪曰論，言

奏而論決之。」《睡虎地秦墓竹簡・語書》：「若弗智（知），是即不勝任、不智殹（也）；智（知）而弗敢論，是即不廉殹（也）。此皆大罪殹（也）。」治，懲處。《書・胤征》：「殲厥渠魁，脅從罔治。」《史記・李斯列傳》：「趙高治（李）斯，榜掠千餘，不勝痛，自誣服。」

【16】丈量斗甬（桶）1584 正壹（65 正壹）

【整理者 2010】

甬，讀爲「桶」，量器名。《史記・商君列傳》：「平斗、桶、權、衡、丈、尺」裴駰《集解》引鄭玄注：「音勇，今之斛也。」（138頁）

【許道勝 2013】

丈，復旦大學出土文獻與古文字研究中心讀書會據《中國史研究》年第期圖版釋讀爲「交（校角）」，注云：「衡石權羸，交量斗甬」與《呂氏春秋・仲春紀》「日夜分，則同度量，鈞衡石，角斗桶，正權概。」可以對讀。羸，讀爲係。衡器的權，漢銅權銘文常自名爲景。說見《睡虎地秦墓竹簡秦律十八種》「縣及工室聽官爲正衡石羸（累）、斗用（桶）、升，毋過歲壺〈壹〉。」按：字從原釋文釋。丈，長度單位。十尺爲一丈。《左傳・哀公元年》：「里而栽，廣丈，高倍。」《國語周語下》：「夫目之察度也，不過步武尺寸之閒；其察色也，不過墨丈尋常之閒。」韋昭注：「五尺爲墨，倍墨爲丈。」丈在《數》中是常見的長度單位。量，《書・舜典》：「協時月正日，同律度量衡。」陸德明釋文：「量，力尙反，斗、斛也。」《左傳・昭公三年》：「齊舊四量，豆、區、釜、鍾。四升爲豆，各自其四，以登於釜，釜十則鍾。」《漢書・律曆志上》：「量者，龠、合、升、斗、斛也。」斗，量器。十升爲一斗。《莊子胠篋》：「掊斗折衡，而民不爭。」斗也是《數》中是常見的量度單位。甬，原注釋讀爲「桶」，訓量器名。方形的斛，受六斗。《史記・商君列傳》：「平斗、桶、權、衡、丈、尺。」裴駰《集解》引鄭玄曰：「音勇，今之斛也。」

【按】

丈量，《說苑・第九》：「夫銖銖而稱之，至石必差；寸寸而度之，至丈必過；石稱丈量，徑而寡失。」斗桶，《呂氏春秋・仲春紀》：「日夜分則同度量，鈞衡石，角斗桶，正權概。」許維遹云：「斗桶，量器也。」〔註72〕

【17】興絲毋擅 1584 正貳（65 正貳）

〔註72〕許維遹：《呂氏春秋集釋》，中華書局 2009 年版，第 35 頁。

【朱紅林 2013】

意即官府徵發徭役，必須依法而行，不可隨意徵發民眾。睡虎地秦簡《爲吏之道》在徭役徵發方面也強調「均徭賞罰」，反對「賦斂無度」以及「興事不時，緩令急徵」。從簡牘的記載來看，戰國末期的秦國及秦統一後，政府徵發徭役有嚴格的法律規定。

【18】監視毋輸（偷）1584 正三（65 正三）

【整理者 2010】

輸，讀爲「偷」，苟且、怠惰。《左傳·襄公三十一年》：「穆叔至自會，見孟孝伯，語之曰：『趙孟將死矣。其語偷，不似民主。』」《孫臏兵法·將失》：「令數變，眾偷，可敗也。」（138 頁）

【按】

偷，懈怠、懶惰，不盡心力。可參看《商君書·墾令》：「國不安殆，勉農而不偷，則草必墾矣。」〔註 73〕顯然這裏與監視民眾勞作有關，也可能單指官吏的職責而言。

【19】親鐵（賢）不杋（泛）不欲外交 1584 正肆（65 正肆）

【整理者 2010】

杋，當讀爲「泛」，不切實。《文心雕龍·總術》：「昔陸氏《文賦》，號爲曲盡，然論纖悉，而實體未該。」《墨子·修身》作：「親戚不附，無務外交。」兩者可以校補。（138 頁）

【按】

此語可與其下三句連讀，出自《荀子·修身》，可參看文後所附文獻比照表。

【20】事無冬（終）始不欲多業 0311 正肆（66 正肆）

【整理者 2010】

語見《墨子·修身》：「事無終始，無務多業。」又劉向《說苑·建本》：「孔子曰：『置本不固，無務豐末；親戚不悅；事無始終，無務多業；聞紀不言，無務多談；比近不說；無務修遠，是以反本修邇，君子之道也。』」亦可相參。（138 頁）

【按】

〔註 73〕蔣禮鴻：《商君書錐指》，中華書局 1986 年版，第 7 頁。

多業，即「多事」。孫詒讓《墨子閒詁》注引《爾雅·釋詁》云：「業，事也。」〔註74〕

【21】升龠（鑰）不正 1505 正壹（67 正壹）

【整理者 2010】

升、龠，量器。

【許道勝 2013】

鑰，讀爲「龠」。65（1584）、67（1505）或相接。睡虎地秦簡《秦律十八種·工律》：「縣及工室聽官爲正衡石贏（累）、斗用（桶）、升，毋過歲壼〈壹〉。有工者勿爲正，叚（假）試即正。」又《效律》：「衡石不正，十六兩以上，貲官嗇夫一甲；不盈十六兩到八兩，貲一盾。甬（桶）不正，二升以上，貲一甲；不盈二升到一升，貲一盾。」「斗不正，半升以上，貲一甲；不盈半升到少半升，貲一盾。半石不正，八兩以上；鈞不正，四兩以上，斤不正，三朱（銖）以上；半斗不正，少半升以上；不正，六分升一以上；升不正，廿分升一以上；黃金衡贏（累）不正，半朱（銖）【以】上，貲各一盾。」是秦律對度量衡的校正有規定，如校正不準確的要受貲罰。65（1584）、67（1505）所見文句，或與這些律文有關。張氏所訓恐不確。此處「正」訓作「準確」。（42頁）

【按】

可參看。《墨子·號令》：「諸城門吏各入請鑰，開門已，輒復上鑰。」

【22】主吏留難 1505 正貳（67 正貳）

【整理者 2010】

主吏，秦漢郡縣地方官的屬吏。《史記·高祖本紀》：「沛中豪傑吏聞令有重客，皆往賀。蕭何爲主吏，主進。」裴駰《集解》引孟康曰：「主吏，功曹也。」留難，無端阻留，故意刁難。桓寬《鹽鐵論·本議》：「間者，郡國或令民作布絮，吏恣留難，與之爲市。」《法苑珠林》卷三一：「智者若見有人欲出家，應勤方便，勿作留難。」（139頁）

【卜憲群 2006】

秦漢人常習慣把某事的負責人，稱爲『主』，除了『縣主』、『鄉主』外，還有『主吏』、『吏主者』等語。

〔註74〕〔清〕孫詒讓：《墨子閒詁》，中華書局 2001 年版，第 8 頁。

【按】

主吏，里耶秦簡中 9 見，其簡文都較爲簡單，多是上書「廷主吏」、「遷陵主吏」或「廷主吏發」等等。《史記・蕭相國世家》：「蕭何爲主吏，居縣爲豪吏。」《史記索引》引用《漢書》中「功曹」解釋「主吏」。主吏即爲功曹，主要掌縣內外一切事物，並且職權較大。根據史籍記載的主吏職權來看，里耶秦簡發現的「廷主吏」簡多爲篇題，或者是主吏簽發時的記錄。顯然，卜先生將「主吏」解釋成爲一般稱呼，從後公佈的里耶秦簡中，我們發現「主吏」確是一職官。但是這裏所說並非是明確指爲縣廷的屬官，應該是主管官吏之意。

【23】實官出入 1505 正三（67 正三）

【整理者 2010】

實官，儲藏糧食的官府，數見於睡虎地秦簡，如《秦律十八種・效律》「實官佐、史免、徙，官嗇夫必與去者效代者」《秦律十八種・內史雜》「有實官縣料者，各有衡石羸、斗甬（桶）」「有實官高其垣牆。它垣屬焉者，獨高其置芻及倉矛蓋者。」《法律答問》「實官戶關不致，容指若抉，廷行事貲一甲。」「實官戶扇不致，禾稼能出，廷行事貲一甲。」

【蔡萬進 1999】

實官是設置在各縣的地方糧食行政管理部門，在它所轄諸鄉往往還設有「離官屬於鄉者」，參與糧倉管理，負責糧食的入倉、出倉和發放。因其設在縣治所以外，級別又較縣實官倉嗇夫低一等，故只能設「佐」這一級職位，稱「離邑倉佐」，待遇與倉嗇夫屬官佐、史同。

【按】

實官，指應是糧倉。嶽麓秦簡中有「實官出入」。實官，整理小組注云：「實官，儲藏糧食的官府，數見於睡虎地秦簡」。蔡萬進先生認爲：「在內史機構之下，設置於各縣的糧食行政管理部門是『實官』。」另外，蔡先生進一步認爲，「『實官』作爲各縣管理糧食的機構，在工作上它要接受縣廷的管理監管」。〔註 75〕實際上，從睡虎地秦簡的簡文中來看，「實官」可能指的是糧倉，像「實官戶關不致，容指若抉，廷行事貲一甲」、「實官戶扇不致，禾稼

〔註75〕蔡萬進：《秦國糧食經濟研究》，內蒙古人民出版社 1996 年版，第 50 頁。

能出，廷行事貲一甲」等等。所以，「實官出入」、「積索（索）求監」亦可以理解爲，糧倉糧食的出入需要進行監管。

【24】舉事而不意不欲多聞 1505 正肆（67 正肆）

【整理者 2010】

不意，不在意、不放在心上。《東觀漢紀·光武帝紀》：「李氏兄弟爲帝言，天下擾亂及飢餓，下江兵盛，南陽豪右雲擾，因具言讖文事：劉氏當復起，李氏爲輔。帝殊不意。」《墨子·修身》：「舉物而闇，無務博聞」，可參讀。（139頁）

【讀書會 2009】

疑從音從心，即「愔」字，讀爲「暗」。「不」乃「而」之誤而衍者。此句可與《墨子·修身》「舉物而闇，無務博聞」對讀。

【讀書會 2011】

注釋認爲「不意」是「不在意、不放在心上」的意思，並引《東觀漢記》「帝殊不意」爲證，這恐怕是有問題的。注釋者所引的《東觀漢記》文字與通行本有不少出入，當是據他本轉引，而且對其做了不恰當的割裂。在我們所見到的《東觀漢記》卷一《世祖光武皇帝》中，「上（注釋引作「帝」）殊不意」下面還有這樣的話：「獨內念李氏富厚，父爲宗卿師，語言譎詭，殊非次第，嘗疾毒諸家子數犯法令，李氏家富厚，何爲如是，不然諾其言」。「獨內念李氏富厚」顯然是緊接上文「上殊不意」而言的。這裏的「不意」，實際上應當是「不以爲然」的意思。注釋者斷章取義，又將其解釋爲「不在意、不放在心上」，實屬望文生訓。我們認爲此處的「意」應當讀爲「憶」，是「記住」的意思。《後漢書·王充傳》「閱所賣書，一見輒能誦憶」，《梁書·昭明太子傳》「讀書數行並下，過目皆憶」，「憶」都是「記住」的意思。「舉事而不意（憶）」意即「舉事而忘」。簡文「舉事而不意（憶），不欲多聞」，與《墨子·修身》「舉物而闇，無務博聞」義近。

【許道勝 2013】

字暫從原釋文釋。

【按】

讀書會前後給出了兩種不同意見，即「愔」、「憶」。將「不意」解釋爲「忘」，這種說法還是存在問題，而且有強硬改釋之嫌。從《爲吏》此句的上下文來看，分爲兩個部分即「舉事不意」和「不欲多聞」，多聞也就是多聽聞的意思，

「不意」和「多聞」是相對的，筆者也不採納整理者的意見，「不意」應解釋爲「不考慮」，全句可以解釋爲「官吏在辦理事情的時候不加考慮，卻不希望多聽聞有關工作上的事情」，表現了官吏對於工作態度冷漠而漠不關心的狀態，解釋成「憶」似乎兩者意群不合，解釋成「不在意」實際上意義相近，但是不夠準確。而讀書會所說整理者所引材料的問題，筆者較爲贊同其觀點，將「不意」解釋爲「不以爲然」這種說法是對的，但是讀書會在解釋時引用了《梁書》中的例子，將「意」解釋爲「記住」似乎不太妥當。筆者認爲，意當解釋爲「思考、考慮」之意。文獻中也有將「意」作此解的材料。《詩經・小雅・正月》：「終踰絕險，曾是不意。」《禮記・王制》：「意論輕重之序，愼測淺深之量，以別之。」〔註76〕「意論」即爲考慮衡量，與愼測相對。《墨子・修身》中所言「舉事而闇」即爲「舉事不明」之意，「闇」，「通曉」。而《爲吏》中所說「舉事而不意」則爲「舉事不加思考、考慮」之義，兩者意義上有差別，但是從表達上來說還是很相近的，可以互相參照。

【25】租稅輕重弗審 1536 正三（68 正貳）

【朱紅林 2012】

「租稅輕重弗審」，是對負責確定租稅數額的鄉里官吏的法律規範。審，即審愼，準確。稅額不均，引起民怨，從而引發社會秩序的不穩，是統治階級最關注的事情，所以把它列爲爲官必須注意的一件事。

【筆者按】

弗審，即爲不審。《管子・法法》：「法而不行，則修令者不審也。」審，察也。尹知章注：「法既得宜，而猶不行，則以修令者未審之故也。」「未審」即爲不察。整理者在「吏有六殆不審所親」注云：「《爲吏之道》作「不察所親」。（一六九頁）審、察義近」。所以，此句可解爲「租稅的多寡沒有審核查驗」。

【26】積（索）求監 1536 正三（68 正三）

【整理者 2010】

積，堆，爲儲藏穀物的單位。索，盡、空。睡虎地秦簡《秦律十八種・倉律》：「禾、芻稾積索出日，上贏不備縣廷。」監，查看。《孟子・公孫丑下》：「周公使管叔監殷，管叔以殷畔。」（140 頁）

〔註76〕〔清〕孫希旦：《禮記集解》，中華書局 1989 年版，第 371 頁。

【按】

整理者將「積」解釋成儲藏穀物的單位，睡虎地秦簡《秦律十八種・倉律》：「萬石之積及未盈萬石而被（柀）出者，毋敢增積。」〔註77〕但是，這裏的積、索都應該是動詞，整理者將索解釋成「盡、空」。如果將「積」解釋成名詞「堆」，那麼整句我們可以翻譯成「一積穀物在出盡的時候，需要進行監管」。這裏只是說明了糧食出倉的時候需要進行監管，入倉的情況並沒有說明。睡虎地秦簡《秦律十八種・倉律》：「入禾稼、芻稾，輒爲籍，上內史。芻稾各萬石一積，咸陽二萬石一積，其出入、增積及效如禾。」〔註78〕里耶秦簡：「卅年四月盡九月，倉曹當禾稼出入券。已計及縣相付受廷。弟甲」〔註79〕這是遷陵縣倉曹向上級部門遞交禾稼出入文書的簽牌，其上記錄了文書名稱和應該說明的情況。不過，里耶秦簡中的這條記錄，卻十分符合睡虎地秦簡《倉律》中有關穀物入倉時的要求。由此看來，「積索求監」是要求穀物出倉和入倉都需要進行監管，另外「積索求監」的上一句是「實官出入」，在內容上也有照應之處。

【27】灙（禍）所道來毋云莫智（知）之 1536 正肆（68 正肆）

【整理者 2010】

醜，眾。《詩・小雅・出車》：「執訊獲醜，薄言還歸。」鄭玄箋：「醜，眾也。」（140 頁）

【讀書會 2011】

此句的注釋者顯然是將「灙」字誤認作「醜」，並在此基礎上進行了不恰當的解釋。既然釋文已經正確釋出，注釋卻根據誤釋立說，這也是令人難以理解的錯誤。

【28】貲責（債）不收 1533 正壹（69 正壹）

【廖繼紅 2011】

貲，罰款，罰繳財物。《說文・貝部》：「貲，小罰以財自贖也。」《秦律十八種・關市》：「爲作務及官府市，受錢必輒入其錢缿中，令市者見其入，不從令者貲一甲。」

〔註77〕睡虎地秦簡整理小組：《睡虎地秦墓竹簡》，文物出版社 1990 年版，第 25 頁。
〔註78〕睡虎地秦簡整理小組：《睡虎地秦墓竹簡》，文物出版社 1990 年版，第 27 頁。
〔註79〕陳偉主編：《里耶秦簡牘校釋》，武漢大學出版社 2012 年版，第 224 頁。

【張金光 2004】

「貲」是一種罪罰。照秦簡可知，「貲」有時直接爲「貲罪」，可分爲三種情況：（1）「貲日」、「貲戍」、「貲徭」。（2）「貲甲」、「貲盾」、「貲絡組」。（3）貲布。

【按】

貲債，在秦律令中指的的是兩種不同的處罰。睡虎地秦簡《司空律》：「有罪以貲贖及有責（債）於公，以其令日問之，其弗能入及賞（償），以令日居之。」〔註80〕

【29】狠（墾）田少員 1533 正貳（69 正貳）

【王利器 1992】

《淮南·說山篇》：「有譽人之力儉者，春至旦，不中員呈。」高誘注：「呈作不中科員。」《漢書·尹翁歸傳》：「責以員程，……不中程，輒笞督。」師古曰：「員，數也，計其人及日數爲功程。」《說文·員部》：「員，物數也。」（433 頁）

【朱紅林 2012】

「狠田少員」是指墾田數少於規定的指標。員即數，這裏指數量標準。睡虎地秦簡《爲吏之道》有「作物員程」，《秦律十八種》中有《工人程》。戰國時期，各國都大力提倡開墾荒地，發展生產。李悝在魏國作「盡地力之教」，吳起在楚國令貴人「實廣虛之地」，商鞅在秦國頒佈了「墾草令」，齊國對開墾荒地也十分重視，《管子·問》中也有「人之開田而耕者幾何家」，「所辟草萊有益於家邑者幾何矣」的調查。嶽麓簡的記載表明，當時國家對地方長官在任期間有開墾農田的指標。

【30】補褆治家 1533 正三（69 正三）

【整理者 2010】

褆，或讀爲「綻」，字又作「靪」見復旦大學出土文獻與古文字研究中心讀書會：《嶽麓簡〈爲吏治官及黔首〉部分簡文釋文》，復旦大學出土文獻與古文字研究中心網站二〇〇九年十一月二十七日。

〔註80〕睡虎地秦簡整理小組：《睡虎地秦墓竹簡》，文物出版社 1991 年版，第 51 頁。

【31】矰織（弋）者百智之長也 1533 正肆（69 正肆）

【整理者 2010】

矰織，疑當作「矰繳」，繫有絲繩，弋射飛鳥的短箭。矰，射飛鳥的短箭。繳，繫在短箭上的絲繩。（140 頁）

【32】歺（朽）敗狠（墾）靡 1532 正壹（71 正壹）

【整理者 2010】

《說文・歺部》「朽，歺或從木。」段玉裁《說文解字注》：「今字用朽，而歺廢矣。」狠，通「墾」。開墾，翻耕。《管子・治國》：「民事農，則田墾，則粟多，則國富。」（141 頁）

【陳偉 2011】

整理者注云：「狠：通『墾』。開墾，釋耕。《管子・治國》：『民事農，則田墾；田墾，則粟多；粟多，則國富。』」今按：「墾」與「朽敗」和「靡」皆不相涉。恐當如字讀。《說文・豸部》：「狠，齧也。」段注云：「人之齧曰齦，字見齒部。豸之齧曰狠。音同而字異也。」又《廣雅・釋詁二》：「狠，減也。」無論就其本義（齧或豸齧）或者引申義（減），都與文意相合。

【許道勝 2013】

陳偉師對「狠」的訓釋可從。靡，本爲毀滅、消滅義。《荀子大略》：「利夫秋豪，害靡國家。」王念孫《讀書雜志》：「靡者，滅也。言利不過秋豪，而害乃至於滅國家也。」簡中引申作「消失」義。報靡，意爲減少或消失。

【按】

朽敗，指的是兩種情況，即倉漏腐爛、糧食積壓敗壞。睡虎地秦簡《效律》：「倉漏朽禾粟，及積禾粟而敗之，其不可食者不盈百石以下，誶官嗇夫；百石以上到千石，貲官嗇夫一甲；過千石以上，貲官嗇夫二甲；令官嗇夫、冗吏共賞（償）敗禾粟。禾粟雖敗而尚可食芑（也），程之，以其耗石數論負之。」[註81] 這些情況都是官吏管理不善導致的，均需要進行賠償。狠靡，《國語・周語》：「道無列樹，墾田若蓺。」

【33】可=傷=（可傷可傷）過之貴也 1532 正肆（71 正肆）

【整理者 2010】

〔註81〕睡虎地整理小組：《睡虎地秦墓竹簡》，文物出版社 1990 年版，第 65 頁。

過，讀爲「禍」。（141頁）

【34】刃＝之＝（刃之刃之）福之基也 1530 正肆（72 正肆）

【整理者 2010】

「基」字抄作「亓士」二字爲「基」字，可從。見復旦大學出土文獻與古文字研究中心讀書會，《讀嶽麓簡〈爲吏治官及黔首〉部分簡文釋文》，復旦大學出土文獻與古文字研究中心網站二〇〇九年十一月二十七日。（141頁）

【邱亮 2012】

「刃」或當通「訒」，「訒」從刃得聲，而有謹慎緩慢之義。《史記‧仲尼弟子列傳》：「牛多言而躁，問仁於孔子。孔子曰：『仁者其言也訒』。」明呂坤《呻吟語選‧涵養》：「平居時有心訒言，還容易，何也，有心收斂也。」謂有心收斂，即謹慎之意。《辭源》釋爲：「言不易出，說話謹慎。」其義正與此處強調謹慎、怵惕的語境吻合。解此疑竇，則全句文從字順，可釋爲：謹慎地（說話行事），是福的根基。

【35】行繇奴繇＝役 1590 正三（74 正三）

【整理者 2010】

繇＝，疑爲衍文。「繇＝」，這裏的＝當時表示衍文的符號。（142頁）

【朱紅林 2013】

睡虎地秦簡《司空律》：「春城旦出繇（徭）者，毋敢之市及留舍外；當行市中者，回，勿行。」「出徭」可與嶽麓簡「行徭」比照。「行繇奴繇＝役」一句，句意尚不明朗。

【36】內直（置）𦊆 0924 正壹（75 正壹）

【整理者 2010】

𦊆，車綱，一種能自動覆蓋捕獲鳥獸的網。（142頁）

【朱紅林 2012】

睡虎地秦簡和張家山漢簡的《田律》中都出現過有關設置捕獸陷講的條文。睡虎地秦簡《田律》：「不夏月，毋敢夜草爲灰，取生蒸、麛𪇉卵）鷇，毋□□□□□□毒魚鼈，置拼罔（網），到七月而縱之。」張家山漢簡《二年律令田律》：諸馬牛到所，皆毋敢穿講，穿講及及置它機能害人、馬牛者，雖未有殺傷也，耐爲隸臣妾。殺傷馬牛，與盜同法。殺人，棄市。傷人，完爲

城旦春。」從內（容）來看，兩條律文都對設置陷講一事進行了不同程度的限制，漢律的意思尤其強烈。限於材料有限，我們無法對嶽麓簡的這條材料做更多的分析，只能推測它可能也是在同樣的語境下出現的。

【許道勝 2013】

可能讀爲窖，坑、穴意。《呂氏春秋·首時》：饑狗盈窖，嗅然，未見骨也。」其意同於朱氏所引秦、漢《田律》的「阱」。阱，用以捕獸等的陷坑。《孟子·梁惠王下》：「臣聞郊關之內有囿方四十里，殺其麋鹿者如殺人之罪。則是方四十里爲講於國中。」（44 頁）

【按】

緊，《爾雅·釋器》：「緊謂之罿。罿，罬也。罬謂之罭。罭，覆車也。」顯然就是一種覆蓋在車上用以捕鳥的網子，或可解釋爲一種捕鳥的機關網。《呂氏春秋·士容論·上農》：「繯網罝罭不敢出於門。」陳奇猷將「繯」也解釋成爲一種捕獸的工具，其認爲楊樹達所說「繯」與「罭」相通是不正確的，並引《說文》云：「繯，落也。」落即羅落，所以繯應是與羅網同類的東西。〔註 82〕在《呂氏春秋》中也將「罝罭」連讀，《季春紀》云：「是月也，田獵畢弋罝罭羅網獸之藥無出九門」。其中的「罝罭羅網」應是一類獵捕網的總稱，或可泛指獵捕中所使用的捕網。《詩經·王風·兔爰》：「有兔爰爰，雉離於羅」〔註 83〕這裏的羅也是用於獵捕兔子之用的捕網。結合《爲吏》中所出現的「內置緊」來看，緊應該是放置於坑洞陷阱內的獵捕網，也有可能並不是單單用於捕鳥，而是用於獵捕野獸而言，也可能是在戰爭中所布置的陷阱，不過從《呂氏春秋》等月令類的文獻來看，用於獵捕野獸的可能性非常大，整理者所言「緊」爲車綱似乎解釋的不太對，後面將其解釋爲獵捕鳥獸的網，此說可從。

【37】城門不密（閉）0924 正貳（75 正貳）

【劉雲 2011】

整理者將「城門不密」之「密」讀爲「閉」。「密」與「閉」古音相近，將「密」讀爲「閉」在古音上沒有問題。「閉」的本義及其常用義都是關閉，將這個意思放到簡文中，文意也比較順暢。這樣看來，整理者的這一觀點似

〔註 82〕陳奇猷：《呂氏春秋新校釋》，上海古籍出版社 2002 年版，第 1719、1734 頁。
〔註 83〕〔清〕王先謙：《詩三家義集疏》，中華書局 1987 年版，第 325 頁。

乎沒有什麼問題。但值得注意的是，嶽麓秦簡中有「密」字，但不讀爲「閉」，如《黔首》簡 47「徵〈微〉密咸祭（察）」之「密」，也有「閉」字，與表示關閉義的「閉」字代表的是同一個詞，如《黔首》簡 84「封閉毋隋（墮）」之「閉」，《占夢書》簡 2「秋日閉」之「閉」。可見，從用字習慣來說，將「城門不密」之「密」讀爲「閉」，似不是最好的選擇。我們認爲「密」不需破讀，訓爲密實即可。《國語·晉語八》：「天子之室，斲其椽而礱之，加密石焉。」《管子·參患》：「甲不堅密，與俴者同實。」漢·王延壽《魯靈光殿賦》：「駢密石與琅玕，齊玉瑒與璧英。」漢·孔融《臨終詩》：「言多令事敗，器漏苦不密。」晉·張華《瑰材枕賦》：「製爲方枕，四角正端，會緻密固，絕際無間。」將「密」訓爲密實之後，「城門不密」的意思就是城門不密實，即城門不嚴密、不結實。城門不嚴密、不結實，顯然是官吏失職的表現，與上下文文意相協。緊接「城門不密」之後的是「難開不利」，據其語境來看，其主語似當是「城門不密」之「城門」。如果「難開不利」的主語確是「城門」的話，「難開不利」的意思應該是城門開闔費勁，不滑利。不過，「難開不利」還有可能是《黔首》簡 61-62 中的「門戶難開，關鑰不利」的簡省說法。不管「難開不利」是上述兩種意思中的哪一種意思，「城門不密」與「難開不利」相續而言都是合適的，此可證我們觀點的合理性。

【38】慎=之=（慎之慎之），言不可追 0924 正肆（75 正肆）

　　【整理者 2010】

　　慎=之=（慎之慎之），言不可追，《爲吏之道》作「戒之戒之，言不可以追」。（一七三頁）（142 頁）

　　【余宗發 1993】

　　「慎之慎之，言不可追」是慎言問題，在儒家的學說思想中，是屬於言行方面的道德修養。在儒家的經典中有所謂「君子欲訥於言而敏於行」，「先行其言而後從之」，「多聞疑，慎言其餘，則寡尤。多見殆，慎行其餘，則寡悔。言寡尤，行寡悔，祿在其中矣」，「君子於其所不知，蓋如也」，「君子恥其言而過其行」，「道聽而途說，德之棄也」，「惡稱人之惡者，惡居下流而訕上者」等言論，無不在戒人要對自己的言語小心謹慎。兩者相較之下，《爲吏之道》所說的，雖然不如前面所引的儒家之言的詳細深入，但是仍然不失慎言的精神，所以《爲吏之道》的慎言之說，與儒家說的慎言之道德修養是一直的。

【39】塗墍（墍）騷（掃）除 1588 正壹（76 正壹）

【整理者 2010】

墍，讀作「墍」。塗墍，用灰泥塗抹房屋。《書‧梓材》：「惟其塗墍墍茨」。騷，通「掃」。《史記‧李斯列傳》：「以秦之強，大王之賢，由灶上騷除，足以滅諸侯，成帝業，爲天下一統，此萬世之一時也。」（143 頁）

【40】難開不利 1588 正貳（76 正貳）

【劉雲 2011】

緊接「城門不密」之後的是「難開不利」，據其語境來看，其主語似當是「城門不密」之「城門」。如果「難開不利」的主語確是「城門」的話，「難開不利」的意思應該是城門開闔費勁，不滑利。不過，「難開不利」還有可能是《黔首》簡 61-62 中的「門戶難開，關龠不利」的簡省說法。不管「難開不利」是上述兩種意思中的哪一種意思，「城門不密」與「難開不利」相續而言都是合適的，此可證我們觀點的合理性。

【湯志彪 2011】

「城門不密」當從劉雲先生所釋。秦簡法律嚴密細緻，劉先生之說與此相符。但對於「難開不利」一句的解釋，則可商。從劉雲先生所編聯的簡文'來看，「橋陷弗爲」、「城門不密」、「術尌（樹）毋有」、「田道衝術不除」分別是「官吏的失職的」四種表現，相互之間並無密切的關聯，但是均與修橋補路、留心農田有關。因此，「難開不利」似乎也當如此理解。其次，「難開不利」能否看作簡 61-62 中的「門戶難開，關龠不利」的簡省說法，很讓人懷疑。簡 61-62是講「門戶」，不是講「城門」。據此，「難開不利」當別解。我們認爲，「難開不利」中的「難（難）」字在此當讀作「堧」或「畷」。上古音「難」是泥母元部字，「堧」或「畷」是日母元部字，聲韻具通。典籍中從「難」聲的字與從「耎」聲的字常見通假。因此，「難（難）」讀作「堧」或「畷」在讀音上是沒有問題的。《玉篇》：「堧，河邊地也。」《廣韻‧仙韻》：「堧，江河邊地。」「堧」古書又作「壖」。《史記‧河渠書》：「五千頃故盡河壖棄地，民茭牧其中耳。」裴駰集解引韋昭曰：「謂緣河邊地也。」「畷」也是田地的一種。《玉篇》：「畷，城下田。」《廣韻‧獮韻》：「畷，城下田也。」「開」，我們認爲讀作「塏」。上古音「開」和「塏」都是溪母微部字，兩字雙聲迭韻，通假的例子常見。「塏」在此指高處之田地。《說文》：「塏，高燥也。」朱駿聲《定聲》：「塏，謂高地。」

慧琳《一切經音義》卷九十九：「爽塏。」注引《說文》云：「塏，地高燥也。」《左傳·昭公三年》：「請更諸爽塏者。」杜預注：「塏，燥也。」孔穎達疏：「塏，高地，故爲燥也。」與此相對應，我們認爲上文的「難（難）」字讀作「墳」可能更合理點。據此，簡文顯然是講述「墳」、「塏」兩種田地的利用和開墾問題。以此而看，簡文的「利」字當訓作「饒」、「善」等意思。《戰國策·秦策一》：「西有巴、蜀、漢中之利。」高誘注：「利，饒也。」《玉篇》：「利，善也。」綜上所述，簡文「難開不利」當是對官吏墾田不力的責難。

【張軍威 2013】

難開不利，是官員失職的一種表現，根據前後的語境，應該和農業生產有關。湯的說法如果成立的話，難開不利與上文（墾）田少員的意思有重複之嫌，劉雲的解釋可能更接近事實。

【按】

實際上，我們根據整理者所給出的簡文，「難開不利」正處於設施管理和農田管理兩個意群之間。從整個簡文上下的順序來看，筆者更傾向於湯先生的說法，但是這裏的「難開」並不需要重新訓讀。張家山漢簡《田律》：「田不可墾而欲歸，毋受償者，許之。」〔註 84〕也就是說，土地不好而不能開墾並要求歸還的，在不要求補償的前提下，是可以允許的。這也與「難開不利」的意思相類。另外，也可以理解爲開墾土地不利，與《爲吏》中的「狠（墾）田少員」類似。劉雲之說不可從。

【41】（乏）絕當巢（隟？）1588 正三（76 正三）

【廖繼紅 2011】

絕，即乏絕，食物斷絕的貧窮者。《呂氏春秋·季春紀》：「賜貧窮，振乏絕。」桓寬《鹽鐵論·非鞅》：「務蓄積，以備乏絕。」《後漢書·孝安帝紀》：「遣謁者分行虛實，舉災害，賑乏絕。」

【方勇 2011】

其中《爲吏》簡七六正第三欄的「巢」作 ![字形] 形，《爲吏》簡八四正第二欄的「巢」作 ![字形] 形。整理者將此二字並釋爲「巢」，這是正確的。其實，「隟」字本同「隙」，《龍龕手鑒·阜部》：「隟」，「隙」的俗字。如「隟」爲「隙」之

〔註84〕張家山二四七號漢墓竹簡整理小組：《張家山漢墓竹簡〔二四七號墓〕（釋文修訂本）》，文物出版社 2006 年版，第 42 頁。

俗字，在簡文中不好解釋。我們認爲「巢」還應讀作其他字。因《爲吏》簡七六正第三欄有「芝（乏）絕」一語，其應表示食用缺乏、斷絕之義。如《禮記‧月令》：「（季春之月）天子布德行惠，命有司發倉廩，賜貧窮，振乏絕。」孔穎達疏：「暫無曰乏，不續曰絕。皇氏云，長無謂之貧窮，暫無謂之乏絕。」《史記‧李將軍列傳》：「廣之將兵，乏絕之處，見水，士卒不盡飲，廣不近水；士卒不盡食，廣不嘗食。」順此思路，我們認爲簡文中的「巢」應讀爲表示救濟、接濟之義的一個詞。因爲「巢」古音爲崇母宵部字，我們懷疑其通假爲古音章母幽部的「賙」字。二者韻部旁轉，應無問題。但崇母與章母二者密切的關係需要說明，如《詩‧墉風‧蝃蝀》：「崇朝其雨。」毛傳：「崇，終也。從旦至食時爲終朝。」崇、終都在上古冬部，崇字爲崇母，終字爲章母。據此可知毛傳把崇當作終的通假字，所以，崇母與章母關係很近。又章母與精母關係密切，如《山海經‧海外南經》：「周饒國在其東，其爲人短小，冠帶。一曰焦僥國，在三首東。」「焦僥」，《後漢書‧明帝紀》李賢注引「周僥」。「焦」古音即精母宵部，「周」爲章母幽部，二者通假。同時，崇母與同組的精母、從母互諧，如《淮南子‧主術訓》：「湯革車三百，困之鳴條，擒之焦門。」高誘注「焦，或作巢。」《漢書‧陳勝傳》：「攻陳，陳守令皆不在，獨守丞與戰譙門中。」顏師古注：「譙，亦呼爲巢。譙、巢聲相近。」「譙」爲從母宵部字，其與崇母宵部的「巢」相通。所以，我們疑「巢」讀爲從「周」得聲的「賙」，其表周濟救助義。如《周禮》：「五黨爲州，使之相賙。」又「賙恤」一語，《禮記‧孔子閒居》「凡民有喪，匍匐救之」漢鄭玄注：「救之，賙恤之。言君於民有喪，有以賙恤之。」唐孔穎達疏：「此記謂人君見民有死喪，則匍匐往賙救之。」又「賙餼」一詞，謂以錢財糧食相周濟。《詩‧小雅‧鴻雁》「爰及矜人，哀此鰥寡」漢鄭玄箋：「謂貧窮者，欲令賙餼之，鰥寡則哀之。」孔穎達疏：「賙謂與之財，餼謂賜之食也。」所以，簡文云「芝（乏）絕當巢（賙）」、「孤寡癃（癃）病當巢（賙）」中的「巢（賙）」都是表示周濟救助之義。

【按】

《墨子‧號令》：「若貧人食，不能自給食者，上食之。」孫詒讓注云：「此字衍，或當爲『貧乏食』，亦通。」〔註85〕

【42】謹=之=（謹之謹之），某（謀）不可遺 1588 正肆（76 正肆）

〔註85〕〔清〕孫詒讓：《墨子閒詁》，中華書局 2001 年版，第 607 頁。

【整理者2010】

《爲吏之道》作「思之思【之】，某（謀）不可遺。」（一七三頁）遺，洩漏。（143頁）

【白於藍2010】

《說苑·談叢》有「忽忽之謀不可爲也，惕惕之心不可長也」語，與簡文關係密切。「忽忽之謀不可爲也」顯然是與第二欄之「謹=之=謀不可遺」和第四欄之「思=之某不可遺」相當，類似語句亦見於上博簡第三冊《彭祖》篇第6簡，原整理者釋文是：「=之（謀）不可行，述（怵）惕之心不可長。」從句式上看，「忽忽之謀不可爲也」、「=之（謀）不可行」明顯是與第四欄之「思=之某不可遺」相合，而與第二欄之「謹=之=謀不可遺」不同，此是第二欄抄寫錯誤之明證。

【43】棧歷（櫪）濬除 1587 正壹（77 正壹）

【整理者2010】

棧，飼養牲畜的木柵欄。《莊子·馬蹄》：「連之以羈馽，編之以皁棧。」歷，讀作「櫪」，馬槽，亦指關牲畜的地方。曹操《步出夏門行》：「老驥伏櫪，志在千里。」（143頁）

【張軍威2013】

濬，深挖、疏通。《書·舜典》：「封十有二山，濬川。」

【按】

濬，疏通。可參看《韓非子·顯學》：「昔禹決江濬河而民聚瓦石，子產開畝樹桑鄭人謗訾。」

【44】術尌（樹）毌有 1587 正貳（77 正貳）

【整理者2010】

術，道路。銀雀山漢簡《孫臏兵法·擒龐涓》：「齊城、高唐當術而大敗。」（143頁）

【黎明釗2011】

「術」，據《禮記·月令》謂：「王命布農事：命田舍東郊，皆修封疆，審端徑術，善相丘陵阪險隰土地所宜。」按孫希旦《禮記集解》謂「術」，鄭玄注《周禮》作「遂」，夫間有遂，遂上有徑，遂爲小溝，步道曰「徑」，即是說「術」是小溝，溝渠也。「尌」，《說文·豆部》解作樹立、建立，則全句

意思是建立了溝渠沒有，溝渠是用作疏通雨水，但如果「尌」讀爲「樹木」的「樹」，最爲動詞，則可理解爲田間溝渠種樹沒有，田間種植樹木可以防止水土流失，有一定作用。

【按】

術，大的道路。《漢書・刑法志》：「除山川沈斥，城池邑居，園囿術路，三千六百井」如淳云：「術，大道也。」樹，表道樹。《周禮・秋官・野廬氏》：「比國郊及野之道路、宿息、井、樹。」鄭玄注：「比猶校也。」〔註86〕孫詒讓認爲，樹「兼有表道之事，不徒爲廬舍之蕃蔽也」。〔註87〕《漢書・賈鄒枚路傳》載，秦朝「三丈而樹」。〔註88〕顧炎武在《日知錄・官樹》中說：「古人於官道之旁，必皆種樹，以記里至。」〔註89〕全句可解釋爲，「大路上沒有表道樹」。

【45】貸種食弗請 1587 正三（77 正三）

【整理者 2010】

種食，穀種和糧食。《漢書・文帝紀》：「民讁作縣官及貸種食未入、入未備者，皆赦之。」請，告訴。《爾雅・釋詁上》：「請，告也。」邢昺疏：「請者，言告也。」（143 頁）

【朱紅林 2012】

貸種食以支持農民的農業生產，這是中國古代重農思想指導下政府的一貫措施。這種事例在戰國時期多見。《管子・揆度》：「無食者與之陳，無種者貸之新。」《管子・問》：「賜鰥寡，振孤獨，貸無種，與無賦。」貸種食弗請，就是說官吏向百姓貸種食沒有向上級請示。這種行爲是違法的。睡虎地秦簡中稱爲「私貣（貸）」。《法律答問》：「府中公金錢私貣用之，與盜同法。」何謂「府中」？唯縣少內爲「府中」，其它不爲。「貣（貸）人贏律及介人。」可（何）謂「介人」？不當貣（貸），貣（貸）之，是謂「介人」。官吏違規私貸，就容易出現營私舞弊、中飽私囊的情況，《法律答問》第二條材料說的就是這種情況。這一切表明，戰國時期國家存在專門向百姓借貸的制度，借貸的內容包括實物和貨幣，借貸的具體規則是有法可依的。這對於經濟發展和社會穩定是

〔註86〕〔清〕孫詒讓：《周禮正義》，中華書局 1987 年版，第 2894 頁。
〔註87〕〔清〕孫詒讓：《周禮正義》，中華書局 1987 年版，第 2894 頁。
〔註88〕〔漢〕班固：《漢書》中華書局 1962 年版，第 2328 頁。
〔註89〕〔清〕顧炎武：《日知錄集釋》，上海古籍出版社 2006 年版，第 556 頁。

有利的。一條是關於農作物種子每畝大致播種量的規定，一條是縣裏關於麥與禾種子的保存方法的規定。這裏關於農田每畝播種量的規定一般來說是針對官營農田來說的，但不可否認，它對於百姓私人種植的農田無疑具有指導作用。戰國時期，個體農業儘管佔了很大的比例，但先進的農業生產技術主要還是掌握在國家的手裏。國家通過搜集整理長期以來積纍的農業生產經驗，以法律的形式頒佈到民間，對農業生產的進一步發展起到了很大的推進作用。

【按】

貸種食，借與穀種、糧食。《管子‧輕重甲》：「民無以與正籍者予之長假。」馬非百注曰：「假有二義：一即假貸，《山國軌篇》所謂『無貲之家皆假之械器』，《輕重丁篇》所謂『聞子之假貸吾貧萌』是也。二即障假，《鹽鐵論‧園池篇》所謂『池籞之假』與『公家有障假之名』是也。」〔註90〕《管子‧巨乘馬》云：「百畝之夫：『予之筴，率二十七日爲子之春事，資子之幣。』」睡虎地秦簡據圖版，貸原字爲「貣」，釋文應作爲「貣（貸）種食弗請」。

【46】田道衝術不除 1589 正肆（78 正肆）

【廖繼紅 2011】

衝術，通途，大路。《墨子‧號令》：「因城中里爲八部，部一吏，吏各從四人，以行衝術及里中。」《法律答問》：「有賊殺傷人衝術，偕旁人不援，百步中比野（野），當貲二甲。」除，修治、整治。《穀梁傳‧襄公二十四年》：「弛侯，廷道不除。」范甯注：「廷內道路不修治。」《漢書‧郊祀志上》：「〔秦始皇〕遂除車道，上自泰山陽。」

【黎明釧 2011】

按圖版「術」字當爲「术」，《說文‧行部》：「术，通道也。」《漢語大字典‧彳部》認爲是「术」是道路交叉的地方，此書引《玉篇‧行部》謂：「术，交道也」，又引《六書故‧人九》謂：「术，又作「術」，管道經緯往來相直處也」。顯然，「術」「术」相通，「术」在《墨子‧號令》篇有謂：「因城中里爲八部，部一吏，吏各從四人，以行及里中。」孫詒讓引畢沅注亦謂：「术」當爲「术」。至於此處的「术」，與《爲吏治官及黔首》的「术」的「术」有不同，《墨子‧旗幟》篇：「巷術周道者，必爲之門」，孫詒讓注引《說文‧行部》謂「術，邑中道也」，因此「術」解作道路，全句「术」解爲田間交匯的道路

〔註90〕馬非百：《管子輕重篇新詮》，中華書局 1979 年版，第 496 頁。

清除了沒有。

【朱紅林 2012】

「田道」與「田徑」意思相同，「衝術」就是四通八達的交通要道。《法律答問》：「有賊殺傷人衝術，偕旁人不援，百步中比野（野），當貲二甲。」其中的「衝術」就是此義。

【魏永康 2014】

在同一文獻中出現不同術語來表示同種事物的可能性較小，特別是《爲吏及治黔首》這種內容來自律令文本的具有特殊性質的文獻，因此其具體含義肯定有著區別。《法律答問》：「有賊殺傷人衝術，偕旁人不援，百步中比野（野），當貲二甲。」其中的「衝術」指交通大道是沒問題的。《禮記‧月令》：「王命布農事：命田舍東郊，皆修封疆，審端徑術，善相丘陵、阪險、原隰土地所宜」鄭玄注：「術，《周禮》作『遂』。夫間有遂，遂上有徑。遂，小溝也。步道曰徑。」鄭玄把《月令》與《周禮》這樣簡單對比恐怕不當，從《月令》的內容來看，徑、術既是田間經界，又是田間小道。誠如楊寬所講：定期修理和端正封疆阡陌，則是明確疆界；二是整修好田間的道路和溝渠，有利於於排水和方便農業生產（《雲夢秦簡所反映的土地制度和農業政策》）。那麼，嶽麓簡的這兩條材料應如何理解呢？筆者認爲這與 3.1.1、3.1.2 中的「阡陌」與「道」有著異曲同工之妙，即「田道衝術」代指道路，而「田徑」則主要指疆界。

【按】

「衝術」，則指田間重要道路或交叉處。《墨子‧號令》：「因城中里爲八部，部一吏，吏各從四人，以行衝術及里中。」畢沅云：「『衝』當爲『𧗸』，說文云『通道也。春秋傳曰及𧗸以戈擊之』。」［註91］睡虎地秦簡《法律答問》：「有賊殺傷人衝術，偕旁人不援，百步中比野（野），當貨二甲。」［註92］所以，「田道衝術不除」、「田徑不除」兩則指的都是官吏沒有對田間道路進行及時的清理，或者保持暢通。《龍崗秦簡》：「衕（衝）道行禁苑中□⧄。」龍崗秦簡整理小組注云：「衕通衝，縱橫相交的通道。」全句可理解爲，田道及其交匯的地方沒有進行清除。秦漢時期，田道的清除是一項固定制度。青川郝家坪木牘《爲田律》：「九月，大除道及阪險。」張家山漢簡《田律》：「恒以

［註91］〔清〕孫詒讓：《墨子閒詁》，中華書局 2001 年版，第 590 頁。
［註92］睡虎地秦簡整理小組：《睡虎地秦墓竹簡》，文物出版社 1990 年版，第 117 頁。

秋七月除阡陌之大草；九月大除道□阪險；十月爲橋，修波（陂）堤，利津梁。」

【47】術（怵）狄（惕）之心不可長 1589 正肆（78 正肆）

　　【整理者 2010】

　　術（怵）狄（惕）之心不可長，《爲吏之道》作「術（怵）愁（惕）之心，不可【不】長」。（一六九頁）怵惕，戒惕、驚懼。《漢書・淮南厲王劉長傳》：「大王不思先帝之艱苦，日夜怵惕，修身正行。」劉向《說苑・談叢》「忽忽之謀，不可爲也，惕惕之心，不可長也。」可與簡文相參。（144 頁）

　　【按】

　　可參看《孟子・公孫丑上》：「所以謂人皆有不忍人之心者，今人乍見孺子將入於井，皆有怵惕惻隱之心。」，亦可參看文後附材料比照表。

【48】毋朵不年別 0925 正壹（79 正壹）

　　【許道勝 2013】

　　「朵」字亦見於秦印和馬王堆漢墓帛書《十六經》、朵，如訓動，文意似不明，疑讀作「操」，用作糧食等堆積的單位。玄應《一切經音義》卷十二引《通俗文》：「積土曰垜。」年別，疑與計量穀物的規定有關。睡虎地秦簡《秦律十八種倉律》：「程禾、黍□□□□以書言年，別其數，以稟人」；稻後禾孰（熟，計稻後年。已獲上數，別榮、糯（孺）枯（秠）稻。別粲、襦（糯）之襄（釀，歲異積之，勿增積，以給客，到十月牒書數，上內【史】。」簡文「年別」，或是所引《倉律》「以書言年，別其數」之略，意即以文書報告其產年，分別記數（以便發放給人。

【49】楊（煬）風必謹 0925 正三（79 正三）

　　【整理者 2010】

　　睡虎地秦簡《效律》：「官府臧（藏）皮革，數糯（煬）風之。」（144 頁）

　　【讀書會 2011】

　　「糯」爲「楊」字之訛。

【50】故曰道無近弗行不到 0925 正肆（79 正肆）

　　【按】

　　第四欄的內容是對《荀子・修身》篇內容的改寫，「事無細弗爲不成，慮

之弗爲與已均也」與「事雖小，不爲不成」義同，「故曰道無近弗行不到」與
「道雖邇，不行不至」義同。「望之不往者萬世不到」一句讀書會認爲，與上
內容無關聯，但是與《荀子·修身》中的「其爲人也多暇日者，其出入不遠
矣」一句比較，意思是相近的。其中「多暇日者」指的就是簡文中「望之不
往者」，郝懿行云：「爲善惟日不足，多暇日者，遊閒不事事也。」〔註93〕梁
啓雄先生認爲，「多暇日」是前文『或爲之或不爲之爾』中「或不爲」的表徵，
其出入也是指代前文內容而言，〔註94〕但是比較《爲吏》中的內容我們發現，
此句是承接「不行不至」而來，無承前之意。所以應將簡79、80調整到簡81、
82之後。

【51】縣官宇不居 0033 正三（80 正三）

【按】

「縣官宇」即官府屋舍，在其他簡文中也有「縣官事」、「縣官苑」等內
容。「不居」，沒有治理。《管子·輕重戊》云：「民饑而無食，寒而無衣，應
聲之正無以給上，室屋漏而不居，牆垣壞而不築，爲之奈何？」〔註95〕王念
孫、馬非百皆認爲「居」爲誤字，比較《爲吏》我們會發現，這裏的「不居」
是一種特定用法，簡07第三欄也有「不居其宇」的用法。將整句連起來即爲
「官府屋舍沒有治理」。

【52】官贏不備 1583 正壹（81 正壹）

【廖繼紅 2011】

贏，有餘。《說文·貝部》：「贏，賈有餘利也。」《廣雅·釋詁三》：「贏，
餘也。」不備，數量不夠。《秦律十八種·倉律》：「其不備，出者負之；其贏
者，入之。」《效律》：「禾、芻稾積㡊，有贏、不備而匿弗謁，及諸移贏以償
不備；羣它物當負償而僞出之以彼償，皆與盜同法。」

【按】

備，完備。可參看《鹽鐵論·水旱》：「卒徒工匠，以縣官日作公事，財
用饒，器用備。」〔註96〕可解爲「糧倉出現了盈餘和不完備的情況」。

〔註93〕王先謙：《荀子集解》，中華書局1988年版，第32頁。
〔註94〕梁啓雄：《荀子簡釋》，中華書局1983年版，第20頁。
〔註95〕馬非百：《管子輕重篇新詮》，中華書局1979年版，第702頁。
〔註96〕王利器：《鹽鐵論校注》，中華書局1992年版，第429頁。

【53】封畔不正 1583 正貳（81 正貳）

【整理者 2010】

封畔，國界。賈誼《新書・壹通》：「小大駮躒，遠近無衰，天子諸侯封畔之無經也，至無狀也。」（145 頁）

【田宜超、劉釗 1983】

「道廣三步，封高四尺六」，「道」與「封」並總括「千」、「百」而言，語其廣則曰「道」，謂其高則曰「封」，兩者名異而同指。

【余宗發 1993】

睡虎地秦簡《法律答問》：「『盜徙封，贖耐。』可（何）如爲『封』？『封』即田千佰。頃半（畔）『封』殹（也），且非是？而盜徙之，贖耐，可（何）重也？是，不重。」文中所謂「封」，就是地界。戊午年本《睡虎地秦墓竹簡》注引《周禮・封人》注說：「畿上有封，若今時界矣。」；所謂「千佰」就是「阡陌」。戊午年本《睡虎地秦墓竹簡》引《漢書・食貨志》作仟佰，注：「仟佰，田間之道也，南北曰仟，東西曰佰。」因此整支簡律文的意思就是說私自移動「封」的，應判處贖耐的刑罰。而所謂「封」，就是指田地中的阡陌，百畝田的田界就算是「封」；私自移動田界被判處贖耐的刑罰，根據規定它並不是一種嚴厲的處罰。（104 頁）

【朱紅林 2011】

封畔不正，指的就是田與田之間的經界不正。嶽麓秦簡整理小組把「封畔」解釋爲「國界」恐怕不合適。在「封畔不正」的上文有簡 0925 正（七九正）「田徑不除」及簡 1589 正（七八正）「田道衝術不除」，所以「封畔」與「田道」應當是同一類的事物，即田間疆界而言。疆界不正，就會導致租稅不公，也會影響到田地使用者收益的增減，公私利益都會受到影響。這是地方官吏必須要注意的。

【53】工用必審 1583 正三（81 正三）

【劉雲 2011】

我們認爲「工用必審」之「工」應讀爲「攻」。「工」是「攻」的聲旁，兩字古音無疑是相近的。出土文字資料中有「工」與「攻」相通的例子，如：春秋吳國人有時自名其國爲「工盧」、「工蔥」，有時自名其國爲「攻敔」、「攻五」、「攻吳」，「工」與「攻」相通；馬王堆漢墓帛書《戰國縱橫家書》「非

計慮之攻也」之「攻」，讀爲「工」。可見，讀「工」爲「攻」是沒有任何問題的。「攻」有加工的意思。《逸周書・程典》「工攻其材」，朱右曾《集訓校釋》：「攻，治也。」《詩・小雅・鶴鳴》「它山之石，可以攻玉」，毛傳：「攻，錯也。」《左傳》襄公十五年「使玉人爲之攻之」，杜預注：「攻，治也。」《周禮・春官・龜人》「攻龜用春時」，鄭玄注：「攻，治也。」《周禮・考工記序》「凡攻木之工七，攻金之工六，攻皮之工五」，鄭玄注：「攻，猶治也。」《禮記・學記》「如攻堅木」，孔穎達疏：「攻，治也。」「用」有使用的意思。《逸周書・大聚》：「立君子以修禮樂，立小人以教用兵。」《詩・邶風・擊鼓》：「擊鼓其鏜，踴躍用兵。」「審」有明悉的意思。《論語・堯曰》：「謹權量，審法度，修廢官，四方之政行焉。」皇侃疏：「審，猶諦也。」《管子・幼官》：「明法審數，立常備能，則治。」《史記・禮書》：「君子審禮，則不可欺以詐僞。」《淮南子・本經》：「是故明於性者，天地不能脅也；審於符者，怪物不能惑也。」高誘注：「審，明也。」根據上文的分析，「工用必審」應讀爲「攻用必審」，意思可以理解爲加工、使用（羽毛、皮革）一定要明悉，即加工、使用（羽毛、皮革）時一定要將相關記錄記得清清楚楚，不要出現糊塗賬。

【邱亮 2012】

「工」亦可通「功」，「工」與「攻」、「功」爲古今字關係。「攻用」、「功用」或皆從「工用」分化而來。其義吉抵可分爲兩組，一組爲動詞，意爲加工與使用，典籍多用「攻用」。一組爲名詞，意爲材質與用途，典籍多用「功用」。茲將典籍用例揭諸於次：治理與使用。《吳子・料敵》：「命其有工用五兵、材力健疾、志在吞敵者必加其爵列。」又《逸周書・小明武解》：「無受貨賂，攻用弓弩，上下禱祀，靡神不下，具行衝梯，振以長旗。」《戰國策・蘇厲謂周君》：「敗韓、魏，殺犀武，攻趙，取藺、離石、祁者，皆白起。是攻用兵，又有天命也。」材質與用途。《前漢書・嚴朱吾丘主父徐嚴終王賈傳》：「使離婁督繩，公輸削墨，雖崇臺五層，延袤百丈而不溷者，工用相得也。」《國語・魯語》：「於是乎禁罝，設阱鄂，以實廟庖，畜功用也。」《儀禮經傳通解》注：「而長魚鱉，畜四時功，足國財用也。」通過上舉數例，不難發現，典籍對「攻用」、「功用「二詞區分嚴格，並未見混用之例。將「工用必審」與前文「庫臧（藏）羽革」聯繫來看，作名詞理解似更爲切近。劉雲先生認爲，「工用必審」與「臧（藏）盍（蓋）必法」對應關係的詞性理應相同，恐

未必盡是。如《爲吏治官及黔首》:「吏有六殆……起居不指,扉(漏)表不審。」「起居」爲動詞,「漏表」爲名詞,二者詞性徑庭有別,正與此相類。審有「審度」之義。《前漢書‧溝洫志》:「白博士許商治尙書,善爲算,能度功用。」審、度義近,皆有審核、明晰之義。 根據以上分析,我們認爲「工用」可讀作「功用」,「工(功)用必審」意爲對材質和用途必須有詳細的審核和瞭解。(16、17頁)

【按】

劉雲、邱亮之說將「工用」中的「工」釋爲「攻」、「功」,筆者認爲此兩說皆可商榷。劉說「攻」爲「治」之意,「攻用必審」則意爲加工皮革等物品時應仔細記錄,不能出現差池和錯誤。這裏的「攻」應指代上文所說的「庫臧(藏)羽革」而言。「功用」則指功能而言,應是對材料的功能用途進行審核。但是,筆者認爲這兩類的解釋都不是正確的,首先「工用必審」說的是兩個方面的事情,一是在製作物品時需要進行審查、核驗,二是物品在收藏和使用的時候也需要對其進行審核。銀雀山漢簡《守法守令十三篇‧庫法》:「□所以□邑恒器者,必善封璽之以嗇夫之璽」、「器成必試乃藏,試器固有法。邑嗇夫與兵官之吏嗇夫、庫上、庫吏【□□□】善時爲之,固有歲課,吏嗇夫與爲者有重任。」〔註97〕依據劉雲先生的觀點,加工羽毛、皮革一定需要明晰,記錄清晰,不要出現糊塗賬。但是,我們根據《庫法》簡文可以得知,嶽麓秦簡中所說的「必審」,也就是銀雀山漢簡中的「器成必試乃藏」,並且試用器物都是有一定規則。官吏還需要在標準器上加蓋官印,以示其用。「必審」也就是要求官吏熟悉加工使用羽毛、皮革的規定法則,防止在工作中出現一些不必要的錯誤。

【54】亡器齊(齎)賞(償) 1586 正壹(83 正壹)

【整理者 2010】

齊,讀作「齎」,通「資」,資財、錢財。《周禮‧天官‧掌皮》:「歲終,則會其財齎。」賞,通「償」,賠償、償還。齎償,以錢財賠償。睡虎地秦簡《秦律十八種‧工律》「其久靡不可智(知)者,令齎賞(償)。」(146頁)

【按】

〔註97〕銀雀山漢簡整理小組:《銀雀山漢墓竹簡〔壹〕》,文物出版社 1985 年版,第615頁。

亡器，亦作「亡公器」，即丟失官屬器物。睡虎地秦簡《金布律》：「百姓
叚（假）公器及有責未賞（償），其日菓（足）以收責之，而弗收責，其人死
亡；及隸臣妾有亡公器、畜生者，以其日月減其衣食，毋過三分取一，其所
亡眾，計之，終歲衣食不菓（足）以稍賞（償），令居之，其弗令居之，其人
死亡，令其官嗇夫及吏主者代賞（償）之。」〔註98〕

【55】草田不舉 1586 正貳（83 正貳）

【整理者 2010】

草田，謂未墾種的田地。《漢書・東方朔傳》：「又詔中尉、左右內史表屬
草田，欲以償鄠杜之民。」顏師古注：「草田謂荒田爲耕墾也。」（146 頁）

【朱紅林 2012】

整理小組注：「草田：謂未墾種的田地。《漢書・東方朔傳》：『又詔中尉、
左右內史表屬縣草田，欲以償鄠杜之民。』顏師古注：『草田謂荒田未耕墾
也。』」關於草田，我們還可以補充一些戰國時期的資料。《管子・小匡》：「管
仲曰：『墾草入邑，闢土聚粟多眾，盡地利之力，臣不如寧戚』，《呂氏春秋・
勿躬》作「墾田大邑」，《韓非子・外儲說左下》作「墾草仞邑」，《新序・雜
事四》作「懇田剶邑」，《戰國策・秦策》蔡澤說應侯曰：「大夫種爲越王墾
草剶邑，闢地植穀。」《史記・蔡澤傳》作「大夫種爲越王深謀遠計，墾草
入邑，闢地殖穀。」可以看出，「墾草」即「墾田」，「草」即草田，未開墾
的荒田。草田不舉，就是說荒蕪的土地沒有開墾，這是地方官應當加以注意
的事情。

【按】

舉，草田，可參看睡虎地秦簡《田律》、張家山漢簡《田律》。

【56】衡石權贏（累）1585 正壹（84 正壹）

【整理者 2010】

贏，讀作「累」，衡器的權，漢銅權銘文常自名爲累。睡虎地秦簡《秦律
十八種・工律》：「縣及工室聽官爲正衡石贏（累）、斗用（桶）、升，毋過歲
壺〈壹〉。」（四三頁）又《內史雜》：「有實官縣料者，各有衡石贏（累）、斗
用（桶）」。（146 頁）

〔註98〕睡虎地秦簡整理小組：《睡虎地秦墓竹簡》，文物出版社 1990 年版，第 38 頁。

【按】

睡虎地秦簡《效律》：「衡石不正，十六兩以上，貲官嗇夫一甲；不盈十六兩到八兩，貲一盾。甬（桶）不正，二升以上，貲一甲；不盈二升到一升，貲一盾。斗不正，半升以上，貲一甲；不盈半升到少半升，貲一盾。半石不正，八兩以上；鈞不正，四兩以上；斤不正，三朱（銖）以上；半斗不正，少半升以上；參不正，六分升一以上；升不正，廿分升一以上；黃金衡贏（累）不正，半朱（銖）以上，貲各一盾。」也就是說官府量器需要進行時常校驗核正，如果量器不準確，主管的官吏就需要受到處罰。嶽麓秦簡此條，可以與 65 號簡「丈量斗甬（桶）」連讀，都是與度量衡校正有關。

【57】孤寡（癃）病當巢（隟？）1585 正貳（84 正貳）

【廖繼紅 2011】

（癃）病，衰弱疲病。《周禮・地官・小司徒》「以辨其貴賤老幼廢疾」鄭玄注：「廢疾謂癃病也。」《漢書・高帝紀下》：「年老癃病，勿遣。」顏師古注：「癃，疲病也。」

【馬芳、張再興 2011】

整理者隸定爲「巢」，意義存疑。該字的形體下邊是一「木」字，上邊應是「毋（母）」字，因此我們以爲該字可隸定爲「枏」，即古「梅」。《說文・木部》：梅，枏也。可食。從木每聲。梅，或從某。莫桮切。《說文》釋義非，段玉裁注：「則凡酸果之字作梅，皆假借也。凡某人之字作某，亦皆假借也。假借行而本義廢。固不可勝數矣。」「枏」假借爲「某」，亦作「梅」文獻中已有記載：《詩經・召南・摽有梅》：「摽有梅。」王先謙三家義集疏：韓梅作楳。《詩經・陳風・墓門》：墓門有梅。《列女傳》八卷：墓門有梅。該處「枏」應讀爲「謀」，爲動用法，爲……謀慮。《說文・言部》：「慮難曰謀。」「枏」與「謀」通文獻亦有用例：《諸子平議・管子五》：「謀乎莫聞其音。俞樾按：謀即《禮記・玉藻》瞿瞿梅梅之梅。癃病，廖繼紅補釋爲衰弱疲病。意思不確，本處「癃」應爲「廢疾」。《漢書・杜周傳》：「光祿勳許商被病殘人。」服虔曰：「殘，癃也。」病，老病也。秦律中已經可以看到反映當時對於殘疾者以及年老者予以特殊待遇之制度的有關律文。睡虎地秦簡《秦律雜抄》有關於傅籍的法律《傅律》，其中可見這樣的內容：匿敖童，及占（癃）不審，典、老贖耐。●百姓不當老，至老時不用請，敢爲酢（詐）僞者，貲二甲；

典、老弗告，貲各一甲；伍人，戶一盾，皆罨（遷）之。●傅律。其它文獻中亦有對社會弱勢群體的照顧政策：《後漢書・孝安帝紀》：「遣謁者分行虛實，舉災害，賑乏絕。」在文獻遺存以外的資料中，漢代石刻文字可見《蒯他君石祠堂題記》：雍養孤寡，皆得相振，《北海相景君碑》：元元鰥寡，蒙祐以寧。也都體現了從政人員對於推行社會福利的責任，這一方面的職能，也被看作民政業務的主體內容之一。

【58】封閉毋墮 1585 正三（84 正三）

【整理者 2010】

封閉，以印記封緘關閉，使不能隨便動用、通行或打開。《史記・項羽本紀》：「今沛公先破秦入咸陽，豪毛不敢有所近，封閉宮室，還軍灞上，以待大王來。」墮，損毀、敗壞。《國語・周語下》：「晉聞古之長民者，不墮山，不崇，不防川，不竇澤。」韋昭注：「墮，毀也。」《史記・樂毅列傳》：「離毀辱之誹謗，墮先王之名；臣之所大恐也。」（146 頁）

【讀書會 2011】

簡 84 第三欄「封閉毋墮」，「墮」字應當改釋為「隋」後括注為「墮」。

【按】

封閉，或可理解為糧倉的門封。在糧倉管理中，封堤不善的情況主要有兩種，一是倉門封閉時不符合規定，缺少某些程序。睡虎地秦簡《倉律》規定：「入禾倉，萬石一積而比黎之為戶。縣嗇夫若丞及倉、鄉相雜以印之，而遺倉嗇夫及離邑倉佐主稟者各一戶以氣（餼），自封印。」〔註99〕也就是說，倉的封閉是在稱量數量符合後，需要縣嗇夫、倉嗇夫等多人在場的情況下，對倉門進行「雜封之」，但是仍然需要給倉嗇夫或離邑倉佐主留下一處倉門，這處倉門是需要經常開啟，以便糧食進出，因此只需「自封印」便可。墮，指的就是毀壞。可參考《禮記・月令》：「是月也，繼長增高，毋有壞墮。」整句可解釋為「糧倉的門封不能毀壞」。

85/1541	為人君則惠，為人臣【則】忠，為人父則茲（慈），為人子則孝，為人上則明，為人下則聖，為人友則不爭，能行此，終
86/0072	日視之，簍（屢）毋舍，風（諷）庸（誦）為首，（精）正守事，勸毋失時，攻（功）成為保，審用律令，興利除害，終身毋咎。

〔註99〕睡虎地秦簡整理小組：《睡虎地秦墓竹簡》，文物出版社 1990 年，第 25 頁。

| 87/1531 正 | 此治官、黔首及身之要也與（歟）？它官課有式，令能最。欲毋殿，欲毋罪，皆不可得。欲最之道把此[1]。 | | |
| 87/1531 背 | 爲吏治官及黔首 | | |

【匯釋】

【1】為人君則惠 1541 正（85 正）

【整理者 2010】

「爲人君則惠」，《爲吏之道》作「爲人君則鬼（懷）」，整理者將「鬼」字讀作「懷」。（一六九頁）據本簡文獻記載，《爲吏之道》「鬼」或爲「惠」之誤寫，或讀作「惠」。惠，仁慈、寬厚。《書・皋陶謨》：「安民則惠，黎民懷之。」蔡沈集傳：「惠，仁之愛也。」《國語・晉語》：「公曰：『夫豈惠其民而不惠其父乎！』」《論語・公冶長》：「子謂子產：有君子之道焉：其行己也恭，其事上也敬，其養民也惠，其使民也義。」《說苑・政理》：仲尼見梁君，梁君問仲尼曰：「吾欲長有國，吾欲列都之得……爲之奈何？」仲尼對曰：「丘聞之，兩君相親，則長有國；君惠臣忠，則列都之得……」（147 頁）

【2】為人臣【則】忠 1541 正（85 正）

【整理者 2010】

《爲吏之道》作「爲人臣則忠」。（一六九頁）釋文據文例補「則」字。（147 頁）

【4】為人下則聖 1541 正（85 正）

【整理者 2010】

聖，《說文解字》：「聖，通也。」段注：《邶風》「母氏聖善」，傳云「聖，睿也。」《小雅》「或聖或不」，傳云「人有通聖者，有不能者。」《周禮》「六德教萬民，智仁聖義忠和」，注云「聖，通而先識」。《洪範》曰「睿作聖，凡一事精通亦得謂之聖」。《風俗通》曰「聖者，聲也。言聞聲知情。」《禮記・經解》：「其在朝廷則道仁聖禮儀之序。」俞樾《群經平議・禮記四》：「凡以聖與仁義禮言者，聖即知也。」《老子》：「絕聖棄智，民利百倍。」王弼注：「聖者，才之善也。」《文子・道德》：「文字問聖者。老子曰：聞而知之，聖也；見而知之，智也。」《後漢書・范升傳》：「今眾人咸稱朝聖，皆曰公明，蓋明者無不見，聖者無不聞。」楊樹達《積微居讀書記・讀後漢書札記》：「聖與聰義近，故從耳，此文及《文字》猶用本義。」（147 頁）

【5】簍（屢）毋舍 0072 正（86 正）

　　【整理者 2010】

　　簍，讀爲「屢」，常常。《書·益稷》：「屢省乃成，欽哉。」孔傳：「屢，數也。」「簍」或讀作「僂」，使身彎曲，表示恭敬。《左傳·昭公十七年》：「故其鼎銘云：一命而僂，再命而傴，三命而俯。」或讀爲「鏤」，銘記。（148 頁）

　　【陳偉 2010】

　　簍，疑讀爲「僂」。《史記·孔子世家》：「一命而僂，再命而傴，三命而俯」，《集解》引服虔曰：「僂，傴，俯，皆恭敬之貌也。」

【6】風（諷）庸（誦）為首 0072 正（86 正）

　　【整理者 2010】

　　諷誦，背誦。《周禮·春官·瞽蒙》：「諷誦詩，世奠繫。」鄭玄注：「諷誦詩，謂讀之不依詠也。」（148 頁）

　　【陳偉 2010】

　　風，讀作諷，念讀義。《荀子·大略》：「少不諷，壯不論議，雖可，未成也。」楊倞注：「諷謂就學諷《詩》《書》也。」庸，讀作「誦」，朗讀、念誦義。《周禮·春官·大司樂》：「以樂語教國子：興，道，諷，誦，言，語。」鄭玄注：「以聲節之曰誦。」《論語·子罕》：「『不忮不求，何用不臧？』子路終身誦之。」

【7】精（精）正守事 0072 正（86 正）

　　【整理者 2010】

　　守事，奉行公事。董仲舒《春秋繁露·深察名號》：「士者，事也。民者，瞑也。士不及化，可使守事從上而已。」（148 頁）

【8】此治官、黔首及身之要也與（歟）？1531 正（87 正）

　　【整理者 2010】

　　治官，治理百官。《管子·君臣上》：「治官化民，其要在上。」劉向《說苑·君道》：「設四佐以自輔，有英俊以治官。」黔首，平民、老百姓。《史記·秦始皇本紀》：「二十六年……更民名曰『黔首』。」《禮記·祭義》：「明命鬼神，以爲黔首則。」鄭玄注：「黔首，謂民也。」孔穎達疏：「黔首，謂萬民也。黔，謂黑也。凡人以黑巾覆頭，故謂之黔首。」（149 頁）

【陳松長 2009】

從詞義看，這三者又不完全是並列成分。首先，「爲吏」與「治官」都是動賓結構而「黔首」是名詞，因此，在語言結構上並不相同。其次，「爲吏」似乎是同一語義的重複……這一點，我們也許可以從簡文的起始句得到印證。這枚簡正面起始句是：「此治官、黔首及身之要也。」這裏正好省去了「爲吏」二字，之所以不寫這兩個字，或許正是兩者語意相同的一種反映。

【何有祖 2010】

篇題『爲吏』、『治官』、『治黔首』三者並列，與 1531 正『官』、『黔首』、『身』爲『治』的並列賓語，是密切對應的」，並進一步指出，「爲吏，似側重於修養，與『治身』意義相當。治身，修身。《孔子家語・六本》：『回有君子之道四焉：強於行義，弱於受諫，怵於待祿，愼於治身。』而治官則偏重於考核。

【廖繼紅 2011】

要，綱要、關鍵。《商君書・農戰》：「故聖人明君者，非能盡其萬物也，知萬物之要也。」《韓非子・揚權》：「聖人執要，四方來效。」

【許道勝 2013】

考查文意，在「此」與「治官」之間或脫「爲吏」二字。

【筆者按】

治官，非治理百官之意，應是治官府之事，整理者之說不可從。

【9】它官課 1531 正（87 正）

【整理者 2010】

課，考核、考查。《說文・言部》：「課，試也。」《後漢書・朱馮虞鄭周列傳》：「課核三公。」李賢注：「課其殿最，覈其得失。」（149 頁）

【早大秦簡會 1990】

「課」並非只是審查是否有罪，如「課殿」、「課最」所示，在審查工作能力與業績的情況下頁用該語。

【陳偉 2010】

課，考核義。如雲夢睡虎地秦簡《秦律十八種・廄苑律》19-20 號簡云：「今課縣、都官公服牛各一課，卒歲，十牛以上而三分一死；不盈十牛以下，及受服牛者卒歲死牛三以上，吏主者、徒食牛者及令、丞皆有罪。內史課縣，大（太）

倉課都官及受服者。」在《秦律雜抄》31 號簡上還記有「牛羊課」的律名。

【何有祖 2010】

「它」所限定的部分除了「課」，應該還有「式令」。「有」在句中當用作連詞，疑讀作或。上古音「有」屬之部匣紐，「或」屬職部匣紐，音近可通。典籍也多見有、或通作之例。《易・比・初六》：「終來有它，吉。」漢帛書本有作或。《禮記・月令》：「毋或不良。」《淮南子・時則》或作有。

【10】有式，令能最 1531 正（87 正）

【整理者 2010】

式，準則、法度、法令。指言行所依據的原則。《詩・大雅・下武》：「成王之孚，下土之式。」毛傳：「式，法也。」鄭玄箋：「王道尚信，則天下以爲法，勤行之。」最，考核成績或軍功時劃分的等級，以上等爲最。跟「殿」相對。睡虎地秦簡《秦律十八種・廄苑律》：「有（又）里課之，最者，賜田典日旬。」（149 頁）

【陳偉 2010】

式，指規格、標準。睡虎地秦簡有《封診式》，是對案件進行調查、檢驗、審訊等程序的文書程序。其中《出子》章記云：「其一式曰令隸妾數字者某某診甲，皆言甲前旁有干血，今尚血出而少，非朔事殹。」整理小組注釋說：「式，指文書程序。本條上面說到檢驗分檢查嬰兒和甲的創傷兩項，所以丞乙爰書也分爲兩個程序。」

【南玉泉 2012】

這裏的式是作爲法的泛稱，還是特指一種法律形式則事關重大。如將「它官課有式」的「式」解釋爲一種法律形式，則此句解釋就是：它官的考核有式這種法律形式（或它官以這種形式進行考核）。如果將式作爲一種法律泛稱或概稱，則可解釋爲它官的考核有法律規定。在此，「課」作爲動詞，作考課解，亦可作爲名詞，作爲法律形式的一種。如此可解釋爲考核官吏的課是有一定法律標準的。睡虎地秦簡有《牛羊課》，證明課是一種法律形式。如果將「它官課有式」的課、式都作爲法律形式，文法上就不通，不能說考課這種法律形式內還有法律形式。比較上述解釋，將式作爲一種泛稱更爲合適。因爲，在經史文獻中，將式作爲法律的泛稱是存在的。

【按】

　　式，格式、形式、標準，陳氏說可從。但此處並非指文書程序或法律、法令而言。睡虎地秦簡《金布律》：「布惡，其廣袤不如式者，不行。」〔註100〕「如式」指的就是布的尺寸符合標準。《商君書‧定分》：「主法令之吏有遷徙物故，輒使學者讀法令所謂，爲之程序，使數日而知法令之所謂。」「爲之程序」說的就是爲學習法令者制定學習標準，張覺先生引尹桐陽云：「程，法也。《管子‧明法解》：『法者，天下之程序也。』《漢書‧高帝紀》：『張蒼定章程。』」〔註101〕由《商君書》觀之，程序並非法律，其前提條件所說如果主管法令的官吏調遷、身故，則需要有接替者學習法令，並規定其學習的標準、程序，這裏顯然說的不是法律。《文子‧卷十一》：「故人主之製法也，先以自爲檢式，故禁勝於身，即令行於民。」〔註102〕「檢式」說的就是自我檢討並制定標準的意思，所以君主制定法令時先要以身作責，然後才能推行於民眾。而嶽麓簡中的「有式」應爲「有此式」的意思，指代以上面所說的爲官之語，也就是依照文中所述並能達到要求，官課之時便會獲得最高等級的成績。或可與「它官課」連讀，整理者給出的便是此意見，指官課時的規格、標準，「它」應該無意，非爲其他之意，也不爲「或」意，南玉泉、何有祖之說不可從，即「官課有式」。全句可解釋爲「官府考核的時候是有相應標準的，應該讓官吏盡可能的達到這個標準，以獲得考核的最高成績」。最，爲考核標準的最高等。

【11】欲毋殿 1531 正（87 正）

【整理者 2010】

　　殿，末等。（149 頁）

【按】

　　殿，考核成績最劣等。《睡虎地秦墓竹簡‧秦律十八種》中就有對考核成績最、殿的獎賞和處罰的記載，「以四月、七月、十月、正月膚田牛。卒歲，以正月大課之，最，賜田嗇夫壺酉（酒）束脯，爲旱〈皁〉者除一更，賜牛長日三旬；殿者，訾田嗇夫，罰冗皁者二月。其以牛田，牛減絜，治（笞）主者寸十。有（又）里課之，最者，賜田典日旬；典，治（笞）卅」。整理小組注云：「古代考核成績的優劣稱爲殿最，《漢書‧宣帝紀》注：『殿，後也。課居後也。最，凡要之首也，課居先也。』《文選‧答寶戲》注引《漢書音義》：

〔註100〕睡虎地秦簡整理小組：《睡虎地秦墓竹簡》，文物出版社 1990 年版，第 36 頁。
〔註101〕張覺：《商君書校疏》，知識產權出版社 2012 年版，第 281 頁。
〔註102〕王利器：《文子疏義》，中華書局 2000 年版，第 432 頁。

『上功曰最，下功曰殿。』〔註103〕全句意爲「在考核的時候不要希望獲得最劣等級」。

【12】欲最之道把此 1531 正（87 正）

【整理者 2010】

把，介詞。《爲吏之道》作「以」，可參考。「把此」即準此之義。（149 頁）

【陳偉 2010】

把，握、執義。《墨子・非攻下》：「禹親把天之瑞令，以征有苗。」《史記・齊世家》：「師尙父左杖黃鉞，右把白旄以誓。」

【按】

對於「此」的理解，整理者釋爲「準此」，此說不確。把，掌握之意，陳偉之說可從。

〔註103〕睡虎地秦簡整理小組：《睡虎地秦墓竹簡》，文物出版社 1990 年版，第 22 頁。

《爲吏治官及黔首》與其他（含出土）文獻比照表

【說明】

1、釋文皆取自朱漢民、陳松長主編：《嶽麓書院藏秦簡（壹）》（上海辭書出版社 2011 年版），其中只在釋文下面給出簡整理時的初始編號和欄號，整理者後來給出的排序簡號，表格就不再採納和錄入。

2、釋文排列的順序沒有按照書中所給出的順序，而是將釋文分組，能夠聯繫的則放到一處，比照表共收錄嶽麓簡《爲吏治官及黔首》相互連貫，或者單獨成句的簡文 22 組。選取的原則根據與其他文獻比照程度來確定，其中與文獻重合程度高的則會選擇出來進行比照，沒有固定的排列順序。

3、比照文獻多以傳世文獻爲主，主要選取先秦、秦漢時期的文獻，以諸子文獻爲首要選擇目標，例如《老子》、《論語》、《韓非子》、《荀子》、《文子》、《呂氏春秋》等書，秦漢文獻也多以諸子文獻爲主，例如《新書》、《中論》、《論衡》、《說苑》等等。其中秦漢史書多以引述《史記》、《漢書》爲主。由於嶽麓簡《爲吏治官及黔首》與《說苑》某些篇章的重合度非常高，因此《說苑》的比照材料可能會相對多些。

4、對於出土文獻中與嶽麓簡《爲吏治官及黔首》相合的內容，我們也會將其列入其下，這裏包括郭店簡《老子》、《語叢四》、睡虎地秦簡《爲吏之道》、馬王堆帛書《老子》、《二三子問》、阜陽漢簡《儒家者言》、北大漢簡《老子》等等，由於有些文獻的文字情況學界仍然存在異議和其他說法，所以在引用這類文獻釋文時，表格中會給出釋文出處和相應頁碼，以保證採取的是目前最爲準確的釋文。

5、表格採取相關錄入的原則，將與嶽麓簡《爲吏治官及黔首》中文辭相關的內容摘錄出來，表格中會將與簡文中內容有關的標誌出來，例如《論

語》中出現：「子貢曰：『貧而無諂，富而無驕，何如？』」的內容，其與簡文「富毋驕」相合，便會將《論語》中的此句標注出來。

6、還需要將傳世文獻材料的引用說明一下，其中先秦諸子的材料多引自《新編諸子集成》中的諸家注本，表格中會給出相所引文獻和頁碼。表格中沒有收錄嶽麓簡《爲吏治官及黔首》中「吏有五善」、「吏有五過」等等的內容，由於這類內容與睡虎地秦簡《爲吏之道》和北大秦簡《從政之經》有高度重合性，這樣的對比在上編的第一節中有詳細的對比表格，爲防止重新比照，讀者可以參考前面的內容。由於學生能力有限，有些在其他先秦、秦漢文獻中的材料可能還沒有搜集完全，敬請學界專家批評指正。

1、毋信毚（讒）言，苦言樂（藥）也，甘言毒也。
1491（貳）/1535+1498（貳）/1540（貳）

內　　容	出　　處
營營青蠅，止於樊。豈弟君子，無信讒言。	《詩經・小雅・青蠅》〔註1〕
君子察實，無信讒言，君過而不諫，非忠臣也，諫而不聽，君不明也。	《文子・上仁》〔註2〕
子盜父兵以救難自免耳，臣竊以爲無邪心。《詩》曰：「營營青蠅，止於藩；愷悌君子，無信讒言；讒言罔極，交亂四國。」	《漢書・武五子傳》〔註3〕
後王夢見青蠅之矢積殿東西階……王乃問龔遂，遂對曰：「陛下之《詩》不云乎？『營營青蠅，止於蕃，愷悌君子，無信讒言。』」	《漢書・昌邑王傳》〔註4〕
《詩》云：「營營青蠅，止於藩。愷悌君子，無信讒言。」讒言傷善，青蠅污白，同一禍敗，詩以爲興。	《論衡・商蟲》〔註5〕
古人云：「苦藥利病，苦言利行。」	《越絕書・計倪》〔註6〕

〔註1〕〔清〕王先謙：《詩三家義集疏》，中華書局1987年版，第781頁。
〔註2〕王利器：《文子疏義》，中華書局2000年版，第458頁。
〔註3〕〔漢〕班固：《漢書》，中華書局1962年版，第3745頁。
　　　（顏師古注云：「《小雅・青蠅》之詩也。」）
〔註4〕〔漢〕班固：《漢書》，中華書局1962年版，第2766頁。
〔註5〕黃暉：《論衡校釋》，中華書局1990年版，第720頁。
　　　（《校釋》云：「見小雅青蠅。馮登府曰：『魯詩作『至於藩』。見漢書昌邑王傳。』此據魯詩也，當與昌邑王傳同。」）
〔註6〕李步嘉：《越絕書校釋》，中華書局2013年版，第271頁。

商君曰：「語有之矣，貌言華也，至言實也，苦言藥也，甘言疾也。」	《史記・商君列傳》〔註7〕
諸侯不料兵之弱，食之寡，而聽從人之甘言好辭，比周以相飾也。	《戰國策・韓策》〔註8〕
甘言之所嘉，靡不爲之傾，惟堯知其實，仲尼見其情。	《新語・輔政》〔註9〕
湯曰：「藥食嘗於卑，然後至於貴；藥言獻於貴，然後聞於卑。」	《新書・修政語上》〔註10〕
湯曰：「藥食先嘗於卑，然後至於貴；藥言現獻於貴，然後聞於卑。」	《說苑・君道》〔註11〕

2、疾言不可悔

1544（壹）

內　　容	出　　處
因恙（佯）瞋目扼指（腕）以視（示）力，肝訽疾言以視（示）治。	睡虎地秦簡《語書》〔註12〕
車中，不內顧，不疾言，不親指。	《論語・鄉黨》〔註13〕
是以群臣居則修身，動則任力，非上之令、不敢擅作疾言誣事，此聖王之所以牧臣下也。	《韓非子・說疑》〔註14〕
魏武侯謀事而當，攘臂疾言於庭。	《呂氏春秋・恃君覽・驕恣》〔註15〕
客曰：「疾言則翕翕，徐言則不聞，言乎將毋？」	《韓詩外傳・卷四・第三十三年章》〔註16〕
人之論也，專意自是，言人之非，瞋目扼腕，疾言噴噴，口沸目赤。	《韓詩外傳・卷九・第二十九章》〔註17〕

〔註7〕〔漢〕司馬遷：《史記》，中華書局2013年版，第2700頁。
〔註8〕〔漢〕劉向：《戰國策》，上海古籍出版社1998年版，第934頁。
〔註9〕王利器：《新語校注》，中華書局1986年版，第55頁。
〔註10〕閻振益、鍾夏：《新書校注》，中華書局2000年版，第362頁。
〔註11〕向宗魯：《說苑校證》，中華書局1987年版，第24頁。
　　　　（向《校釋》云：「此本《賈子・修政語上》。」）
〔註12〕睡虎地秦簡整理小組：《睡虎地秦墓竹簡》，文物出版社1990年版，第16頁。
　　　　（整理小組注：「疾，《穀梁傳》桓公十四年注：『謂激蕩之聲』。」）
〔註13〕〔清〕劉寶楠：《論語正義》，中華書局1990年版，第432頁。
　　　　（衛瓘云：「疾，高急也。在車上言易高，故不疾言，爲驚於人也。」）
〔註14〕〔清〕王先慎：《韓非子集解》，中華書局1998年版，第409頁。
〔註15〕陳奇猷：《呂氏春秋新校釋》，上海古籍出版社年版，第1413頁。
〔註16〕〔漢〕韓嬰、許維遹校釋：《韓詩外傳集釋》，中華書局1980年版，第163頁。
〔註17〕〔漢〕韓嬰、許維遹校釋：《韓詩外傳集釋》，中華書局1980年版，第333頁。

內　容	出　處
若夫立而技，坐而踦，禮怠懈，志驕傲，趨視數顧，容色不比，動靜不以度，妄咳唾，疾言嗟，氣不順，皆禁也。	《新書‧容經》〔註18〕

3、☐富毋驕

殘 4-1-1+0928（壹）

內　容	出　處
子貢曰：「貧而無諂，富而無驕，何如？」	《論語‧學而》〔註19〕
子曰：「貧而無怨，難，富而無驕，易。」	《論語‧憲問》〔註20〕
富貴而驕，自遺其咎。	《老子‧上篇》九章〔註21〕
貴福（富）喬（驕），自遺咎也。	郭店簡《老子甲》〔註22〕
貴富而驕，自遺咎也。	馬王堆帛書《老子甲乙》〔註23〕
富富貴而驕，自遺咎。	北大漢簡《老子》〔註24〕
富貴而驕，自遺咎。	敦煌本《老子想爾注》〔註25〕
處大滿而不溢，居高貴而無驕。	《文子‧道德》〔註26〕
人有福則富貴至，富貴至則衣食美，衣食美則驕心生，驕心生則行邪僻而動棄理。	《韓非子‧解老》〔註27〕
貴不傲賤，富不驕貧也，壯不奪老也。	《墨子‧天志下》〔註28〕

〔註18〕閻振益、鍾夏：《新書校注》，中華書局 2000 年版，第 228 頁。
　　　　（《校注》云：盧本作趡。盧文弨：「趡，躁同。舊解謬」夏按：盧説非。摻同操，亦同趡，即躁。《集韻》：「趡，或作躁」）此按鍾夏改釋。
〔註19〕〔清〕劉寶楠：《論語正義》，中華書局 1990 年版，第 32 頁。
〔註20〕〔清〕劉寶楠：《論語正義》，中華書局 1990 年版，第 565 頁。
〔註21〕〔魏〕王弼、樓宇烈校釋：《老子道德經注校釋》，中華書局 2008 年版，第 21 頁。
〔註22〕武漢大學簡帛研究中心、荊門市博物館編著：《楚地出土戰國簡冊合集（一）‧郭店楚墓竹書》，文物出版社 2011 年版，第 4 頁。
〔註23〕裘錫圭主編：《長沙馬王堆漢墓簡牘集成》（第四冊），中華書局 2014 年版，第 5 頁。
〔註24〕北京大學出土文獻研究所：《北京大學藏西漢竹書(貳)》，上海古籍出版社 2012 年版，第 147 頁。
〔註25〕饒宗頤：《老子想爾注校證》，上海古籍出版社 1991 年版，第 30 頁。
〔註26〕王利器：《文子疏義》，中華書局 2000 年版，第 231 頁。
〔註27〕〔清〕王先慎：《韓非子集解》，中華書局 1998 年版，第 136 頁。
〔註28〕〔清〕孫詒讓：《墨子閒詁》，中華書局 2001 年版，第 211 頁。

子貢問曰：「富而無驕，貧而無諂，何如？」	《史記・仲尼弟子列傳》〔註29〕
子云：小人貧斯約，富斯驕，約斯盜，驕斯亂。	《禮記・坊記》〔註30〕
貧窮而不約，富貴而不驕，應變而不窮，審之禮也。	《韓詩外傳・卷四・第十一章》〔註31〕
三曰富而貴毋敢以驕人。	《說苑・敬慎》〔註32〕
未可以富貴驕貧賤，謂貧賤之必我屈也。	《潛夫論・交際》〔註33〕

4、☐用時，（飲）食用節，衣服再（稱）身。

1546（壹）/1547（壹）/1569（壹）

內　容	出　處
與居處不安，飲食不時，作疾病死者。	《墨子・節用》〔註34〕
衣食有制，飲食有節，則出寡矣。	《商君書・畫策》〔註35〕
修宮室，安床第，節飲食，養體之道也。	《呂氏春秋・孝行》〔註36〕
度爵而制服，量祿而用財，飲食有量，衣服有制。	《管子・立政》〔註37〕
度爵而制服，量祿而用財，飲食有量，衣服有制，宮室有度。	《春秋繁露・服制》〔註38〕
起居時，飲食節，寒暑適，則身利而壽命益。起居不時，飲食不節，寒暑不適，則形體累而壽命損。	《管子・形勢解》〔註39〕
故君子不急斷，不急制，使飲食有量，衣服有節，宮室有度，畜積有數，車器有限，所以防亂之原也。	《孔子家語・六本》〔註40〕

〔註29〕　〔漢〕司馬遷：《史記》，中華書局 2013 年版，第 2656 頁。
〔註30〕　〔清〕孫希旦：《禮記集解》，中華書局 1989 年版，第 1281 頁。
〔註31〕　〔漢〕韓嬰、許維遹校釋：《韓詩外傳集釋》，中華書局 1980 年版，第 141 頁。
〔註32〕　向宗魯：《說苑校證》，中華書局 1987 年版，第 263 頁。
〔註33〕　〔漢〕王符著、〔清〕汪繼培箋、彭鐸校證：《潛夫論箋校正》，中華書局 1985 年版，第 343 頁。
〔註34〕　〔清〕孫詒讓：《墨子閒詁》，中華書局 2001 年版，第 160 頁。
〔註35〕　〔清〕蔣禮鴻：《商君書錐指》，中華書局 1986 年版，第 111 頁。
　　　　　（蔣禮鴻注：有制有節，法也。）
〔註36〕　陳奇猷：《呂氏春秋新校釋》，上海古籍出版社 2002 年版，第 737 頁。（高誘注：節飲食，肉雖多，不使勝食氣，修宮室，不上漏下濕，故曰養體之道。）
〔註37〕　黎翔鳳：《管子校注》，中華書局 2004 年版，第 76 頁。
〔註38〕　蘇輿：《春秋繁露義證》，中華書局 1992 年版，第 222 頁。
〔註39〕　黎翔鳳：《管子校注》，中華書局 2004 年版，第 1170 頁。
〔註40〕　楊朝明、宋立林：《孔子家語通解》，齊魯書社 2009 年版，第 189 頁。

濁溜於腸胃，言寒溫不適，**飲食不節**，而病生於腸胃。	《靈樞經・小針解》〔註41〕
病之生時，有喜怒不測，**飲食不節**，陰氣不足，陽氣有餘，營氣不行，乃發爲癰疽。	《靈樞經・玉版》〔註42〕
飲食有量，衣服有節，宮室有度，畜聚有數。	《說苑・雜言》〔註43〕
五日守文奉法，任官職事，辭祿讓賜，不受贈遺，**衣服端齊，飲食節儉**，如此者貞臣也。	《說苑・臣術》〔註44〕
夫寢處不時，**飲食不節**，逸勞過度者，疾共殺之。	《孔子家語・五儀》〔註45〕
夫寢處不時，**飲食不節**，佚勞過度者，疾共殺之	《說苑・雜言》〔註46〕
飲食不節，簡賤其身，病共殺之。	《文子・符言》〔註47〕
居處不理，**飲食不節**，勞過者，病共殺之。	《韓詩外傳・卷一・第四章》〔註48〕
凡民出入行止，**會聚飲食**，皆有其節，不得怠荒，以妨生務。	《中論・譴交》〔註49〕

5、戒之慎之，人請（情）難智（知）。

1572（壹）/1576（壹）

內　　容	出　　處
曰：「**戒之慎之**，處人之家，**不戒不慎之**，而有處人之國者乎？」	《墨子・天志下》〔註50〕
曰：「**戒之慎之**！凡殺不辜者，其得不祥，鬼神之誅，若此之憯遬也！」	《墨子・明鬼下》〔註51〕
蘧伯玉曰：「善哉問乎！**戒之，慎之**，正汝身也哉！」	《莊子・人間世》〔註52〕

〔註41〕 河北醫學院校釋：《靈樞經校釋》，人民衛生出版社2009年版，第56頁。（校勘云：節，統本、金陵本、黃本並作「絕」。）
〔註42〕 河北醫學院校釋：《靈樞經校釋》，人民衛生出版社2009年版，第587頁。
〔註43〕 向宗魯：《說苑校證》，中華書局1987年版，第432頁。（《校證》云：此文並見於《家語六本篇》；又見《管子・立政》及《春秋繁露・服制》多相似語。）
〔註44〕 向宗魯：《說苑校證》，中華書局1987年版，第35頁。
〔註45〕 楊朝明、宋立林：《孔子家語通解》，齊魯書社2009年版，第70頁。
〔註46〕 向宗魯：《說苑校證》，中華書局1987年版，第420頁。
〔註47〕 王利器：《文子疏義》，中華書局2000年版，第182頁。
〔註48〕 〔漢〕韓嬰、許維通集解：《韓詩外傳集解》，中華書局1980年版，第6頁。
〔註49〕 〔魏〕徐幹、孫啓治解詁：《中論解詁》，中華書局2014年版，第224頁。
〔註50〕 〔清〕孫詒讓：《墨子閒詁》，中華書局2001年版，第207頁。
〔註51〕 〔清〕孫詒讓：《墨子閒詁》，中華書局2001年版，第224頁。
〔註52〕 〔清〕郭慶藩：《莊子集釋》，中華書局1961年版，第170頁。（注云：形不乖迕，和而不同）

夫人情好爵祿而惡刑罰。	《商君書・錯法》〔註53〕
激急親近，探知人情，則見以爲謅而不讓。	《韓非子・難言》〔註54〕
人情之理，不可不察也。	《孫子兵法・九地》〔註55〕
人請（情）之理，不可不察也。	銀雀山漢簡《孫子兵法・九地》〔註56〕
古之人曰：「其心難知，喜怒難中也。」	《韓非子・用人》〔註57〕

6、毋傷官事，多傷多患，毋多貰貸，多言多過，☒，勿言可復。

1577（壹）/1580（壹）/1575（壹）/1574（壹）/0310（壹）/1497（壹）

內　容	出　處
多言數窮，不如守中。	《老子・第五章》〔註58〕
夫輕諾必寡信，多易必多難。	《老子・第六十三章》〔註59〕
多言數窮，不如守中。	河上公注《老子・虛用》〔註60〕
夫輕諾必寡信，多易必多難。	河上公注《老子・恩始》〔註61〕
大少（小）之多惡（易）必多（難）。	郭店簡《老子甲》〔註62〕

〔註53〕蔣禮鴻：《商君書錐指》，中華書局1986年版，第65頁。
〔註54〕〔清〕王先慎：《韓非子集解》，中華書局1998年版，第21頁。
〔註55〕〔春秋〕孫武、〔魏〕曹操、楊丙安校理：《十一家注孫子校理》，中華書局1999年版，第254頁。（曹操注：人情見利而進，見害而退。梅堯臣：九地之變，有可屈可伸之利，人情之常理，須審查之。）
〔註56〕銀雀山漢簡整理小組：《銀雀山漢墓竹簡（壹）》，文物出版社1985年版，第21頁。
〔註57〕〔清〕王先慎：《韓非子集解》，中華書局1998年版，第205頁。
〔註58〕〔魏〕王弼、樓宇烈：《老子道德經注校釋》，中華書局2008年版，第14頁。（王弼注：物樹其慧，事錯其言，不慧不濟，不言不理，必窮之數也。）
〔註59〕〔魏〕王弼、樓宇烈：《老子道德經注校釋》，中華書局2008年版，第164頁。
〔註60〕王卡：《老子道德經河上公章句》，中華書局1993年版，第19頁。（河上公注：多事害神，多言者害身，口開舌舉，必有禍患。）
〔註61〕王卡：《老子道德經河上公章句》，中華書局1993年版，第246頁。（河上公注：不重言也，不慎患也。）
〔註62〕武漢大學簡帛研究中心、荊門市博物館編著：《楚地出土戰國簡冊合集（一）・郭店楚墓竹書》，文物出版社2011年版，第2頁。（整理者注：今本與帛書本近似。有注家認爲「大小多少」下有脫字。）

☒必多難，是【以聖人】猶難之。	馬王堆帛書《老子甲》〔註63〕
夫輕若（諾）【必寡】信，多易必多難。	馬王堆帛書《老子乙》〔註64〕
故多言而類，聖人也；少言而法，君子也；多言無法，而流湎然，雖辯，小人也。	《荀子・非十二子》〔註65〕
多言而類，聖人也；少言而法，君子也；多言無法，而流湎然，雖辯，小人也。	《荀子・大略》〔註66〕
於大廟右陛之前有銅（1） □其口如（2）名（銘）其背〔□□=□=〕（3） 〔之爲人也（4）多〕事多患也多言多患也（5）	阜陽簡《儒家者言》〔註67〕
《易曰》：「聒（括）囊，無咎無譽。」孔=（孔子）曰：「此言箴（緘）小人之口也。小人多言多過，多事多患。」	馬王堆帛書《周易經傳・二三子問》〔註68〕
而銘其背曰：「古之愼言人也，戒之哉。無多言，多言多敗。無多事，多事多患。」	《孔子家語・觀周》〔註69〕
多易多敗，多言多失。	《說苑・談叢》〔註70〕
無多言，多口多敗；無多事，多事多患。	《說苑・敬愼》〔註71〕
有子曰：「信近於義，言可復也；恭近於禮，遠恥辱也。」	《論語・學而》〔註72〕
故曰：多信而寡貌。其禮可守，其信可復，其跡可履。	《大戴禮記・王言》〔註73〕

〔註63〕裘錫圭主編：《長沙馬王堆漢墓簡牘集成》（第四冊），中華書局2014年版，第5頁。（注云：原釋文補足爲「【夫輕諾者必寡信，多易】必多難。」從北大本看，此「者」字似可加在「多易」。但是甲本原文也有可能與嚴遵本同，無句首「夫」字而有二「者」字。由於眞實情況難以斷定，故將原補缺文改爲「☒」號。）

〔註64〕裘錫圭主編：《長沙馬王堆漢墓簡牘集成》（第四冊），中華書局2014年版，第196頁。

〔註65〕〔清〕王先謙：《荀子集解》，中華書局1988年版，第97頁。（楊倞注云：少言而法，謂不敢自造言說，所言皆守典法也。）

〔註66〕〔清〕王先謙：《荀子集解》，中華書局1988年版，第518頁。

〔註67〕定縣漢墓竹簡整理組：《〈儒家者言〉釋文》，《文物》1981年第8期。

〔註68〕裘錫圭主編：《長沙馬王堆漢墓簡牘集成》（第三冊），中華書局2014年版，第45頁。（張注：小人多言多過多事多患，《說苑・敬愼》）

〔註69〕楊朝明、宋立林：《孔子家語通解》，齊魯書社2009年版，第128頁。

〔註70〕向宗魯：《說苑校證》，中華書局1987年版，第401頁。

〔註71〕向宗魯：《說苑校證》，中華書局1987年版，第258頁。（向宗魯云：「敬」、「戒」義同，「可」猶「所」也。）

〔註72〕〔清〕劉寶楠：《論語正義》，中華書局1990年版，第30頁。（劉注云：「復，猶覆也。義不必信，信非義也。其言可以反覆，古曰近意。」）

〔註73〕〔清〕孔廣森：《大戴禮記補注》，中華書局2013年版，第21頁。

多信而寡貌，其禮可守，其言可覆，其跡可履。	《孔子家語·王言解》〔註74〕
句（苟）無大害，少（小）枉，內（納）入之可也，已則勿復言也。	郭店簡《性自命出》〔註75〕
子曰：「多言，德之賊也；多事，生之仇也。」	《中說·問易》〔註76〕

7、安樂之所必戒，毋行可悔。

　　殘 4-1-1+0928（貳）/1562（壹）

內　　容	出　　處
席前左端之銘曰：「安樂必敬」；前右端之銘曰：「無行可悔」。	《大戴禮記·武王踐阼》〔註77〕
安樂必戒，毋行可悔。	睡虎地秦簡《爲吏之道》〔註78〕
安樂必戒，無所行悔。	《孔子家語·觀周》〔註79〕
安樂必戒，無行所悔。	《說苑·敬愼》〔註80〕

8、勝人者力，自勝者強，智（知）人者智，自智（知）者明

　　1544（貳）/1545（貳）/1546（貳）/1547（貳）

內　　容	出　　處
勝人者有力，自勝者強。	北大簡《老子》〔註81〕
【勝人】者有力也，自勝者【強也】。	馬王堆《老子甲》

〔註74〕楊朝明、宋立林：《孔子家語通解》，齊魯書社 2009 年版，第 23 頁。（注釋云：四庫本作「復」。）

〔註75〕武漢大學簡帛研究中心、荊門市博物館編著：《楚地出土戰國簡冊合集（一）·郭店楚墓竹書》，文物出版社 2011 年版，第 115 頁。（注云：這段文字斷從裘錫圭。）

〔註76〕張沛：《中說校注》，中華書局 2013 年版，第 147 頁。（注云：《論語陽貨》：「鄉原，德之賊也。」）

〔註77〕〔清〕孔廣森：《大戴禮記補注》，中華書局 2013 年版，第 116 頁。（注：安不忘危。當恭敬朝夕，故以懷安爲悔也。）

〔註78〕睡虎地秦簡整理小組：《睡虎地秦墓竹簡》，文物出版社 1990 年版，第 167 頁。

〔註79〕楊朝明、宋立林：《孔子家語通解》，齊魯書社 2009 年版，第 128 頁。（王肅注：言當詳而後行，所悔之事不可復行。）

〔註80〕向宗魯：《說苑校證》，中華書局 1987 年版，第 258 頁。

〔註81〕北京大學出土文獻研究所：《北京大學藏西漢竹書（貳）》，上海古籍出版社 2012 年版，第 125 頁。

知人者，知（智）也；自知，明（明）也。朕（勝）人者，有力也，自朕（勝）者，強也。	馬王堆《老子乙》〔註82〕
知人者智，自知者明，勝人有力，自勝者彊。	敦煌本《老子想爾注》〔註83〕
知人者智，自知者明。勝人者有力，自勝者強。	王弼注《老子》三十三年章〔註84〕
勝人者有力，自勝者強。	河上公《老子》〔註85〕
老子曰：「勝人者有力，自勝者強。」	《文子・下德》〔註86〕
能勝強敵者，先自勝者也。	《商君書・畫策》〔註87〕
是以志之難也，不在勝人，在自勝也。故曰：自勝之謂強。	《韓非子・喻老》〔註88〕
故欲人勝者，必先自勝。	《呂氏春秋・先己》〔註89〕

9、擇言出之，醜言出惡

0310（貳）/1497（貳）

內　　容	出　　處
故君子慎言語矣，毋先己而後人，擇言出之，令口如耳。	《說苑・政理》〔註90〕
聖人擇可言而後言，擇可行而後行。	《管子・形勢解》〔註91〕
口無擇言，身無擇行。言滿天下，無口過。行滿天下，無怨惡。	《孝經・卿大夫章》〔註92〕
公曰：「不幸有社稷之業，不擇言而出之，請受命矣。」	《晏子春秋・景公夜聽新樂而不朝晏子諫》〔註93〕

〔註82〕裘錫圭主編：《長沙馬王堆漢墓簡牘集成》（第四冊），中華書局 2014 年版，第207 頁。

〔註83〕饒宗頤：《老子想爾注校證》，上海古籍出版社 1991 年版，第 42 頁。

〔註84〕〔魏〕王弼、樓宇烈：《老子道德經注校釋》，中華書局 2008 年版，第 84 頁。

〔註85〕王卡：《老子道德經河上公章句》，中華書局 1998 年版，第 133～134 頁。

〔註86〕王利器：《文子義疏》，中華書局 2009 年版，第 388 頁。（注云：《老子》三十三章、《韓非子・喻老》）

〔註87〕蔣禮鴻：《商君書錐指》，中華書局 1986 年版，第 112 頁。

〔註88〕〔清〕王先慎：《韓非子集解》，中華書局 1998 年版，第 170 頁。（王先慎云：以上見三十三章。）

〔註89〕陳奇猷：《呂氏春秋新校注》，上海古籍出版社年版，第 164 頁。

〔註90〕向宗魯：《說苑校證》，中華書局 1987 年版，第 164 頁。（向宗魯注：《家語辨政篇》用此文。）

〔註91〕黎翔鳳：《管子校注》，中華書局 2004 年版，第 1176 頁。

〔註92〕〔唐〕李隆基注、刑昺疏：《孝經注疏》，北京大學出版社 2000 年版，第 13 頁。

〔註93〕張純一：《晏子春秋校注》，中華書局 2014 年版，第 18 頁。（注云：以上五章皆墨家非樂之旨。）

終身無患難，其擇言而出之也。	《韓詩外傳·卷十·第十九章》〔註94〕
龍伯高敦厚周愼，口無擇言，謙約節儉。	《後漢書·光武皇帝紀》〔註95〕
身無擇行，口無擇言，修身愼行，恐辱先也。	《風俗通義·過譽》〔註96〕
口無擇言，筆無擇文。	《論衡·自紀篇》〔註97〕
醜言庶斫以視（示）險。	睡虎地秦簡《語書》〔註98〕
【小畜】凶聲醜言，惡不可聞。君子舍之，往恨我心。	《焦氏易林·睽》〔註99〕
怨氣見於面，惡言出於口。	《管子·小稱》〔註100〕
口不愼而戶之閣（閉），亞（惡）言復己而死無日。	郭店簡《語叢四》〔註101〕
故君子耳不聽淫聲，目不視邪色，口不出惡言。	《荀子·樂論》〔註102〕

10、毋靡費

1564（壹）

內　容	出　處
故天子諸侯無靡費之用，士大夫無流淫之行。	《荀子·君道》〔註103〕

11、出入不時

0931（貳）

內　容	出　處
凡出入不時，衣服不中，圈屬群徒，不順於常者。	《管子·立政》〔註104〕
馬，出入不以時。	定州簡《六韜》〔註105〕

〔註94〕〔漢〕韓嬰、許維遹：《韓詩外傳集解》，中華書局1980年版，第358頁。
〔註95〕〔南朝宋〕范曄：《後漢書》，中華書局1965年版，第57頁。
〔註96〕〔漢〕應邵著，王利器：《風俗通義校注》，中華書局2010年版，第180頁。
〔註97〕黃暉：《論衡校釋》，中華書局1990年版，第1199頁。
〔註98〕睡虎地秦簡整理小組：《睡虎地秦墓竹簡》，文物出版社1990年版，第15頁。
〔註99〕尚秉和：《焦氏易林注》，光明日報出版社2005年版，第382頁。
〔註100〕黎翔鳳：《管子校注》，中華書局2004年版，第599頁。
〔註101〕武漢大學簡帛研究中心、荊門市博物館編著：《楚地出土戰國簡冊合集（一）·郭店楚墓竹書》，文物出版社2011年版，第167頁。
〔註102〕〔清〕王先謙：《荀子集解》，中華書局1988年版，第381頁。
〔註103〕〔清〕王先謙：《荀子集解》，中華書局1988年版，第238頁。
〔註104〕黎翔鳳：《管子校注》，中華書局2004年版，第65頁。
〔註105〕河北省文物研究所定州漢墓竹簡整理小組：《定州西漢中山懷王墓竹簡〈六韜〉釋文及校注》，《文物》2001年第5期。（注云：此句唐本作：「殷君好田獵畢弋走狗試馬，出人不時。」群本作：「好田獵，出人不時。」）

出入不時，言語不序，安易而樂暴。	《大戴禮記‧曾子立事》〔註106〕
其有出入不時，早晏不節，有過，故使語之，言心無由生也。	《白虎通義‧辟雍》〔註107〕
是故人主好鷙鳥猛獸，珍怪奇物，狡躁康荒，不愛民力，馳騁田獵，出入不時。	《淮南子‧主術訓》〔註108〕
如人君出入不時，走狗試馬，馳騁不反宮室，好淫樂。	《春秋繁露‧五行順逆》〔註109〕
湯曰：「是所謂玄門開。微行數出，出入不時，故龍以非時出也。」	《漢書‧傅常鄭甘陳段傳》〔註110〕
凡民出入行止，會聚飲食，皆有其節，不得怠荒，以妨生務。	《中論‧譴交》〔註111〕

12、毋勞心

1549（壹）

內　　容	出　　處
君子勞心，小人勞力，先王之訓也。	《國語‧魯語》〔註112〕
故曰：或勞心，或勞力；勞心者治人，勞力者治於人。	《孟子‧滕文公上》〔註113〕
夫任耳目以聽視者，勞心而不明，以智慮爲治者	《文子‧道原》〔註114〕
勞心力耳目，節用水火材物。	《大戴禮記‧五帝德》〔註115〕
勞心少力多憂，勞於事。	《靈樞經‧陰陽二十五人》〔註116〕
【澳】日入幽翳，陽明隱伏，小人勞心，求事不得。	《焦氏易林‧離》〔註117〕

〔註106〕〔清〕孔廣森：《大戴禮記補注》，中華書局2013年版，第89頁。
〔註107〕〔清〕陳立：《白虎通疏證》，中華書局1994年版，第263頁。
〔註108〕何寧：《淮南子集解》，中華書局1998年版，第649頁。
〔註109〕蘇輿：《春秋繁露義證》，中華書局1992年版，第372頁。
〔註110〕〔漢〕班固：《漢書》，中華書局1962年版，第3025頁。
〔註111〕〔魏〕徐幹、孫啓治解詁：《中論解詁》，中華書局2014年版，第224頁。（《解詁》云：「此篇爲今本所無，見《治要》卷四十六。」）
〔註112〕〔吳〕韋昭注：《國語》，上海古籍出版社1998年版，第208頁。
〔註113〕〔清〕焦循：《孟子正義》，中華書局1987年版，第373頁。
〔註114〕王利器：《文子疏義》，中華書局2009年版，第51頁。（《淮南子‧原道篇》：夫任而聽視者，勞形而不明；以知慮爲治者，苦心而無功。）
〔註115〕〔清〕孔廣森：《大戴禮記補注》，中華書局2013年版，第676頁。
〔註116〕河北醫學院校釋：《靈樞經校釋》，人民衛生出版社2009年版，第616頁。
〔註117〕尚秉和：《焦氏易林注》，光明日報出版社2005年版，第307頁。

内　　容	出　　處
棄營勞心也，苦志盡情，頭白齒落，尚不合自錄也哉。	《春秋繁露・重政》〔註118〕
士者勞心，工、農、商者勞力；勞心之謂君子，勞力之謂小人。	《中論・佚篇二》〔註119〕

13、興利除害，終身無咎

0072

内　　容	出　　處
功名長久，終身無咎。	《文子・道原》〔註120〕
若左之授右，若右之授左，是以外内不跰，終身無咎。	《管子・輕重丁》〔註121〕
乃爲天子，子孫續世，終身無咎，後世稱之，至今不已。	《史記・龜策列傳》〔註122〕
除害興利，茲（慈）愛萬姓。	睡虎地秦簡《爲吏之道》〔註123〕
先王者，善爲民除害興利；故天下之民歸之。	《管子・治國》〔註124〕
興利除害也，其類在漏雍。	《墨子・大取》〔註125〕
將以爲萬民興利除害、富貴貧寡、安危治亂也。	《墨子・尚同中》〔註126〕
道而導之，得賢而使之，將有所大期於興利除害，期於興利除害，莫急於身，而君獨甚。	《管子・法法》〔註127〕
爲民興利除害，正民之德，而民師之。	《管子・君臣下》〔註128〕
此五聖者，天下之盛主，勞形盡慮，爲民興利除害而不懈。	《淮南子・脩務訓》〔註129〕
興利除害，寢天下之兵，天下之至德也，而天下莫能明高皇帝之德美。	《新書・立後義》〔註130〕

〔註118〕蘇輿：《春秋繁露義證》，中華書局 1992 年版，第 149 頁。

〔註119〕〔魏〕徐幹、孫啓治解詁：《中論解詁》，中華書局 2014 年版，第 383 頁。

〔註120〕王利器：《文子疏義》，中華書局 2009 年版，第 30 頁。

〔註121〕馬非百：《管子輕重篇新詮》，中華書局 1979 年版，第 383 頁。

〔註122〕〔漢〕司馬遷：《史記》，中華書局 2013 年版，第 3902 頁。

〔註123〕睡虎地秦簡整理小組：《睡虎地秦墓竹簡》，文物出版社 1990 年版，第 170 頁。

〔註124〕黎翔鳳：《管子校注》，中華書局 2004 年版，第 962 頁。

〔註125〕〔清〕孫詒讓：《墨子閒詁》，中華書局年版，第 414 頁。（《閒詁》云：上文云「興利爲己」，此疑釋其義。）

〔註126〕〔清〕孫詒讓：《墨子閒詁》，中華書局年版，第 85 頁。（《閒詁》云：此與上下文例不合，疑當作「富貧眾寡」。）

〔註127〕黎翔鳳：《管子校注》，中華書局 2004 年版，第 305 頁。

〔註128〕黎翔鳳：《管子校注》，中華書局 2004 年版，第 568 頁。

〔註129〕何寧：《淮南子集釋》，中華書局 1998 年版，第 1316 頁。

〔註130〕閻振益、鍾夏：《新書校注》，中華書局 2000 年版，第 409 頁。

14、精（潔）正直，慎謹（堅）固，審悉無私

1570（貳）/1516（貳）/1548（貳）

內　　容	出　　處
必精絜（潔）正直，慎謹堅固，審悉毋（無）私。	睡虎地秦簡《爲吏之道》〔註 131〕
有之。國之將興，其君齊明、衷正、精潔、惠和，其德足以昭其馨香。	《國語・周語》〔註 132〕
其修士不能以貨賂事人，恃其精潔，而更不能以枉法爲治。	《韓非子・孤憤》〔註 133〕
有之之國將興，其君齋明衷正，精潔惠和，其德足以昭其馨香	《說苑・辨物》〔註 134〕
蠱　精潔淵塞，爲讒所言。	《焦氏易林》
恭敬以先之，忠信以統之，慎謹以行之，端愨以守之。	《荀子・仲尼篇》〔註 135〕
循乎其與陰陽化也，忽忽乎其心之堅固也。	《呂氏春秋・下賢》〔註 136〕
守國者以仁堅固，佐君者以義不傾。	《新語・道基》〔註 137〕
執事堅固曰恭。	《逸周書・諡法》〔註 138〕
執事堅固曰恭。	《世本八種》〔註 139〕

15、親鐵（賢）不朳（泛）不欲外交，事無冬（終）始不欲多業，舉事而不意不欲多聞

1584（肆）/0311（肆）/1505（肆）

內　　容	出　　處
親戚不附，無務外交；事無終始，無務多業；舉物而闇，無務博聞。	《墨子・修身》〔註 140〕

〔註 131〕睡虎地秦簡整理小組：《睡虎地秦墓竹簡》，文物出版社 1990 年版，第 167 頁。

〔註 132〕〔吳〕韋昭注：《國語》，上海古籍出版社 1998 年版，第 30 頁。

〔註 133〕〔清〕王先慎：《韓非子集解》，中華書局 1998 年版，第 83 頁。（王先慎云：既精潔，不能枉法爲治。）

〔註 134〕向宗魯：《說苑校證》，中華書局 1987 年版，第 458 頁。（向宗魯注云：事見《左氏》莊三十二年傳及《國語周語》，此文用《周語》。）

〔註 135〕〔清〕王先謙：《荀子集解》，中華書局 1988 年版，第 113 頁。

〔註 136〕陳奇猷：《呂氏春秋新校注》，上海古籍出版社 2002 年版，第 886 頁。

〔註 137〕王利器：《新語校注》，中華書局 1986 年版，第 30 頁。

〔註 138〕黃懷信、張懋鎔、田旭東：《逸周書彙校集注》，上海古籍出版社 2007 年版，第 640 頁。（孔晁云：「守正不移」）

〔註 139〕〔漢〕宋衷注，〔清〕秦嘉謨輯：《世本八種》，中華書局 2008 年版，第 372 頁。

〔註 140〕〔清〕孫詒讓：《墨子閒詁》，中華書局 2001 年版，第 8 頁。（《爾雅釋詁》云：業，事也。）

內　　容	出　　處
親戚不悅，無務外交；事無終始，無務多業；聞記不言，無務多談。	《說苑‧建本》〔註141〕
親戚不悅，無務外交；事不終始，無務多業；記聞而言，無務多說。	《孔子家語‧六本》〔註142〕

16、臨財見利不取筍（苟）富，臨難見死不取句（苟）免
2176+1501（肆）/0854（肆）

內　　容	出　　處
臨財毋苟得，臨難毋苟免。	《禮記‧曲禮》〔註143〕
臨財而後可以見仁，臨難而後可以見勇。	《鶡冠子‧天則》〔註144〕
故臨財分利則使仁，涉危拒難則使勇。	《越絕書‧陳成恒》〔註145〕
故臨財分利則使仁，涉患犯難則使勇。	《吳越春秋‧夫差內傳》〔註146〕
臨財忘貧，臨生忘死，可以遠罪矣。	《說苑‧雜言》〔註147〕

17、禍與畐（福）鄰，正而行修而身
1529（肆）/1528（肆）

內　　容	出　　處
禍，福之所倚；福，禍之所伏。孰知其極？	《老子》五十八章〔註148〕
夫禍之至也，人自生之，福之來也，人自成之，禍與福同門，利與害相鄰。	《文子‧微明》〔註149〕
利與害同門，禍與福同鄰，非神聖人莫之能分。	《文子‧微明》〔註150〕

〔註141〕向宗魯：《說苑校證》，中華書局1987年版，第58頁。（向宗魯注云：《墨子修身》、《大戴記曾子疾病篇》、《淮南本經篇》，文皆相似。《家語六本篇》用此文。）
〔註142〕楊朝明、宋立林：《孔子家語通解》，齊魯書社2009年版，第173頁。
〔註143〕〔清〕孫希旦：《禮記集解》，中華書局1989年版，第4頁。
〔註144〕黃懷信：《鶡冠子校注》，中華書局2014年版，第38頁。（黃懷信云：言只有在關鍵時刻，才能見人之本性。）
〔註145〕李步嘉：《越絕書校釋》，中華書局2013年版，第185頁。
〔註146〕張覺：《吳越春秋校証注疏》，知識產權出版社2014年版，第327頁。
〔註147〕向宗魯：《說苑校證》，中華書局1987年版，第439頁。
〔註148〕〔魏〕王弼、樓宇烈：《老子道德經注校釋》，中華書局2008年版，第151頁。
〔註149〕王利器：《文子疏義》，中華書局2000年版，第316頁。（注云：《人間篇》、《說苑談叢》）
〔註150〕王利器：《文子疏義》，中華書局2000年版，第316頁。

而禍本生於有福，故曰：「福兮禍之所伏。」	《韓非子·解老》〔註151〕
禍與福相貫，生與亡為鄰。	《戰國策·楚策》〔註152〕
禍乎福之所倚，福乎禍之所伏，禍與福如糾纆。	《鶡冠子·世兵》〔註153〕
禍與福鄰，莫知其門。	《荀子·大略》〔註154〕
孤聞之，禍與福為鄰。	《越絕書·陳成恒》〔註155〕
孤聞禍與福為鄰。	《吳越春秋·夫差內傳》〔註156〕
禍與福同，刑與德雙。	《史記·龜策列傳》〔註157〕
由是觀之，禍與福相及也。	《韓詩外傳·卷二·第二章》〔註158〕
怨生於不報，禍生於福。	《說苑·敬慎》〔註159〕
福生於微，禍生於忽，日夜恐懼，唯恐不卒。	《說苑·談叢》〔註160〕
正行修身，過（禍）去福存。	睡虎地秦簡《為吏之道》〔註161〕
於是有能化善、修身、正行、積禮義、尊道德。	《荀子·議兵》〔註162〕
修身正行，不怍於鄉曲。	《新書·道術》〔註163〕

〔註151〕〔清〕王先慎：《韓非子集解》，中華書局1998年版，第136頁。（王先謙曰：「上『福本於有禍』，與此對文。」）

〔註152〕〔漢〕劉向：《戰國策》，上海古籍出版社1998年版，第551頁。

〔註153〕黃懷信：《鶡冠子校注》，中華書局2014年版，第282頁。（黃懷信云：纆，諸本作纏，誤。纆，當是兩合繩。）

〔註154〕〔清〕王先謙：《荀子集解》，中華書局1988年版，第493頁。（楊倞注云：言同一門出入也。賈誼曰：「憂喜聚門」。）

〔註155〕李步嘉：《越絕書校釋》，中華書局2013年版，第184頁。

〔註156〕張覺：《吳越春秋校證注疏》，知識產權出版社2014年版，第325頁。

〔註157〕〔漢〕司馬遷：《史記》，中華書局2013年版，第3900頁。

〔註158〕〔漢〕韓嬰、許維遹校釋：《韓詩外傳集釋》，中華書局1980年版，第33頁。（「及」舊作「反」，許維遹云：本或作「及」，類聚八十二、御覽四百六十九、九百七十九引同。今據正。）

〔註159〕向宗魯：《說苑校證》，中華書局1987年版，第262頁。（向宗魯注云：二句又見於《談叢》。）

〔註160〕向宗魯：《說苑校證》，中華書局1987年版，第395頁。

〔註161〕睡虎地秦簡整理小組：《睡虎地秦墓竹簡》，文物出版社1990年版，第167頁。

〔註162〕〔清〕王先謙：《荀子集解》，中華書局1988年版，第287頁。（楊倞注云：於是像之中，更有能自修德者也。）

〔註163〕〔漢〕賈誼、閻振益、鍾夏校注：《新書校注》，中華書局2000年版，第294頁。（盧文弨曰：「作，與怍同。《說文》：『怍，慚也』。」）

修身正行，不可以不慎。	《說苑・敬愼》　〔註164〕
修身不可不愼也。	《韓詩外傳・卷九・第十九章》〔註165〕
端身正行，全以至今。	《說苑・談叢》〔註166〕
大王不思先帝之艱苦，日夜怵惕，修身正行。	《漢書》列傳一四〔註167〕
嘗觀上記，人君身修正，賞罰明者。	《潛夫論・巫列》　〔註168〕

18、事無細弗爲不成，盧（慮）之弗爲與已鈞（均）也，故曰道無近弗
　　行不到，望之不往者萬世不到。

　　1583（肆）/0926（肆）/0925（肆）/0033（肆）

內　　容	出　　處
道雖邇，不行不至；事雖小，不爲不成，其爲人也多暇日者，其出入不遠矣。	《荀子・修身》　〔註169〕
道雖近，不行不至；事雖小，不爲不成，暇日（每自）多者，出人不遠矣。	《韓詩外傳・卷四・第二十八章》　〔註170〕

19、術（怵）狄（惕）之心不可長

　　1589（肆）

內　　容	出　　處
術（怵）惕之心，不可【不】長。	睡虎地秦簡《爲吏之道》〔註171〕

〔註164〕向宗魯：《說苑校證》，中華書局1987年版，第262頁。
〔註165〕〔漢〕韓嬰、許維遹校釋：《韓詩外傳集釋》，中華書局1980年版，第324頁。（校釋云：「《說苑敬愼》篇『身』下有『正行』二字。」）
〔註166〕向宗魯：《說苑校證》，中華書局1987年版，第399頁。
〔註167〕〔漢〕班固：《漢書》，中華書局1962年版，第567頁。
〔註168〕〔漢〕王符、〔清〕汪繼培箋、彭鐸校證：《潛夫論箋校正》，中華書局1985年版，第307頁。
〔註169〕〔清〕王先謙：《荀子集解》，中華書局1988年版，第32頁。（王念孫云《韓詩外傳》所引句，本義《荀子》，今據訂正。）
〔註170〕〔漢〕韓嬰、許維遹校釋：《韓詩外傳集釋》，中華書局1980年版，第159頁。（「暇日」舊作「每自」。趙本作「暇日」，瞿中溶云：今本或作「每日」，或作「自用」，皆謬。郝懿行據《荀子》改釋，許維遹認爲：趙、瞿、牟校是，今據正。）
〔註171〕睡虎地秦簡整理小組：《睡虎地秦墓竹簡》，文物出版社1990年版，第169頁。

聖人在天下歙歙；為天下，渾其心。	《老子》四十九章〔註172〕
聖人在天下怵怵；為天下，渾其心。	河上公注《老子·任德》〔註173〕
所以謂人皆有不忍人之心者，今人乍見孺子將入於井，皆有怵惕惻隱之心。	《孟子·公孫丑上》〔註174〕
忽忽之謀，不可為也，惕惕之心，不可長也。	《說苑·談叢》〔註175〕
是故怵惕思慮者則傷神，神傷則恐懼流淫而不止。	《靈樞經·本神》〔註176〕
其毋所遇邪氣，又毋怵惕之所志。	《靈樞經·賊風》〔註177〕

20、吏有五善，一曰忠信敬上，二曰精廉無旁（謗），三曰舉吏審當，四曰喜為善行，五曰（恭）敬多讓，五者必至必有天當。

1543（肆）/殘 4-1-1+0928（肆）/1573（肆）/1577（肆）/1580（肆）/1575（肆）/1574（肆）

內　　容	出　　處
舉事有道，功成得福。	《文子·道德》〔註178〕
恭敬遜讓，精廉無謗，慈仁愛人，必受其賞。諫之不聽，後無與爭。舉事不當，為百姓謗。	《說苑·談叢》〔註179〕
凡舉百事，必順天地四時，參以陰陽。用之不審，舉事有殃。	《越絕書·計倪》〔註180〕

21、恭敬讓禮，敬長茲（慈）少。

1567（壹）/1566（壹）

寬俗（裕）忠信，和平毋怨。

〔註172〕〔魏〕王弼、樓宇烈校釋：《老子道德經注校釋》，中華書局 2008 年版，第129 頁。

〔註173〕王卡：《老子道德經河上公章句》，中華書局 1998 年版，第 189 頁。（河上公注：聖人在天下怵怵常恐怖，富貴不敢驕奢。）

〔註174〕〔清〕焦循：《孟子正義》，中華書局 1987 年版，第 233 頁。

〔註175〕向宗魯：《說苑校證》，中華書局 1987 年版，第 390 頁。

〔註176〕河北醫學院校釋：《靈樞經校釋》，人民衛生出版社 2009 年版，第 141 頁。（注釋云：怵惕，《廣雅》釋訓：「怵惕，恐懼也。」）

〔註177〕河北醫學院校釋：《靈樞經校釋》，人民衛生出版社 2009 年版，第 575 頁。（注釋云：「怵惕」，恐懼的意思。「又毋怵惕之所志」之怵惕一詞，泛指內傷而言。）

〔註178〕王利器：《文子疏義》，中華書局 2000 年版，第 219 頁。

〔註179〕向宗魯：《說苑校證》，中華書局 1987 年版，第 395～396 頁。

〔註180〕李步嘉：《越絕書校釋》，中華書局 2013 年版，第 112 頁。

1552（貳）/1553（貳）

內　容	出　處
寬俗（裕）忠信，和平毋怨。	睡虎地秦簡《爲吏之道》〔註181〕
孝悌慈惠，以養親戚。恭敬忠信，以事君上。	《管子‧五輔》〔註182〕
體恭敬而心忠信，術禮義而情愛人。	《荀子‧修身》〔註183〕
能致恭敬，忠信、端愨、以慎行之，則可謂大孝矣。	《荀子‧子道》〔註184〕
恭敬忠信而已矣。恭則遠於患，敬則人愛之，忠則和於眾，信則人任之。	《孔子家語‧賢君》〔註185〕
必求其寬裕慈惠，溫良恭敬。慎而寡言者。	《禮記‧內則》〔註186〕
孔子曰：「恭敬忠信，可以爲身。恭則免於眾，敬則人愛之，忠則人與之，信則人恃之。」	《說苑‧敬慎》〔註187〕
慈仁少小，恭敬耆老。	《說苑‧談叢》〔註188〕
其於人也，寡怨寬裕而無阿。	《荀子‧君道》〔註189〕
臨事接民，而以義變應，寬裕而多容，恭敬以先之，政之始也。	《荀子‧致士》〔註190〕
夾鍾之月，寬裕和平，行德去刑，無或作事，以害群生。	《呂氏春秋‧音律》〔註191〕

21、擇人與交

1574（貳）

內　容	出　處
上交者不失其祿，下交者不離於患，是以君子擇人以交，農人擇田而田。	《說苑‧雜言》〔註192〕

〔註181〕睡虎地秦簡整理小組：《睡虎地秦墓竹簡》，文物出版社 1990 年版，第 167 頁。
〔註182〕黎翔鳳：《管子校注》，中華書局 2004 年版，第 197 頁。（黎翔鳳云：「六親」詳《牧民》。「悌」指兄弟，「慈」對子。）
〔註183〕〔清〕王先謙：《荀子集解》，中華書局 1988 年版，第 28 頁。
〔註184〕〔清〕王先謙：《荀子集解》，中華書局 1988 年版，第 529 頁。
〔註185〕楊朝明、宋立林：《孔子家語通解》，齊魯書社 2009 年版，第 152 頁。
〔註186〕〔清〕孫希旦：《禮記集解》，中華書局 1989 年版，第 762 頁。
〔註187〕向宗魯：《說苑校證》，中華書局 1987 年版，第 263 頁。
〔註188〕向宗魯：《說苑校證》，中華書局 1987 年版，第 394 頁。
〔註189〕〔清〕王先謙：《荀子集解》，中華書局 1988 年版，第 233 頁。
〔註190〕〔清〕王先謙：《荀子集解》，中華書局 1988 年版，第 262 頁。
〔註191〕陳奇猷：《呂氏春秋新校注》，上海古籍出版社 2002 年版，第 328 頁。
〔註192〕向宗魯：《說苑校證》，中華書局 1987 年版，第 439 頁。

內　　容	出　　處
故政不可不慎也。務三而已：一曰擇人，二曰因民，三曰從時。	《左傳》昭公七年〔註193〕
政有三而已：一曰因民，二曰擇人，三曰從時。	《說苑・政理》〔註194〕
不擇人而予之，謂之好人；不擇人而取之，謂之好利。	《管子・侈靡》〔註195〕
君子擇人而取，不擇人而與。	《說苑・談叢》〔註196〕
今憚久見授任，職在昭德塞違，爲官擇人，知延貪邪。	《風俗通義・過譽》〔註197〕

22、矰織（弋）者百智之長也

1533（肆）

內　　容	出　　處
順風而飛，以助氣力；銜葭而翔，以備矰弋。	《說苑・談叢》〔註198〕
夫鴈順風，以愛氣力，銜蘆而翔，以備矰弋。	《淮南子・脩務訓》〔註199〕
蔚羅張而縣其縠，辟陷設而當其蹊，矰弋飾而加其上，能勿離乎？	《鹽鐵論・刑德》〔註200〕

〔註193〕楊伯峻：《春秋左傳注》，中華書局 2009 年版，第 1288 頁。
〔註194〕向宗魯：《說苑校證》，中華書局 1987 年版，第 168 頁。（向宗魯云：本左氏昭公七年傳。）
〔註195〕黎翔鳳：《管子校證》，中華書局 2004 年版，第 753 頁。（尹知章注：遇人則與，無所簡擇，可謂多所愛，所愛多不當。）
〔註196〕向宗魯：《說苑校證》，中華書局 1987 年版，第 405 頁。
〔註197〕〔漢〕應劭、王利器：《風俗通義校注》，中華書局 1981 年版，第 636 頁。
〔註198〕向宗魯：《說苑校證》，中華書局 1987 年版，第 391 頁。
〔註199〕何寧：《淮南子集釋》中華書局 1998 年版，第 1311 頁。
〔註200〕王利器：《鹽鐵論校證》，中華書局 1992 年版，第 566 頁。

參考文獻

B

1. 〔漢〕班固：《漢書》，中華書局 1962 年版。
2. 白於藍：《睡虎地秦簡〈爲吏之道〉校讀札記》，《江漢考古》2010 年第 3 期。
3. 卜憲群：《秦漢之際鄉里吏員雜考——以里耶秦簡爲中心的探討》，《南都學壇》2006 年 1 期。

C

1. 陳奇猷：《韓非子新校注》，上海古籍出版社 2000 年版。
2. 陳奇猷：《呂氏春秋新校釋》，上海古籍出版社 2002 年版。
3. 陳直：《略論雲夢秦簡》，《西北大學學報》1977 年第 1 期。
4. 陳夢家：《漢簡綴述》，中華書局 1980 年版。
5. 陳偉：《燕説集》，商務印書館 2011 年版。
6. 陳偉：《嶽麓書院藏秦簡考校》，《文物》2009 年第 10 期。
7. 陳偉：《嶽麓秦簡〈爲吏〉與〈説苑〉對讀》，簡帛網 2009 年 11 月 30 日（http：//www.bsm.org.cn/show_article.php 抬 id=1186）。
8. 陳偉：《〈爲吏治官及黔首〉1531、0072 號簡試讀》，簡帛網 2010 年 1 月 22 日（http：//www.bsm.org.cn/show_article.php 抬 id=1210）。
9. 陳偉：《嶽麓秦簡〈爲吏治官及黔首〉識小》，簡帛網 2011 年 4 月 8 日（http：//www.bsm.org.cn/show_article.php 抬 id=1434）。
10. 陳偉：《關於秦與漢初「入錢缿中」律的幾個問題》，《考古》2012 年第 8 期。
11. 陳松長：《嶽麓書院所藏秦簡綜述》，《文物》2009 年第 3 期。

12. 陳松長：《秦代官學讀本的又一個版本——嶽麓書院藏秦簡〈爲吏治官及黔首〉略説》，簡帛網 2009 年 10 月 1 日。（http：//www.bsm.org.cn/show_article.php 抬 id=1150）。

13. 陳松長等著：《嶽麓書院藏秦簡的整理與研究》，中西書局 2014 年版。

14. 曹旅寧：《嶽麓書院新藏秦簡叢考》，《華東政法大學學報》2009 年第 6 期。

15. 蔡萬進：《秦國糧食經濟研究》，內蒙古人民出版社 1996 年版。

16. 蔡萬進：《雲夢秦簡中所見秦的糧倉管理制度》，《華北水利水電學院學報》1999 年第 4 期。

F

1. 方勇：《秦簡札記四則》，《長春師範學院學報（社科版）》2009 年 5 期。

2. 凡國棟：《嶽麓秦簡〈爲吏治官及黔首〉與睡虎地秦簡〈爲吏之道〉編聯互徵一例》，《江漢考古》2011 年第 4 期。

3. 復旦大學出土文獻與古文字研究中心讀書會：《嶽麓簡〈爲吏治官及黔首〉部分簡文釋文》，復旦大學出土文獻與古文字研究中心 2009 年 11 月 27 日（http：//www.gwz.fudan.edu.cn/SrcShow.asp 抬 Src_ID=1000）

4. 復旦大學出土文獻與古文字研究中心研究生讀書會：《讀〈嶽麓書院藏秦簡（壹）〉》，復旦大學出土文獻與古文字研究中心 2011 年 3 月 7 日（http：//www.gwz.fudan.edu.cn/SrcShow.asp 抬 Src_ID=1416）

G

1. 高敏：《雲夢秦簡初探》，河南人民出版社 1981 年版。

2. 高敏：《長沙走馬樓簡牘研究》，廣西師範大學出版社 2008 年版

3. 甘肅文物考古研究所：《秦漢簡牘論文集》，甘肅人民出版社 1989 年。

H

1. 黃留珠：《秦漢歷史文化論稿》，三秦出版社 2002 年版。

2. 黃留珠：《「史子」、「學室」與「喜揄史」——讀雲夢秦簡札記》，《人文雜誌》1983 年第 2 期。

3. 湖南省文物考古所編：《湖南里耶發掘報告》，嶽麓書社 2007 年版。

4. 韓樹峰：《漢魏法律與社會——以簡牘、文書爲中心的考察》，社會科學文獻出版社 2011 年版。

5. 黃盛璋：《雲夢秦簡辯證》，《考古學報》1979 年第 1 期。

6. 何有祖：《嶽麓書院藏秦簡〈爲吏、治官及黔首〉補箚》，簡帛網 2010 年 1 月 23 日（http：//www.bsm.org.cn/show_article.php 抬 id=1211）。

7. 何有祖：《嶽麓簡〈爲吏治官及黔首〉札記一則》，簡帛網 2011 年 4 月 11 日（http：//www.bsm.org.cn/show_article.php 抬 id=1443）。

8. 何有祖：《嶽麓秦簡〈爲吏治官及黔首〉補釋二則》，簡帛網 2011 年 4 月 9 日（http：//www.bsm.org.cn/show_article.php 抬 id=1438）。

9. 河北醫學院校釋：《靈樞經校釋》，人民衛生出版社 2009 年版。

J

1. 蔣禮鴻：《商君書錐指》，中華書局 1986 年版。

2. 江慶伯：《睡簡〈爲吏之道〉與墨學》，《陝西師大學報》1983 年 3 期。

L

1. 黎翔鳳：《管子校注》，中華書局 2009 年版。

2. 李學勤：《簡帛佚籍與學術史》，江西教育出版社 2001 年版。

3. 劉海年：《戰國秦代法制管窺》，法律出版社 2006 年版。

4. 林劍鳴：《秦史稿》，中國人民大學 2009 年版。

5. 李均明：《秦漢簡牘分類輯解》，文物出版社 2009 年版。

6. 羅開玉：《秦國鄉、里、亭新考》，《考古與文物》1982 年第 5 期。

7. 雷戈：《爲吏之道——後戰國時代官僚意識的思想史分析》，《首都師範大學學報（社會科學版）》2005 年第 1 期。

8. 連劭名：《睡虎地秦簡〈爲吏之道〉與古代思想》，《江漢考古》2008 年第 4 期。

9. 李零：《秦簡的定名與分類》，《簡帛（第六輯）》上海古籍出版社 2011 年版，第 1～11 頁。

10. 廖繼紅 A：《〈爲吏治官及黔首〉補釋》，簡帛網 2011 年 2 月 28 日（http：//www.bsm.org.cn/show_article.php 抬 id=1407）。

11. 廖繼紅 B：《〈爲吏治官及黔首〉與〈爲吏之道〉比較》，簡帛網 2011 年 3 月 4 日（http：//www.bsm.org.cn/show_article.php 抬 id=1408）。

12. 廖繼紅 C：《嶽麓秦簡〈爲吏治官及黔首〉文獻學研究》，湖南大學 2011 年。

13. 劉雲：《讀嶽麓秦簡〈爲吏治官及黔首〉札記二則》，簡帛網 2011 年 4 月 26 日（http：//www.bsm.org.cn/show_article.php 抬 id=1467）。

14. 劉方：《墨辯影響研究》，西南政法大學 2009 年。

15. 李天虹：《居延漢簡簿籍分類研究》，科學出版社 2003 年版。

16. 劉天奇：《黃老政治的初次實踐——從秦簡《爲吏之道》看秦國的黃老政治》，《唐都學刊》1994 年第 5 期。

17. 廖名春：《帛書〈二三子問〉簡說》，《道家文化研究》（第三輯），上海古籍出版社 1993 年版，第 190～195 頁。

M

1. 馬非百：《秦集史》，中華書局 1982 年版。
2. 馬非百：《管子輕重篇新詮》，中華書局 1979 年版。
3. 馬芳、張再興：《「小男女渡量」考釋》，《廣西社會科學》2012 年第 1 期。
4. 馬芳、張再興：《嶽麓簡〈爲吏治官及黔首〉校讀（一）》，簡帛網 2011 年 4 月 25 日（http：//www.bsm.org.cn/show_article.php 抬 id=1465）。
5. 馬芳：《嶽麓書院藏秦簡（壹）、（貳）整理與研究》，華東師範大學 2013 年。

P

1. 駢宇騫、段書安：《二十世紀出土簡帛綜述》，文物出版社 2006 年。
2. 彭浩：《談秦漢數書中的「輿田」及相關問題》，《簡帛（第六輯）》，上海古籍出版社 2011 年版，第頁。

Q

1. 裘錫圭：《嗇夫初探》，《雲夢秦簡研究》，中華書局 1981 年版，第 226～301 頁。

S

1.〔漢〕司馬遷：《史記》，中華書局 1982 年版。
2.〔清〕孫詒讓：《周禮正義》，中華書局 1987 年版。
3.〔清〕孫希旦：《禮記集解》，中華書局 1989 年版。
4.〔清〕孫詒讓：《墨子閒詁》，中華書局 2001 年版。
5. 睡虎地秦簡整理小組：《睡虎地秦墓竹簡》，文物出版社 1990 年版。
6. 沈剛：《居延漢簡語詞匯釋》，科學出版社 2008 年版。
7. 史黨社：《秦簡與〈墨子‧城守〉諸篇相關內容比較》，《簡牘學研究》（第三輯），甘肅人民出版社 2002 年版，第 112～126 頁。
8. 史黨社：《〈墨子〉城守諸篇研究》，中華書局 2011 年版。

T

1. 田宜超、劉釗：《秦田律考釋》，《文物》1983 年 5 期。
2. 湯志彪：《嶽麓秦簡拾遺》，簡帛網 2011 年 6 月 15 日（http：//www.bsm.org.cn/show_article.php 抬 id=1493）。

W

1. 〔清〕王先謙：《荀子集解》，中華書局 1998 年版。

2. 王先慎：《韓非子集解》，中華書局 1988 年版。

3. 王利器：《鹽鐵論校注》，中華書局 1992 年版。

4. 王利器：《文子疏義》，中華書局 2000 年版。

5. 吳毓江：《墨子校注》，中華書局 1993 年版。

6. 吳福助：《睡虎地秦簡論考》，文津出版社 1994 年版。

7. 王子今：《睡虎地秦簡〈日書〉甲種疏證》，湖北教育出版社 2003 年版。

8. 王子今：《秦漢人的富貴追求》，《浙江社會科學》2008 年第 3 期。

9. 王彥輝：《田嗇夫、田典考釋——對秦及漢初設置兩套基層管理機構的一點思考》，《東北師大學報（哲學社會科學版）》2010 年第 2 期。

10. 魏啓鵬：《文子學派與秦簡〈爲吏之道〉》，《道家文化研究》（第十八輯），生活・讀書・新知三聯書店 2000 年版，第 163～179 頁。

11. 王子今：《新新不停，生生相續——〈嶽麓書院藏秦簡（壹）〉出版感言》，《光明日報》2011 年 2 月 10 日第 11 版。

12. 魏德勝：《雲夢秦簡中的官職名》，《中國文化研究》2005 年第 2 期。

13. 王中江：《簡帛文明與古代思想世界》，北京大學出版社 2011 年版。

14. 王澤強：《戰國秦漢竹簡研究》，蘇州大學 2003 年。

15. 王化平：《秦簡〈爲吏之道〉及其相關問題研究》，四川大學 2003 年。

16. 吳振紅：《〈嶽麓書院藏秦簡〉（壹）書體研究》，湖南大學 2011 年。

17. 鄔可晶：《〈孔子家語言〉成書本年代和性質問題的再研究》，復旦大學 2011 年。

18. 王輝：《嶽麓秦簡〈爲吏治官及黔首〉字詞補釋》，《考古與文物》2014 年第 3 期。

X

1. 許維遹：《呂氏春秋集釋》，中華書局 2009 年版。

2. 熊鐵基：《釋〈南郡守騰文書〉——讀雲夢秦簡札記》，《中國史研究》1979 年第 3 期。

3. 徐福昌：《睡虎地秦簡研究》，文史哲出版社 1993 年版。

4. 蕭永明：《讀嶽麓書院藏秦簡〈爲吏治官及黔首〉札記》，《中國史研究》2009 年第 3 期。

5. 許道勝：《嶽麓秦簡〈爲吏治官及黔首〉的取材特色及相關問題》，《湖南大學學報（社會科學版）》2011 年第 2 期。

6. 許道勝：《張家山漢簡〈二年律令・賊律〉補釋》，《江漢考古》2004 年第 4 期。

7. 許道勝：《嶽麓秦簡〈爲吏治官及黔首〉與〈數〉校釋》，武漢大學 2013 年。

Y

1. 于豪亮：《于豪亮學術文存》，中華書局 1985 年版。

2. 楊寬：《戰國史》，上海人民出版社 1998 年版。

3. 于振波：《秦律令中的「新黔首」與「新地吏」》，《中國史研究》2009 年第 3 期。

4. 伊強：《嶽麓秦簡〈爲吏治官及黔首〉札記二則》，簡帛網 2011 年 8 月 26 日（http：//www.bsm.org.cn/show_article.php 抬 id=1539）。

5. 余宗發：《雲夢秦簡——佚書研究》，臺灣師範大學國文研究所 1982 年。

6. 余宗發：《〈雲夢秦簡〉中思想與制度鉤摭》，文津出版社 1993 年版。

7. 銀雀山漢簡整理小組：《銀雀山漢墓竹簡〔壹〕》，文物出版社。

8. 俞志慧：《秦簡〈爲吏之道〉的思想史意義——從其集錦特色談起》，《浙江社會科學》2007 年第 6 期。

9. 楊宗兵：《學習〈爲吏之道〉勤修「爲官之德」》，《華夏文化》2012 年第 1 期。

10. 楊振紅：《徭、戍爲秦漢正卒基本義務説——更卒之役不是「徭」》，《中華文史論叢》2012 年第 1 期。

Z

1. 朱漢民、陳松長主編：《嶽麓書院藏秦簡（壹)》，上海辭書出版社 2010 年版。

2. 朱漢民、陳松長主編：《嶽麓書院藏秦簡（貳)》，上海辭書出版社 2011 年版。

3. 朱漢民、陳松長主編：《嶽麓書院藏秦簡（三)》，上海辭書出版社 2013 年版。

4. 中華書局編輯部：《雲夢秦簡研究》，中華書局 1981 年版。

5. 朱紹侯主編：《中國古代治安制度史》，河南大學出版社 1994 年版。

6. 中國文物研究所、湖北省文物考古研究所編：《龍崗秦簡》，中華書局 2001 年版。

7. 張金光：《秦制研究》，上海古籍出版社 2004 年版。

8. 周振鶴：《中國地方行政制度史》，上海人民出版社 2005 年版。

9. 張家山漢簡整理小組：《張家山漢墓竹簡（二四七號墓)》（釋文修訂本），文物出版社 2006 年版。

10. 中國社會科學院簡帛研究中心：《張家山漢簡〈二年律令〉研究文集》，廣西師範大學出版社 2007 年版。

11. 中國社會科學院考古研究所、中國社會科學院歷史研究所、湖南省文物考古所編：《里耶古城‧秦簡與秦文化研究》，科學出版社 2009 年版。

12. 張永成：《秦簡爲吏之道篇的版式及其正附文問題》，《簡牘學報（第十期）》，1981 年。

13. 張金光：《論秦漢的學吏制度》，《文史哲》1984 年第 1 期。

14. 張金光：《秦鄉官制度及鄉、亭、裏關係》，《歷史研究》1997 年第 4 期。

15. 張金光：《論秦漢的學吏教材——睡虎地秦簡爲訓吏教材說》，《文史哲》2003 年第 6 期。

16. 朱紅林：《〈周禮〉「六計」與戰國時期的官吏考課制度》，《吉林大學社會科學學報》2012 年第 1 期。

17. 朱紅林：《嶽麓簡〈爲吏治官及黔首〉分類研究（一）》，《出土文獻與法律史研究（第一輯）》，上海人民出版社 2012 年版，第 80～95 頁。

18. 朱紅林：《嶽麓簡〈爲吏治官及黔首〉人口管理與控制研究》，《上海師範大學學報（哲學社會科學版）》2014 年 4 期。

19. 周曉陸、劉瑞、李凱、湯超：《在京新見秦封泥中的中央職官内容——紀念相家巷秦封泥發現十週年》，《考古與文物》2005 年第 5 期。

20. 張新俊：《嶽麓秦簡與秦封邑瓦書文字考釋一則》，《國家博物館館刊》2013 年第 11 期。

21. 張軍威：《嶽麓秦簡〈爲吏治官及黔首〉研究》，鄭州大學 2013 年。

後　記

　　本書寫到最後，有很多話要說，但又不知從何說起。這本書主要是在我碩士論文的基礎上修改而成的，思前想後，我想還是先說說碩士論文的選題過程。五年前剛剛入學，朱紅林師就讓我們自己挑選論文題目，在折騰了一段時間之後，仍未選定自己的研究方向。實際上，當時我對簡帛學認識很模糊，並沒有多少興趣。至於接觸，也只是在朱紅林老師的簡帛文獻導讀課上有粗淺的認識。所以，在選定論文題目方面，一直都沒有考慮過出土文獻。至於選擇嶽麓秦簡作爲研究方向，還是因爲當時需要交一份有關簡帛學的作業，並且《嶽麓書院藏秦簡（壹）》也才剛剛出版。用了將近兩周的時間，搜集整理有關嶽麓簡的研究成果，寫成了《近三年嶽麓書院藏秦簡研究綜述》一文，本來也只是想應付作業了事，但是老師還是希望能將這篇文章作爲學術論文投出去。不過，對於剛入學的我來說，投稿這事想都不敢想，師命難違，還是硬著頭皮依照一些期刊的格式，對文章進行修改，投了幾家但都杳無音訊。最後，還是魯東大學學報的編輯安忠義老師，打來電話說稿子他們用了，這可以說是我人生中第一次發表學術論文。由此，我以自己所能掌握的有關嶽麓秦簡材料，在與老師反覆的討論之後選定了，以嶽麓簡「爲吏治官及黔首」爲主要內容來作這個題目。

　　三年時光說長也長，說短也短。在這三年裏，我嘗試了我人生中很多的第一次，第一次發表學術論文、第一次獲得古委會獎項、第一次參加學術會議。在這麼多第一次的背後，都離不開朱紅林老師的鼓勵與支持，學生永遠銘記於心、沒齒不忘。另外，也要感謝張鶴泉老師、沈剛老師、邵正坤老師、黃海烈老師、劉軍老師、楊龍老師，在我論文開題時，提出寶貴意見。同時，

也要感謝資料室的佟老師和孟老師在資料的查閱方面提供了極大的幫助。最後，也要感謝我的父母和家人，以及在學習生活上幫助過我的人。